ESPERANÇA, O PERFUME DO CORAÇÃO

*12 sermões
sobre
esperança e fé*

ESPERANÇA,
O PERFUME
DO CORAÇÃO

Spurgeon

CHARLES .H.

C. H. Spurgeon
Título original:
Twelve sermons on hope
©2020 Editora Hagnos Ltda.

1ª edição: abril de 2020
1ª reimpressão: fevereiro de 2021

REVISÃO
Andrea Filatro
Priscila M. Porcher

CAPA
Douglas Lucas

DIAGRAMAÇÃO
Sonia Peticov

EDITOR
Aldo Menezes

COORDENADOR DE PRODUÇÃO
Mauro Terrengui

IMPRESSÃO E ACABAMENTO
Imprensa da Fé

As opiniões, as interpretações e os conceitos emitidos nesta obra são de responsabilidade do autor e não refletem necessariamente o ponto de vista da Hagnos.

Todos os direitos desta edição reservados à
EDITORA HAGNOS LTDA.
Av. Jacinto Júlio, 27
04815-160 — São Paulo, SP
Tel.: (11) 5668-5668

E-mail: hagnos@hagnos.com.br
Home page: www.hagnos.com.br

Dados Internacionais de Catalogação na Publicação (CIP)
Angélica Ilacqua CRB-8/7057

Spurgeon, C. H. (Charles Haddon), 1834-1892.

   Esperança, o perfume do coração: 12 sermões sobre esperança e fé / Charles Haddon Spurgeon; [tradução de Onofre Muniz]. — São Paulo: Hagnos, 2020.

ISBN 978-65-86048-03-2

Título original: Twelve sermons on hope

1. Esperança — Aspectos religiosos — Cristianismo 2. Esperança — Sermões 3. Fé I. Título II. Muniz, Onofre

20-1512   CDD 234.25

Índices para catálogo sistemático:
1. Esperança — Sermões

Editora associada à:

Sumário

A esperança da felicidade futura	7
"Infelizes de nós, ó terra, se tu fosses tudo, e nada mais além"	25
Lembrança — a serva da esperança	43
O menestrel da esperança	61
Esperança nos casos sem solução	77
O perfume do coração	93
A âncora	111
A esperança reservada no céu	131
Os três quais	149
Salvos na esperança	167
Cordões e cordas de carroças	185
O pentecostes pessoal e a gloriosa esperança	203

A ESPERANÇA DA FELICIDADE FUTURA

Sermão ministrado na noite de 20 de maio de 1855, pelo reverendo C. H. Spurgeon, em *Exeter Hall Strand*, Londres, Inglaterra.

Eu, porém, pela minha retidão contemplarei a tua face; eu me satisfarei com a tua semelhança quando eu despertar (Sl 17.15).

SERIA DIFÍCIL DIZER A QUEM o evangelho deve mais, a seus amigos ou a seus inimigos. É verdade que, com a ajuda de Deus, seus amigos fizeram muito por ele; eles o pregaram em terras estrangeiras, enfrentaram a morte, desdenharam dos terrores da sepultura, arriscaram tudo por Cristo e glorificaram a doutrina na qual criam; mas os inimigos de Cristo, involuntariamente, não fizeram pouco, porque, ao perseguir os servos de Cristo, os dispersaram para fora de seus países, de modo que eles foram a toda parte pregando a Palavra; sim, quando o evangelho foi pisoteado, como certa erva da qual lemos na medicina, ele cresceu ainda mais: e, se nos referirmos às páginas dos escritos sagrados, quantas porções preciosas delas devemos, abaixo de Deus, aos inimigos da cruz de Cristo! Jesus Cristo nunca teria pregado muitos de Seus sermões se Seus inimigos não O tivessem compelido a responder-lhes; se eles não tivessem levantado objeções, talvez não tivéssemos ouvido as doces frases por Ele respondidas. O mesmo ocorre com o livro de Salmos: se Davi não tivesse sido dolorosamente tentado por seus inimigos, se estes não tivessem atirado flechas contra ele, se não tivessem tentado difamar e destruir sua reputação, se não o tivessem afligido profundamente, se não o tivessem feito clamar em angústia, teríamos perdido muitas daquelas declarações que resultam da provação que aqui encontramos, grande parte do cântico sagrado que ele escreveu após sua libertação, e muito daquela gloriosa declaração de sua confiança no Deus infalível. Tudo isto nós teríamos perdido se ele não tivesse sido espremido pela mão de ferro da aflição. Se não fosse pelos inimigos de Davi, ele não teria escrito seus salmos; mas, quando caçado como uma perdiz nas montanhas, quando levado como o tímido cabrito montês diante dos cães do caçador, ele esperou por um momento, banhou-se nos riachos de Siloé e, ofegando um pouco no topo da colina, respirou o ar do céu, levantou-se e descansou seus membros cansados. Foi então que deu honra a Deus e bradou em alta voz Àquele poderoso Jeová que lhe dera a vitória. Esta frase segue uma descrição dos grandes problemas que os iníquos trazem sobre o justo, nos quais ele se consola com a esperança da felicidade futura. *Eu, porém* — diz o patriarca, levantando os olhos ao céu. *Eu, porém* — diz o outrora menino pastor e que logo deveria usar uma coroa real. *Eu, porém, pela minha retidão contemplarei a tua face; eu me satisfarei com a tua semelhança quando eu despertar.*

Ao examinarmos esta passagem nesta noite, notaremos em primeiro lugar *seu espírito*, em segundo lugar *sua importância* e depois, em terceiro lugar, encerraremos falando sobre o *contraste que nela está implícito.*

I. Primeiro, então, o ESPÍRITO DESTA DECLARAÇÃO, porque gosto sempre de olhar para o sentido no qual alguém escreve, ou o sentido no qual alguém prega; de fato, nisto há muito mais do que nas palavras que ele usa.

Ora, o que você acharia ser o espírito destas palavras? *Eu, porém, pela minha retidão contemplarei a tua face; eu me satisfarei com a tua semelhança quando eu despertar.*

Primeiro, elas mostram o espírito de um homem *totalmente livre de inveja*. Observe que o salmista vem falando dos homens mundanos.

Eles endurecem o coração; sua boca fala com soberba. Que seus filhos se fartem disso e deixem as sobras para os seus pequeninos. Mas Davi não os inveja.

"Vá" — ele diz — "homem rico, com toda a sua riqueza". "Vá, homem orgulhoso, com todo o seu orgulho, vá. Vocês, homens felizes, com sua abundância de filhos; eu não os invejo; o meu quinhão, porém, é diferente: posso olhar para vocês sem cobiçar seus bens; posso observar o mandamento *não cobiçarás,* porque em suas posses não há nada que valha o meu amor; não atribuo valor a seus tesouros terrenos; não invejo seus montes de pó brilhantes porque o meu Redentor é meu". O homem está acima da inveja porque acha que a alegria não seria alegria para ele — que a porção não se adequaria à sua disposição. Por isso, ele volta os olhos para o céu e diz: *Eu, porém, pela minha retidão contemplarei a tua face.*

Oh! Amados, é uma felicidade ser livre da inveja. A inveja é uma maldição que atrapalhou a criação; e até o próprio jardim do Éden foi desfigurado, e seria mais justo se o vento da inveja não tivesse soprado sobre ele; a inveja manchou o ouro; a inveja obscureceu a prata; se a inveja soprasse sobre o sol quente, ela o apagaria; se ela lançasse seu olhar maligno sobre a lua, esta se tornaria em sangue, e as estrelas fugiriam dela com espanto.

A inveja é amaldiçoada pelo céu; sim, é o filho primogênito de Satanás — o mais vil dos males. Dê riquezas a alguém, mas lhe permita ter inveja, e ali está o verme na raiz da árvore justa; conceda-lhe felicidade, mas, se essa pessoa invejar o quinhão de outro, o que teria sido felicidade torna-se seu tormento, porque o que é seu não é tão grande quanto o que é do outro. Mas livre-me da inveja; permita-me estar satisfeito com o que Deus me deu; deixe-me dizer: "Você pode ter o que é seu, eu não vou invejá-lo, estou satisfeito com o meu"; sim, conceda-me um amor tal aos meus semelhantes que eu possa me regozijar na alegria deles, e, quanto mais eles têm, mais feliz fico com isso. A minha luz não brilhará com menos intensidade pelo fato de a luz deles brilhar mais. Posso me regozijar na prosperidade deles. Então sou feliz, pois tudo ao redor tende a me fazer feliz, quando posso me alegrar nas alegrias dos outros e fazer a alegria deles ser a minha

ESPERANÇA, O PERFUME DO CORAÇÃO

própria alegria. Inveja! Ó, que Deus nos livre dela! Mas como podemos dela nos livrar crendo que temos algo que não está na terra, mas no céu? Se pudermos olhar para todas as coisas no mundo e dizer: *Eu, porém, pela minha retidão contemplarei a tua face; eu me satisfarei...* e adeus! Então não podemos invejar outras pessoas, porque o quinhão delas não se adaptaria ao nosso gosto peculiar. O boi inveja o leão? Não, porque ele não pode alimentar-se de carcaça. A pomba sofre porque o corvo se regozija na carniça? Não, porque ela vive de outro alimento. A águia invejará o pequeno ninho da carriça? Ah, não! Assim, o cristão subirá ao ar como a águia, abrindo suas asas largas; ele voará para sua amplidão entre as estrelas, onde Deus fez seu ninho, dizendo: "Eu, porém, vou habitar aqui; olho para os lugares desta terra contente; não invejo sua grandeza, seus poderosos imperadores; não desejo sua fama, seus poderosos guerreiros; não peço por riqueza, ó Creso; não suplico teu poder, ó César; eu, porém, tenho algo mais; o meu quinhão é o Senhor!" O texto respira o espírito de um homem livre de inveja. Que Deus nos dê isso!

Então, em segundo lugar, pode-se ver que há no ar um homem que está *olhando para o futuro*. Porque ele diz: *Eu, porém... contemplarei.* Não tem nada a ver com o presente. Ele não diz: "Eu, porém, faço, ou sou etc.", mas: *Eu, porém, pela minha retidão contemplarei a tua face; eu me satisfarei com a tua semelhança quando eu despertar.* O salmista olha além da sepultura, para outro mundo; ele olha além do estreito leito de morte onde tem de dormir e diz: *quando eu despertar.* Como é feliz o homem que tem os olhos no futuro! Mesmo nas coisas materiais, estimamos aquele homem que olha além dos dias atuais, ao contrário daqueles que gastam todo o dinheiro que ganham, transformando-o em farrapos. Aquele que vive no presente é um tolo; mas o sábio se alegra em olhar para as coisas futuras. Quando Milton escreveu seu livro, talvez soubesse que alcançaria um pouco de fama em vida, mas disse: "Eu serei honrado quando a minha cabeça descansar na sepultura". Portanto, que outras dignidades se alegrem em permanecer até que o tempo tenha quebrado o jarro de barro e feito a lâmpada arder; quanto à honra, eles disseram: "Deixaremos isso para o futuro porque a fama que chega tarde é muitas vezes mais

A ESPERANÇA DA FELICIDADE FUTURA

duradoura", e eles viveram do "virá" e se alimentaram do futuro. "Eu me satisfarei, em breve", assim diz o cristão. Não peço por fama real agora; estou preparado para esperar. Tenho interesse no retorno; não quero um estado lamentável agora. Vai demorar até eu conseguir os meus domínios no céu, aqueles domínios amplos e bonitos que Deus providenciou para aqueles que O amam. Contente estarei em cruzar os braços e me sentar na cabana, porque terei uma mansão de Deus, *uma casa eterna no céu, não feita por mãos humanas.* Alguém de vocês sabe o que é viver no futuro, viver na expectativa, viver do que deverá ter no mundo futuro, banquetear-se com alguns dos frutos da árvore da vida que caem do céu, viver da expectativa do maná que cai no deserto e beber do fluxo de néctar que brota do trono de Deus? Você já foi ao grande Niágara da esperança e bebeu o borrifo com arrebatadora delícia, pois o próprio borrifo do céu é glória para a alma de alguém? Você alguma vez já viveu no futuro e disse: "Eu, porém, terei ...?" Porque esta é a maior motivação que pode animar uma pessoa. Presumo que foi isto que tornou Lutero tão arrojado ao se apresentar diante de sua grande audiência de reis e senhores, a ponto de ter dito: "Eu confirmo a verdade que escrevi, e a sustento até a morte; assim Deus me ajude!" Penso que ele deve ter dito: "Eu ficarei satisfeito; não estou agora, mas logo estarei". Por isso o missionário corre o risco do mar tempestuoso; por isso ele pisa na praia selvagem; por isso ele entra em regiões inóspitas e arrisca a vida, porque sabe que existe um pagamento por vir brevemente. Às vezes, rindo, digo aos meus amigos, quando recebo um favor deles, que não posso retribuir-lhes, mas os entrego ao meu Mestre no céu, para que eles tenham a retribuição ao despertarem na semelhança dEle. Há muitas coisas pelas quais nunca devemos ter a esperança de sermos recompensados aqui, mas isso será lembrado perante o trono na outra vida, não de dívida, mas de graça. Como um pobre pastor de quem ouvi falar, que, indo a uma humilde igreja para pregar, encontrou-se com um sacerdote que tinha um cargo muito mais importante. O sacerdote perguntou ao homem pobre o que ele esperava receber por sua pregação. "Bem", ele disse, "espero ter uma coroa". "Ah!", disse o sacerdote, "não tenho o hábito de pregar por menos de um guinéu."[1] "Ah!", disse o outro: "Eu sou obrigado a me contentar com uma coroa e, mais ainda, não recebo a coroa agora, mas tenho de esperar por ela no futuro". O sacerdote mal suspeitava que o outro queria dizer "a coroa que não perece"! Cristão! Viva no futuro; não procure nada aqui, mas espere brilhar ao vir à semelhança de Jesus, com Ele, para ser admirado, e se ajoelhar diante de Sua face em adoração. O salmista tinha os olhos no futuro.

E novamente, neste ponto, pode-se ver que Davi, quando escreveu isto, estava *cheio de fé*. O texto é perfumado com confiança. *Eu, porém*, diz Davi, não talvez; *pela minha retidão contemplarei a tua face; eu me satisfarei com a tua semelhança quando eu despertar*. Se alguém dissesse isso agora, seria chamado de fanático, e ademais seria considerado presunção alguém dizer: "Eu contemplarei a tua face e me satisfarei"; e penso que existem muitos agora neste mundo que pensam ser quase impossível alguém dizer com certeza: "Eu sei, eu estou certo, eu tenho certeza". Mas, amados, não existem um ou dois, mas milhares e milhares do povo de Deus vivos neste mundo que podem dizer isso com firme confiança, não duvidando disso mais do que de sua própria existência. *Eu, pela minha retidão contemplarei a tua face; eu me satisfarei com a tua semelhança quando eu despertar*. É possível, embora talvez não seja muito fácil, alcançar a posição elevada e eminente em que podemos dizer: "Não espero mais, mas sei; não confio mais, mas estou persuadido; tenho uma feliz confiança; tenho certeza disso; estou certo; pois Deus se manifestou tanto a mim que agora não há mais 'se' e 'talvez', mas 'é'. Eu me satisfarei quando despertar na Tua semelhança". Quantos desse tipo existem aqui? Oh! Se você está falando assim, deve esperar ter problemas, pois Deus nunca concede fé forte sem provação ardente; Ele nunca dá poder a alguém para dizer o "é" sem prová-lo; Ele nunca construirá um navio forte sem o submeter a fortes tempestades; Ele nunca o fará um poderoso guerreiro se não tiver a intenção de provar suas habilidades em batalha. As espadas de Deus devem ser usadas; as celestiais lâminas de Toledo devem ser feridas contra a armadura do

---

[1]Cerca de uma libra esterlina.

maligno e não podem quebrar, porque são feitas do verdadeiro metal de Jerusalém, que nunca se quebrará. Oh! Que felicidade ter a fé para dizer: "Eu terei". Alguns de vocês pensam ser quase impossível, eu sei; mas é o dom de Deus. E quem pedir o terá; e o maior dos pecadores agora presente neste lugar pode ser capaz de dizer muito antes de morrer: "Eu contemplarei a Tua face em minha retidão". Penso eu ver o cristão idoso. Ele foi muito pobre. Ele está num sótão onde as estrelas aparecem entre as telhas. Lá está sua cama. Suas roupas estão rasgadas e esfarrapadas. Na lareira há algumas toras; são as últimas que ele tem. Ele está sentado em sua cadeira; sua mão paralisada treme e balança, e ele, evidentemente, está no fim da vida. Sua última refeição foi feita na manhã de ontem, e você olha para ele: pobre, fraco, débil, quem desejaria sua sorte? Mas pergunte a ele: "Bom velhinho, o senhor trocaria o seu sótão pelo palácio de César?" "Cristão idoso, o senhor abriria mão dos seus trapos em troca de riqueza, deixando de amar o seu Deus?" Veja como a indignação transforma seus olhos imediatamente em chamas! Ele responde: "Quanto a mim, dentro de mais alguns dias, contemplarei Seu rosto em retidão; ficarei satisfeito em breve; aqui eu nunca ficarei. O sofrimento tem sido o meu destino e a provação, o meu bocado mas tenho uma casa não feita por mãos humanas, eterna nos céus". Grande lance; lance justo; ofereça-lhe suas mãos cheias de ouro; dê-lhe tudo para que ele desista de Cristo. "Desistir de Cristo?" Ele dirá: "Não! Nunca!"

"Enquanto minha fé se mantiver segura, não invejo o ouro vil."

Oh! Como é glorioso estar cheio de fé e ter a confiança a ponto de dizer: *eu contemplarei a tua face; eu me satisfarei com a tua semelhança quando eu despertar.*

Assim é quanto ao espírito de Davi. É algo a ser copiado e eminentemente desejado.

II. Mas agora, em segundo lugar, O ASSUNTO DESTA PASSAGEM. E aqui vamos mergulhar em suas profundezas, com a ajuda de Deus; pois sem o Espírito de Deus sinto que sou completamente incapaz de lhes falar. Não tenho os dons e talentos que qualificam os homens para falar; preciso da inspiração do alto, caso contrário permaneço como outros homens e não tenho nada a dizer. Que isso me seja concedido, porque sem isso sou mudo. Quanto ao assunto deste versículo, acho que ele contém uma bênção dupla. A primeira é uma contemplação — *Eu, porém, pela minha retidão contemplarei a tua face* — e a seguinte é uma satisfação — *eu me satisfarei com a tua semelhança quando eu despertar.*

Comecemos, então, com a primeira bênção. Davi esperava *contemplar a face de Deus.* Que visão seria essa, meus irmãos! Vocês já viram a mão de Deus? Eu tenho visto quando às vezes Ele a coloca no céu e a obscurece com nuvens. Às vezes eu vejo a mão de Deus quando os carros da noite se arrastam pelas sombras da escuridão. Eu tenho visto Sua mão quando, ao lançar os raios, o relâmpago divide as nuvens e rasga os céus. Talvez vocês a tenham visto de um modo suave quando ela derrama a água e a envia ondulando ao longo das encostas, e depois a faz descer para os rios. Vocês a têm visto no oceano tempestuoso, no céu enfeitado de estrelas, na terra repleta de flores; e não existe uma viva alma que possa conhecer todas as maravilhas da mão de Deus. Sua criação é tão maravilhosa que levaria mais do que toda uma vida para entendê-la. Vá até suas profundezas; permita que suas minúsculas partes atraiam sua atenção. Em seguida, tome o telescópio e tente ver os mundos remotos e toda a obra da mão de Deus — contemplou toda a Sua mão? Não, nem a milionésima parte de toda a estrutura. Aquela mão poderosa em que os cometas são guiados pelo sol, em que os planetas giram em órbitas majestosas; aquela mão poderosa que ocupa todo o espaço e sustenta todos os seres — essa mão poderosa, quem pode vê-la? Mas, se tal é a Sua mão, como deve ser a Sua face? Talvez vocês tenham ouvido alguma vez a voz de Deus e estremecido; eu mesmo a ouvi, impressionado e, mesmo assim, com maravilhosa alegria ao ouvi-la, como se fosse o ruído de muitas águas nos grandes trovões. Você nunca ouviu enquanto a terra tremia e o próprio firmamento parava sua música, enquanto Deus falava com Sua voz maravilhosa e grave? E há uma alegria maravilhosamente instintiva de amor que penetra minha alma sempre que ouço um trovão. É o meu Pai falando, e o meu coração pula para ouvi-Lo. Mas nunca se ouviu a voz mais forte de Deus. Foi apenas o sussurro quando o trovão soou. Mas, se essa é a voz, como deve ser contemplar Sua face? Davi disse: "Eu contemplarei sua face". Diz-se que o templo de Diana era tão esplendidamente decorado com ouro, tão brilhante e cintilante que um porteiro sempre dizia a quem entrava: "Cuidado com os olhos, cuidado com seus olhos; você poderá ficar cego se não tomar cuidado com os olhos". Mas, oh! Essa visão da glória! Que ótima aparência! A visão de Deus! Vê-Lo face a face, entrar no céu e ver os justos brilhando como as estrelas no firmamento; mas, melhor que tudo, captar um relance do trono eterno! Ah! Ele está sentado lá! Seria quase uma blasfêmia tentar descrevê-Lo. Como minhas palavras estão infinitamente aquém de tão sublime assunto! Mas contemplar a face de Deus! Vocês que mergulharam no mar mais profundo da Divindade, e se perderam em sua imensidão podem contar um pouco disso! Vocês podem contar um pouco disso!

Vocês, poderosos, que viveram no céu esses mil anos, talvez saibam, mas não podem contar como é ver Sua face. Precisamos, cada um de nós, ir lá; devemos estar vestidos com a imortalidade. Precisamos ir acima do céu azul e nos banhar no rio da vida: devemos ultrapassar os relâmpagos e nos elevar acima das estrelas para sabermos o que é ver a face de Deus. Palavras não podem definir. Então aí eu a deixo. A esperança do salmista era que ele poderia ver a face de Deus.

Mas havia uma *doçura* peculiar misturada com essa alegria porque ele sabia que contemplaria a face de Deus *pela retidão. Eu, porém, pela minha retidão contemplarei a tua face.* Não vi eu a face do meu Pai aqui embaixo? Sim, eu vi, através de óculos embaçados. Mas o cristão às vezes não O vê, quando em seus momentos celestiais a terra se vai e sua mente é despida de importância? Existem alguns momentos em que o materialismo vulgar desaparece e quando o fogo etéreo interior brilha tanto que quase toca o fogo do céu. Há momentos em que, em algum ponto retirado, calmo e livre de todo pensamento mundano, tiramos os sapatos dos pés, porque o lugar onde estávamos era lugar sagrado; e nós falamos com Deus! Assim como Enoque falou com Ele, o cristão manteve íntima comunhão com seu Pai. Ele ouviu Seus sussurros de amor; e expôs seu coração, derramou suas mágoas e gemidos perante Ele. Mas, depois de tudo, sentiu que não contemplara Sua face em retidão. Havia muito pecado obscurecendo os olhos, tanta loucura, tanta fragilidade, que não poderíamos ter uma perspectiva clara de nosso Jesus. Mas aqui o salmista diz: *Eu, pela minha retidão contemplarei a tua face.* Quando esse dia bendito chegar, verei meu Salvador *pela minha retidão*. O cristão no céu não terá um cisco em suas vestes; será branco e puro; sim, na terra ele é:

"Puro através do sangue de Jesus, e branco como são os anjos."

Mas no céu essa brancura será mais evidente. Agora ela é, às vezes, enegrecida pela terra e coberta com pó deste mundo carnal; mas no céu ele terá se escovado, lavado suas asas e as tornado limpas; e então verá a face de Deus em retidão. Meu Deus! Eu creio que estarei perante Sua face tão puro como Ele mesmo é, porque terei a retidão de Jesus Cristo; estará sobre mim a retidão de Deus. "Eu contemplarei a Tua face em retidão." Ó, cristão, não podes desfrutar isto? Embora eu não possa falar sobre isto, você não pode meditar a respeito? Contemplar a Sua face eternamente; aquecer-se nessa visão! É verdade que você não pode compreender, mas pode supor o significado. Contemplar a Sua face em retidão!

A segunda bênção, sobre a qual serei breve, é a *satisfação*. Ele se satisfará, diz o salmista, quando despertar com a semelhança dEle. Satisfação! Esta é outra alegria para o cristão quando ele entrar no céu. Aqui nunca estamos completamente satisfeitos. É verdade que o cristão está satisfeito consigo mesmo; ele tem aquilo em que há uma fonte de conforto e pode desfrutar de uma firme satisfação. Ao entrar no céu, creio que a *imaginação* do crente será plenamente satisfeita. Tudo o que ele sempre pensou, lá ele verá; toda ideia santa será concretizada; toda poderosa concepção se tornará realidade; toda gloriosa imaginação se tornará algo tangível, que pode ser visto. Sua imaginação não será capaz de pensar em algo melhor que o céu; e, mesmo durante a eternidade toda, não seria capaz de conceber nada que ofuscasse o brilho daquela cidade gloriosa. Sua imaginação será satisfeita; então, seu *intelecto* será satisfeito.

> "Então eu verei, e ouvirei, e saberei,
> O que aqui desejei e ansiei."

Quem está satisfeito com este conhecimento aqui? Não existem segredos que queremos saber — profundidades nos mistérios da natureza em que não entramos? Mas naquele glorioso estado saberemos muito mais do que queremos saber. A memória será satisfeita. Vamos olhar para o panorama dos anos passados e nos contentar com o que passamos, fizemos ou sofremos na terra.

> "Lá, em um monte verde e florido,
> Minha alma cansada sentar-se-á,
> E com alegria arrebatadora contará
> A luta dos meus pés doloridos."

A *esperança* será satisfeita, se houver tal coisa no céu. Vamos esperar por uma eternidade futura e crer nela. Mas estaremos satisfeitos quanto às nossas esperanças continuamente; e o homem todo estará tão satisfeito que não restará uma única coisa em tudo o que Deus fizer que ele deseje que seja alterada; sim, talvez eu diga algo ao qual você tenha objeção — mas o justo no céu estará muito satisfeito com a condenação dos perdidos. Eu costumava pensar que, se pudesse ver os perdidos no inferno, certamente deveria chorar por eles. Se pudesse ouvir seus horríveis gemidos, ver suas terríveis contorções, certamente teria pena deles. Mas não existe tal sentimento no céu. O crente estará ali tão satisfeito com toda a vontade de Deus que esquecerá por completo os perdidos, na ideia de que Deus fez o melhor, de que mesmo a perdição deles foi por culpa própria, e de que Ele é infinitamente justo. Se meus pais pudessem me ver no inferno, não teriam uma lágrima a derramar por mim, embora estivessem no céu, pois poderiam dizer: "É justiça, ó Deus poderoso, e Tua justiça deve ser enaltecida, bem como a Tua misericórdia"; além disso, eles sentiriam que Deus está tão acima de Suas criaturas que ficariam satisfeitos em vê-las esmagadas, se isso aumentasse a glória de Deus. Oh! No céu, creio que pensaremos corretamente a respeito dos homens. Aqui os homens parecem grandes coisas para nós, porém no céu parecerão não mais do que alguns insetos rastejantes que são varridos no arado de um campo para a colheita; parecerão não mais do que um punhado minúsculo de poeira, ou como um ninho de vespas que deveriam ser exterminadas pelo dano que causaram. Eles parecerão coisas diminutas quando nos sentarmos na altura com Deus e olharmos para as nações abaixo na Terra, como gafanhotos, e contarmos as ilhas como coisas muito pequenas. Ficaremos satisfeitos com tudo; não haverá uma única coisa da qual nos queixarmos. "Eu *ficarei* satisfeito."

Mas quando? *Eu, porém, pela minha retidão... me satisfarei com a tua semelhança quando eu despertar.* Mas não antes disso. Bem, agora ocorre uma dificuldade. Vocês sabem que existem alguns no céu que ainda não despertaram na semelhança de Deus. De fato, nenhum deles no céu o fez. Eles nunca dormiram no que se refere à sua alma; o despertar refere-se ao seu corpo, e eles ainda não despertaram — continuam adormecidos. Ó, terra! Tu és a cama dos mortos poderosos! Ela é um enorme cemitério. Os justos ainda dormem; e deverão ficar satisfeitos na manhã da ressurreição, quando despertarem. "Mas", você diz, "eles não estão satisfeitos agora? Eles estão no céu: será possível que eles sejam afligidos?" Não! Não são! Existe apenas um único descontentamento que pode entrar no céu — o descontentamento do bem-aventurado por seu corpo não estar lá. Permita-me usar uma ilustração que, de alguma forma, explicará o que quero dizer. Se um conquistador romano estava numa guerra e obtinha grandes vitórias, muito provavelmente voltava com seus soldados, entrava em sua casa e se divertia até o dia seguinte, quando então ia até a cidade e entrava novamente em triunfo. Agora, os santos, por assim dizer, se eu puder usar esta frase, entram no céu sem seu corpo; mas, no último dia, quando seu corpo acordar, eles entrarão em seus carros triunfais. E, penso eu, vejo aquela grande procissão, quando Jesus

A ESPERANÇA DA FELICIDADE FUTURA

Cristo, em primeiro lugar, com muitas coroas na cabeça, com Seu corpo glorioso, vai liderar o caminho. Eu vejo meu Salvador entrando primeiro. Atrás dEle vêm os santos, todos eles batendo palmas, todos eles tocando suas harpas douradas e entrando em triunfo. E, ao entrarem nas portas do céu e estas se escancararem para o Rei da Glória entrar, os anjos se aglutinarão nas janelas e no topo das casas, como os habitantes no triunfo romano para vê-los passar pelas ruas, espalhando rosas e lírios celestiais sobre eles e bradando, "Aleluia! Aleluia! Aleluia! O Senhor Deus Onipotente reina!" *Eu me satisfarei* naquele glorioso dia, quando todos os Seus anjos vierem ver o triunfo e quando todo o Seu povo for vitorioso com Ele.

Uma ideia aqui não deve ser esquecida: o salmista diz que devemos despertar na *semelhança de Deus*. Isto deve se referir à alma, pois o espírito do justo será semelhante a Deus quanto à sua felicidade, santidade, pureza, infalibilidade, eternidade e liberdade da dor; mas especialmente, penso eu, que isso se relaciona ao corpo porque fala do despertar. O corpo deve estar na semelhança de Cristo. Que pensamento! É — e infelizmente tive muitos deles esta noite — um pensamento pesado demais para palavras, devo despertar à semelhança de Cristo. Não sei como Cristo é e mal posso imaginar. Às vezes gosto de me sentar e olhar para Ele no crucifixo. Não me importo com o que os homens dizem — sei que às vezes tirei proveito de uma gravura do meu Salvador crucificado e olhei para Ele com Sua coroa de espinho, Seu lado perfurado, Suas mãos e pés sangrando e todas aquelas gotas de sangue pingando dEle; mas não posso imaginá-Lo no céu, tão brilhante, tão glorioso; o Deus que brilha através do homem; Seus olhos são como lâmpadas de fogo; Sua língua, como espada de dois gumes; Sua cabeça, coberta de cabelos brancos como a neve, porque Ele é o Ancião de dias; Ele une as nuvens em torno de Si como um cinto. E, quando Ele fala, é como o som de muitas águas! Li os relatos no livro de Apocalipse, mas não posso dizer quem Ele é. São frases bíblicas e não posso compreender seu significado. Mas, seja o que for que elas signifiquem, sei que vou despertar à semelhança de Cristo. Oh! Que mudança será quando alguns de nós chegarmos ao céu! Há um homem que caiu em batalha com a palavra de salvação nos lábios;

suas pernas foram arrancadas, e seu corpo foi marcado por golpes de sabre; ele acorda no céu e descobre que não tem um corpo quebrado, mutilado, cortado e ferido, mas que ele é à semelhança de Cristo. Há uma mãe de família que vacilou durante anos em seu caminho cansado; o tempo deixou sulcos profundos em sua testa; abatido e disforme, seu corpo é colocado no túmulo. Mas, oh, idosa senhora, você despertará jovem e bela. Outro rosto foi deformado em sua vida, mas, ao acordar, desperta à semelhança de Cristo. Qualquer que tenha sido a forma do nosso rosto, qualquer que tenha sido o contorno, o belo não será mais belo no céu do que os que foram deformados. Os que brilharam na terra, inigualáveis, entre os mais justos, que arrebataram homens com seu olhar, não serão mais brilhantes no céu do que aqueles que agora passam e são negligenciados, pois todos eles serão como Cristo.

III. Mas agora, para terminar, aqui ESTÁ IMPLÍCITO UM VERTIGINOSO CONTRASTE. Todos nós dormiremos. Mais alguns anos e onde estará esta comitiva? Xerxes chorou porque em pouco tempo todo o seu exército não existiria mais. Eu poderia ficar aqui e chorar porque dentro de poucos anos outros estarão neste lugar e dirão: "Os pais, onde eles estão?" Bom Deus! E isto não é verdade? Não é uma realidade? Tudo deve ser varrido? É uma grande visão que se desfaz? Ah, sim. Esta visão logo desaparecerá e você e eu desapareceremos com ela. Somos apenas uma demonstração. Esta vida é apenas um palco no qual os homens atuam; então vamos para trás da cortina, onde tiramos as máscaras e conversamos com Deus. No momento em que começamos a viver, começamos a morrer. A árvore que há muito está crescendo será serrada para fazer o seu caixão. O gramado está pronto para vocês todos. Mas essa cena deve em breve aparecer novamente. Um sonho curto, uma soneca apressada, e esta visão virá novamente. Todos nós vamos despertar e, enquanto estivermos aqui, vamos estar juntos, talvez ainda mais densamente pressionados. Mas permaneceremos no mesmo nível — os ricos e os pobres, o pregador e o ouvinte. Haverá apenas uma distinção — o justo e o ímpio. Inicialmente vamos ficar juntos. Imagino a cena.

O mar está fervendo; os céus se rasgam em dois; as nuvens tomam a forma de uma carruagem, e Jesus está montado nela, com asas de fogo, e vem cavalgando pelo céu. Seu trono está estabelecido, e Ele está sentado ali. Com um aceno de cabeça, Ele silencia o mundo inteiro. Levanta os dedos, abre os grandes livros do destino e o livro onde estão escritos os atos do tempo. Com os dedos Ele acena para as hostes acima. "Dividam", diz Ele, "dividam o universo". Mais rápido do que se pode pensar, toda a terra será dividida. Onde estarei quando a divisão ocorrer? Parece que os vejo todos divididos; e os justos estão à direita. Virando-se para eles, com voz mais suave que música, Ele diz: "Venham! Vocês têm vindo — continuem! Venham! Vir tem sido o trabalho de sua vida, por isso continuem. Venham e deem o último passo. Venham, vocês, benditos de Meu Pai, recebam o reino preparado para vocês antes da fundação do mundo". E agora os ímpios são deixados sós e, voltando-se para eles, Ele diz: "Afastem-se! Vocês vêm se afastando a vida toda. Toda a sua atividade foi se afastarem de mim". Ele continua: "Afastem-se de mim; não amo os caminhos de vocês. Vocês estiveram se afastando, continuem, deem o último passo!" Eles não se atrevem a se mover. Permanecem parados. O Salvador torna-se o vingador. As mãos que outrora concederam misericórdia agora seguram a espada de justiça; os lábios que proferiram gentilezas agora trovejam. E com um objetivo mortal Ele levanta a espada e a brande contra eles. Eles fogem como o cervo diante do leão e entram nas mandíbulas do poço sem fundo.

Mas nunca, espero, vou parar de pregar sem lhes dizer o que fazer para serem salvos. Esta manhã preguei para o ímpio, para o pior dos pecadores, e muitos choraram — espero que muitos tenham se derretido — quando falei da grande misericórdia de Deus. Não falei sobre isso esta noite. Às vezes devemos tomar uma linha diferente, dirigidos, eu confio, pelo Espírito de Deus. Mas, oh! Vós, que estais sedentos, com uma pesada carga, perdidos e arruinados, a misericórdia lhes fala ainda uma vez! Eis o caminho da salvação. *Quem crer e for batizado, será salvo.* "E o que é crer?", alguém indaga. "É dizer: 'Eu sei que Cristo morreu por mim'?" Não! Isso não é crer; é parte dele, mas não é tudo. Todo arminiano acredita assim; e todo homem no mundo acredita que sustenta esta doutrina, visto julgar que Cristo morreu por todos. Consequentemente, isso não é fé. Mas fé é isto: lançar-se (entregar-se) a Cristo. Como disse alguém, muito curiosamente, ao ser indagado sobre o que havia feito para ser salvo: "Eu me lanço a Jesus, e ali fico. Eu me entrego por completo à promessa, e ali permaneço". E a cada *pecador* arrependido Jesus diz: "Eu posso salvar o pior de vocês". Atire-se por completo à promessa e diga: "Então, Senhor, Tu és capaz de *me* salvar". Deus diz: *Vinde e raciocinemos: ainda que os vossos pecados sejam como a escarlata, eles se tornarão brancos como a neve; ainda que sejam vermelhos como o carmesim, se tornarão como a lã.* Lance-se a Ele, e você será salvo. "Ah!", diz alguém, "temo não ser alguém do povo de Deus; não posso ler meu nome no livro da vida". É algo bom que você não possa fazê-lo, pois, se a Bíblia contivesse o nome de todos, seria um livro muito grande; e, se o seu nome é John Smith, e você viu esse nome na Bíblia, se não crer na promessa de Deus agora, certamente acreditaria que se tratasse de outro John Smith. Suponha que o imperador da Rússia emitisse um decreto a todos os refugiados poloneses para que voltassem ao seu próprio país. Você vê um alegre refugiado polonês olhando para os grandes cartazes pendurados na parede e dizendo: "Bem, vou voltar para o meu país". Mas alguém lhe diz: "Não está escrito Walewski". "Sim", ele responderia, "mas diz refugiados poloneses; polonês é o meu nome cristão, e refugiado é o meu sobrenome, e isso é para mim". E da mesma forma, embora não se diga o seu nome nas Escrituras, o texto diz: "pecador perdido". Pecador é o seu nome, cristão, e perdido, o seu sobrenome; portanto, por que não vir? O texto diz "pecador perdido" — isso não é suficiente? *Esta palavra é fiel e digna de toda aceitação: Cristo Jesus veio ao mundo para salvar os pecadores, dos quais eu sou o principal.* "Sim, porém", diz outra pessoa, "tenho medo de não ser eleito". Oh, queridos, não se preocupem com isso. Se você crê em Cristo, *está* eleito. Quem se coloca na misericórdia de Jesus é eleito, porque nunca teria feito isso se não tivesse sido eleito. Quem busca a Cristo e procura misericórdia através do Seu sangue é eleito, e depois verá que está eleito. Mas não espere entender a eleição até ter entendido o arrependimento. A eleição é uma faculdade para a qual vocês, pequeninos, não seguirão até que tenham frequentado a escola do arrependimento. Não comece a ler o seu livro ao contrário nem diga amém antes de ter dito o seu Pai nosso. Comece com o "Pai nosso" e então vá para o "Teu é o reino, o poder e a glória", mas comece com "o reino", e você terá muito trabalho para voltar ao "Pai nosso". Precisamos começar com fé. Precisamos começar com

"Não trago nada em minhas mãos."

Assim como Deus fez o mundo do nada, Ele sempre faz Seus cristãos do nada, e quem não tem absolutamente nada nesta noite achará graça e misericórdia se as procurar.

Permitam-me concluir contando-lhes o que ouvi a respeito de uma pobre mulher que se converteu e veio à vida apenas ao passar por uma rua e ouvir uma criança, sentada à porta, cantar:

"Eu não sou nada, mas Jesus Cristo é tudo em tudo."

Esse é um cântico abençoado; vá para casa e cante-o; e quem puder compreender corretamente essas pequenas palavras, mesmo que se sinta sem Jesus, mas tendo tudo em Cristo, não está longe do reino do céu; está lá pela fé e lá fruirá quando tomar a semelhança de Deus.

"Infelizes de nós, ó terra, se tu fosses tudo, e nada mais além"

Sermão ministrado na manhã de domingo,
27 de março de 1864, pelo reverendo C. H. Spurgeon,
no Tabernáculo Metropolitano de *Newington*.

Se a nossa esperança em Cristo é apenas para esta vida, somos os mais dignos de compaixão entre todos os homens (1Co 15.19).

Você compreenderá que o apóstolo está argumentando com pessoas declaradamente cristãs, que estavam em dúvida sobre a ressurreição dos mortos. Ele não está dizendo que todos os homens são agora dignos de compaixão se não houver esperança do mundo futuro, porque tal afirmativa seria inverídica. Existem muitos que não pensam em outra vida, que estão muito felizes em seus caminhos, divertem-se e estão bastante confortáveis com seu estilo. Mas (Paulo) fala a respeito do povo cristão — "Se *nós*, que temos esperança em Cristo, somos levados a duvidar da doutrina de um estado futuro e da ressurreição, então todos *nós* somos os mais dignos de compaixão". O argumento não tem nada a ver com alguns de vocês que não são cristãos; não tem nada a ver com aqueles que nunca foram tirados de um estado natural para o estado da graça; isso diz respeito apenas àqueles seguidores do Salvador realmente vivos e que são conhecidos por isso, por terem *esperança em Cristo* — esperança em Seu sangue para perdão, em Sua justiça para justificação, em Seu poder para ajuda, em Sua ressurreição para glória eterna. "Se nós, que temos esperança em Cristo, temos essa esperança apenas para esta vida, então somos os mais dignos de compaixão de todos os homens". Você compreende o argumento; o apóstolo está apelando para a consciência dos coríntios. Eles, como cristãos, tinham verdadeiros prazeres, "mas", ele diz, "vocês não podem ter esses prazeres se não tiverem a esperança de outra vida; pois sem essa esperança, se vocês puderem ainda permanecer cristãos e ter os mesmos sentimentos que têm agora e agir como agora agem, tornar-se-ão os homens mais dignos de compaixão; consequentemente, para justificar sua própria felicidade e nela haver lógica, vocês devem admitir a ressurreição; não há outro método de explicar a alegre paz que o cristão possui". Nossas riquezas estão além do mar; nossa cidade com firmes fundamentos está no outro lado do rio: brilhos de glória do mundo espiritual animam nosso coração e nos impulsionam adiante; mas, se não fosse por isso, nossas alegrias atuais definhariam e morreriam.

Vamos tentar lidar com o nosso texto esta manhã desta forma. Primeiro: *Não somos os mais dignos de compaixão entre todos os homens*; mas, em segundo lugar, *sem a esperança de outra vida nós seríamos* — isso estamos preparados para confessar — porque, em terceiro lugar, *nossa principal alegria está na esperança de uma vida futura*; e então, em quarto lugar, o *futuro influencia o presente;* assim, em último lugar, *podemos julgar hoje como será nosso futuro.*

I. Em primeiro lugar, NÃO SOMOS, ENTRE TODOS OS HOMENS, OS MAIS DIGNOS DE COMPAIXÃO. Quem se atreve a dizer que somos? Quem afirma que o cristianismo torna os homens dignos de compaixão é, ele próprio, desconhecedor por completo do cristianismo e nunca compartilhou de suas alegres influências. Seria algo muito estranho, de fato, se ele nos tornasse miseráveis, ver *a que posição ele nos exalta*! Ele nos torna filhos de Deus. Você supõe que Deus dá toda a felicidade a Seus inimigos e

"INFELIZES DE NÓS, Ó TERRA, SE TU FOSSES TUDO, E NADA MAIS ALÉM"

reserva todo sofrimento para Seus filhos? Terão Seus inimigos contentamento e alegria e Seus próprios filhos tristeza e miséria? Os beijos são para o ímpio e a cara feia para nós? Estamos condenados a pendurar nossas harpas nos salgueiros e a não cantar nada a não ser músicas melancólicas, enquanto os filhos de Satanás rirão de alegria no coração? Nós somos herdeiros de Deus e coerdeiros com Cristo Jesus. O pecador, que não tem parte nem sorte em Cristo, se chamará feliz, e devemos lamentar como se fôssemos mendigos sem um tostão? Não, nós sempre nos regozijaremos no Senhor e nos gloriamos em nossa herança, *porque não recebestes um espírito de escravidão para vos reconduzir ao temor, mas o Espírito de adoção, pelo qual clamamos: Aba, Pai!* A vara do castigo deve repousar sobre nós em nossa medida, mas opera para nós os confortáveis frutos da justiça; e, portanto, com a ajuda do Consolador divino, nós nos regozijaremos no Senhor em todos os momentos. Somos, meus irmãos, casados com Cristo; e deve nosso grande Noivo permitir que Sua esposa permaneça em constante sofrimento? Nosso coração está unido a Ele. Somos membros do Seu corpo, da Sua carne, dos Seus ossos e, embora por um momento possamos sofrer como nossa Cabeça uma vez sofreu, ainda somos agora nEle abençoados com bênçãos celestiais. Reinará nossa Cabeça no céu enquanto nós teremos um inferno na terra? Deus perdoou: o alegre triunfo de nossa exaltada Cabeça em certa medida compartilhado por nós, mesmo neste vale de lágrimas. Temos o penhor de nossa herança nos confortos do Espírito, que não são poucos nem pequenos. Imagine um cristão! Ele é um rei. Será um rei o mais deprimente dos homens? Ele é um sacerdote diante de Deus. Não oferecerá incenso suave de consagrada alegria e reconhecida ação de graças? Somos companheiros adequados para os anjos: Ele nos reuniu para sermos participantes da herança dos santos em luz, e não teremos dias do céu na terra? Canaã é nossa de Dã até Berseba, e não comeremos da vinha de Escol neste lado do Jordão? Não provaremos dos figos, das romãs e do mel e leite que fluem? Não existe maná no deserto? Não há faixas de luz para anunciar nosso eterno nascer do sol? Herdeiros da alegria para sempre, não temos antecipação da nossa porção? Digo novamente: seria a coisa mais estranha do mundo se os cristãos fossem mais infelizes do que outros homens, ou não mais felizes. Pense novamente *no que Deus fez por eles!* O cristão sabe que seus pecados estão perdoados; não há no livro de Deus um único pecado registrado. *Apaguei as tuas transgressões como a névoa, e os teus pecados, como a nuvem.* Mais que isso, o crente é considerado por Deus como se tivesse observado perfeitamente a lei, porque a justiça de Cristo lhe é imputada, e ele está vestido naquele linho branco que é a justiça dos santos. E pode o homem a quem Deus aceita ser miserável? Pode o ofensor perdoado ser menos feliz do que o homem sobre quem permanece a ira de Deus? Pode Deus conceber algo assim? Além disso, irmãos, somos feitos templos do Espírito Santo, e pode o templo do Espírito Santo ser um lugar escuro, doloroso, um lugar de gritos, lamentos e choros, como os bosques druídicos da antiguidade? Tal não é o nosso Deus. Nosso Deus é um Deus de amor, e Sua verdadeira natureza é fazer Suas criaturas felizes. E nós, Suas criaturas formadas duas vezes, participantes da natureza divina, tendo escapado da corrupção que há no mundo através da luxúria, deve-se supor que somos obrigados por um decreto severo a lamentar todos os nossos dias? Ah, se vocês conhecessem o privilégio do cristão, se compreendessem que o segredo do Senhor está aberto para ele, que as chagas de Cristo são seu refúgio, que a carne e o sangue de Cristo são seu alimento, que Cristo mesmo é sua doce companhia e seu amigo permanente, ah! Se vocês conhecessem isto, jamais teriam sonhos tolos de que os cristãos são uma raça infeliz. *Feliz és tu, ó Israel! Quem é semelhante a ti? Um povo salvo pelo Senhor.* Quem pode ser comparado ao homem que está *saciado de favores e tem fartura da bênção do Senhor?* Bem poderia o mau profeta de Petor exclamar: *Que eu morra a morte dos justos, e o meu fim seja como o deles.*

Vamos avançar mais um pouco. Não diremos apenas que pela natureza desta posição e privilégios o cristão deveria ser feliz, mas declaramos que ele é assim, e que entre todos os homens não existe ninguém que desfrute disso, de uma *constante paz de espírito,* como os crentes em Cristo. Nossa alegria pode não ser como a do pecador, barulhenta e rude. Vocês sabem o que Salomão diz: *O riso do tolo é como o estalo dos espinhos debaixo da panela* — uma chama muito grande e muito barulho. Depois, um punhado de cinzas, e tudo se acaba. Quem tem o lamento, quem tem a vermelhidão dos olhos? Os que se demoram no vinho — homens fortes para misturar bebida forte. O cristão, na verdade, não conhece o entusiasmo da panela, do instrumento sonoro e da dança, nem deseja conhecer; ele está contente por possuir o calmo repouso da alma. Ele não teme as más notícias, pois seu coração está fixado, confiante no Senhor. Ele não se perturba com algum medo repentino; sabe que todas as coisas concorrem *para o bem daqueles que O amam, dos que são chamados segundo o Seu propósito.* Ele tem o hábito, seja qual for a sociedade em que viva, de ainda elevar seu coração para Deus e, consequentemente, poder dizer como o salmista: *Meu coração está firme, ó Deus, firme está meu coração. Cantarei louvores.*

> "Ele espera secretamente em seu Deus;
> seu Deus vê em secreto;
> Mesmo que a terra esteja toda em armas no exterior,
> ele está em paz celestial.
> Seus deleites surgem de coisas não vistas.
> Além deste mundo e tempo,
> Em que nem olho nem ouvidos estiveram,
> nem os pensamentos dos pecadores alcançam.
> Ele não quer pompa nem trono real
> para alçar sua imagem aqui:
> Contente e satisfeito por viver desconhecido,
> até que sua vida se pareça com Cristo."

Há um rio cujas correntes alegram a cidade de Deus. Os fiéis bebem desse rio e não têm sede de delícias carnais. Eles se deleitam em pastos verdejantes e são levados para as águas tranquilas. Agora esta firme e duradoura alegria e esta paz mental colocam o cristão assim no alto, acima de todos os outros, e posso dizer corajosamente não existir pessoa no mundo que a ele se compare no que se refere à felicidade. Mas não pense que nossa alegria nunca ultrapassa esta calma estabelecida; porque deixe-me dizer, e falo por experiência, temos nossos *momentos de prazer arrebatador* e felicidade transbordante. Há conosco um pensamento de que nenhuma música poderia igualar a melodia do suave hino de alegria do nosso coração. O pecador esvaziaria todos os tesouros da terra de sua alegria para comprar um único centavo do nosso prazer. Não pense que Paulo foi o único homem que poderia dizer: *Se isso aconteceu no corpo, ou fora do corpo, não sei; Deus o sabe,* porque esses êxtases são normais com os crentes; e em seus dias ensolarados, quando sua incredulidade é sacudida e a fé é forte, eles quase andaram pelas ruas douradas, podendo dizer: Se não entramos no portão de pérolas, estivemos apenas deste lado; e, se ainda não chegamos à assembleia geral e à Igreja do primogênito, cujo nome está escrito no céu, se não nos unimos à grande congregação dos perfeitos no verdadeiro corpo, ainda assim —

> "Mesmo agora, pela fé, juntamos as mãos
> com aqueles que foram antes
> E saudamos as faixas manchadas de sangue
> na praia eterna."

Eu não trocaria nem cinco minutos da excessiva alegria que minha alma sente, por milhares de anos da melhor alegria que os filhos deste mundo pudessem me dar. Ó, amigos, existe uma felicidade que pode fazer o olho brilhar e o coração disparar, e tornar o homem todo tão cheio de velocidade como as carruagens de Aminadabe. Há enlevos e altos êxtases em que, nos dias de festa que o Senhor designou ao Seu povo, os santos têm permissão de se alegrar. Não posso deixar de lembrá-los de que o cristão é o mais feliz dos homens pela simples razão de que *sua alegria não depende das circunstâncias.* Vimos os homens mais felizes nas mais lamentáveis condições. O sr. Renwick, o último dos mártires escoceses, disse um pouco antes de morrer: "Os inimigos se consideram satisfeitos por sermos levados a vaguear em pântanos e sobre as montanhas, mas mesmo na tempestade destas últimas duas noites não consigo expressar que doces momentos experimentei não tendo cobertores

> "INFELIZES DE NÓS, Ó TERRA, SE TU FOSSES TUDO, E NADA MAIS ALÉM"

a não ser a negra cortina da noite. Sim, no silêncio das horas, minha mente foi levada a admirar o profundo e inexprimível oceano de alegria no qual toda a família do céu nada. Cada estrela me levou a indagar o que deve ser a estrela de Jacó e de quem todas as estrelas emprestam seu brilho." Aqui está um mártir de Deus tirado de sua casa, de seu lar e de todo o seu conforto e, ainda assim, tendo tais doces momentos sob as cortinas da noite escura que reis nem sempre conhecem sob suas cortinas de seda. Um ministro de Cristo, ao visitar um homem muito, muito pobre, dá esta descrição: Eu o encontrei sozinho. Sua esposa havia saído para pedir ajuda a algum vizinho. Fiquei assustado à vista do homem pálido, definhado: a imagem viva da morte, preso em sua cadeira por um mecanismo rude de cordas e cintos pendurados no teto. Completamente incapaz de mover as mãos ou os pés, havia mais de quatro anos inteiramente incapacitado de usar os membros, sofrendo dor extrema com inchaço em todas as articulações. Aproximei-me dele cheio de pena e disse: "Você está sozinho, meu amigo, nesta situação deplorável?" Ele respondeu com voz suave — seus lábios eram a única parte do corpo que parecia ter poder para se mover — "Não, senhor, não estou sozinho" — e logo observei qual era a origem de sua consolação. Bem à sua frente, sobre um travesseiro, estava a Bíblia que sua esposa tinha deixado aberta em algum salmo escolhido de Davi para que ele pudesse ler enquanto ela estava fora, porque ele não conseguia virar as páginas. Perguntei-lhe quanto dinheiro ele tinha para viver e descobri que era uma ninharia miserável, mal suficiente para manter juntos o corpo e a alma. "Mas", ele disse, "eu nunca quero nada, porque o Senhor disse: 'seu pão lhe será dado, e sua água lhe será certa', e eu confio nEle, e nada desejarei enquanto Deus for fiel à Sua promessa". "Eu lhe perguntei", diz este ministro, "se ele não se lamentava com frequência devido a sofrimento tão agudo durante tantos anos". "Senhor", disse ele, "inicialmente me lamentei, mas não durante os três últimos anos, bendito seja Deus por isso, porque sei em quem tenho crido e, apesar de sentir minha própria fraqueza e indignidade cada vez mais, todavia estou persuadido de que Ele nunca me deixará nem irá me abandonar; e tão graciosamente Ele me conforta que, quando meus lábios estão fechados com trismo[1] e não posso falar uma palavra durante horas, Ele me possibilita cantar Seus louvores mais suavemente em meu coração". Ali estava um homem a quem o sol de todo conforto terreno havia se posto, todavia o sol celeste brilhava em sua face e ele estava mais calmo e feliz em profunda pobreza e angústia do que todos vocês ou eu estivemos na saúde e na força da juventude. John Howard passou seu tempo visitando os cárceres e indo de um covil para outro; foi-lhe indagado como ele poderia encontrar qualquer motivo de felicidade enquanto vivia em miseráveis vilarejos russos, ou morando em desconforto em um hospital ou num cárcere. A resposta do sr. Howard foi muito bonita. "Eu espero", ele disse. "Tenho fontes de alegria que não dependem do local em que habito. Uma mente corretamente cultivada, sob o poder da graça divina e o exercício de uma disposição benevolente proporciona um motivo de satisfação que não deve ser afetado por *este* ou *aquele* lugar." Todo cristão lhe dará o testemunho de que achou seus momentos tristes serem seus momentos felizes, suas perdas serem seus ganhos, suas doenças significarem a promoção da saúde de sua alma. Nosso verão não depende do sol, nem nossa maré cheia depende da lua. Podemos nos regozijar mesmo na morte. Olhamos para a frente, para aquela hora feliz quando fecharmos os olhos no sono tranquilo da morte, crendo que nosso dia final será nosso melhor dia. Mesmo a travessia do rio Jordão não é mais que uma tarefa fácil, porque O ouviremos dizer: *Não temas, porque eu te salvei. Chamei-te pelo teu nome; tu és meu. Quando passares pelas águas, eu serei contigo; quando passares pelos rios, eles não te farão submergir.* Atrevemo-nos a dizer, então, corajosamente, que *não* somos os mais dignos de compaixão dos homens: não trocaríamos de lugar com homens não convertidos e todas as suas riquezas, pompas e honra lançadas na balança.

> "Vão, vocês que se vangloriam de todas as suas farturas,
> E digam quanto elas brilham,
> Seus brilhantes montes de pó lhes pertencem,
> E meu é o meu Redentor."

[1]Constrição mandibular.

"Infelizes de nós, ó terra, se tu fosses tudo, e nada mais além"

II. Isto nos leva ao segundo ponto — SEM A ESPERANÇA DE OUTRA VIDA, VAMOS ADMITIR, SERÍAMOS OS MAIS DIGNOS DE COMPAIXÃO ENTRE TODOS OS HOMENS.

Isto foi especialmente verdadeiro entre os apóstolos. Eles foram rejeitados por seus compatriotas; perderam todas as comodidades do lar; perderam a vida no trabalho pesado e estiveram diariamente expostos à morte violenta. Todos eles sofreram a sentença do martírio, com exceção de João, que parece ter sido preservado não *do* martírio, mas *no* martírio. Eles foram certamente os doze homens mais infelizes, exceto pela esperança do mundo vindouro, que os tornava os mais felizes de todos os homens. Mas esta é a verdade, queridos amigos, não apenas dos cristãos perseguidos, desprezados e pobres, mas de todos os crentes. Estamos preparados para confirmar que, tirada de nós a esperança do mundo futuro, seríamos mais miseráveis do que os homens sem religião. A razão é muito clara se você pensar que o cristão *renunciou às fontes comuns e habituais de alegria das quais outros homens bebem.* Precisamos ter alguns prazeres: é impossível ao homem viver neste mundo sem eles, e posso dizer confiantemente que nunca insisti com nenhum de vocês para fazerem o que os tornasse infelizes. Nós precisamos ter algum prazer. Pois bem, há um vaso cheio de água suja e lamacenta que os pés dos camelos mexeram: devo beber? Vejo além uma corrente ondulante de água clara, pura como cristal e resfriada como a neve do Líbano, e digo: Não, não vou beber essa coisa suja e lamacenta; deixe isso para os animais; eu vou beber do fluxo limpo. Mas, se eu estiver enganado, se não houver um riacho além, se houver apenas uma *miragem* enganosa, se eu tiver sido enganado, então estou em pior condição do que aqueles que se contentaram com a água lamacenta, pois eles têm pelo menos um pouco de refrigério, mas eu não tenho nada. Este é exatamente o caso do cristão. Ele passa pelos prazeres do pecado e pelas diversões dos homens carnais, porque diz: "Não me importo com eles, não encontro prazer neles: minha felicidade flui do rio que brota do trono de Deus e corre até mim através de Jesus Cristo — vou beber dele". Mas, se não houvesse o depois, se fosse provado ser isso um engano, então seríamos mais miseráveis do que os desleixados e licenciosos.

Novamente, o homem cristão *compreendeu a vaidade de todas as alegrias terrenas.* Ao olharmos para a pompa, compreendemos tratar-se de algo vazio. Andamos pelo mundo não com o desdém de Diógenes, o filósofo cínico, mas com algo de sua sabedoria, consideramos as coisas simples nas quais os homens se regozijam, e dizemos como Salomão: *Que grande ilusão! Que grande ilusão! Tudo é ilusão!* E por que dizemos isto? Por quê? Porque escolhemos as coisas eternas nas quais não há ilusão e que satisfazem a alma. Mas, meus irmãos, é o conhecimento mais infeliz que um homem pode adquirir, saber que este mundo é ilusório, se não houver outro mundo em abundância para compensar todos os nossos males. Há um pobre maluco em Bedlam que fez uma coroa de palha, colocou-a na cabeça, denominou-se rei, estabeleceu seu trono imaginário, pensa ser o monarca de todas as nações e é perfeitamente feliz em seu sonho. Você acha que eu deveria desiludi-lo? Não, na verdade, se eu pudesse, não deveria. Se a ilusão torna o homem feliz, deixe-o satisfazer-se nela; mas, amigos queridos, você e eu *fomos* esclarecidos; nosso sonho de felicidade perfeita sob os céus se foi para sempre; e se não houver mundo futuro? É algo muito triste para nós termos sido despertados do sono, a menos que essa coisa melhor que escolhemos, essa parte boa que não será tirada de nós, se mostre real e verdadeira, como de fato acreditamos ser.

Além disso, o cristão é alguém que tem *expectativas altas, nobres e grandes,* e é algo muito triste para nós se nossas expectativas não se realizarem, porque isso nos torna os mais miseráveis entre os homens. Conheci homens pobres à espera de uma herança. Eles tinham o direito de esperá-la, e a esperaram; esperaram e suportaram a pobreza; e o parente morreu e não lhes deixou nada; a pobreza deles pareceu depois ser um fardo mais pesado do que antes. É uma coisa infeliz para alguém ter grandes ideias e desejos se não puder satisfazê-los. Acredito que a pobreza é infinitamente melhor suportada por pessoas que sempre foram pobres, do que por aquelas que foram ricas e tiveram de descer para a penúria, porque sentem falta do que os outros nunca tiveram, e o que originalmente os pobres considerariam como luxo, eles consideram necessário à sua existência. O cristão aprendeu a pensar na eternidade, em Deus, em Cristo, na comunhão com Jesus e, se de fato tudo for falso, ele certamente sonhou com a mais magnífica de todas as visões mortais. Verdadeiramente, se alguém pudesse provar que era uma visão, a melhor coisa que ele poderia fazer seria sentar e chorar para sempre ao pensar que não era verdade, pois o sonho é tão esplêndido, a imagem do mundo futuro é tão linda, que só posso dizer que, se não for verdade, deveria ser — e, se não for verdade, então não há nada pelo qual valha a pena viver, meus irmãos, e de fato somos miseráveis frustrados, os mais miseráveis entre todos os homens.

O cristão também *aprendeu a ver tudo aqui na terra como algo fugaz* e devo confessar que este sentimento cresce comigo todos os dias. Mal vejo meus amigos como vivos. Ando como se estivesse em uma terra de sombras e não encontro nada duradouro ao meu redor. A óbvia seta do grande rei esqueleto está, a meu ver, visivelmente estampada em toda parte. Vou ao cemitério com frequência, e com aqueles que menos espero levar para lá, que parece ser mais um mundo de homens mortos do que vivos. Bem, isto é algo muito infeliz — um estado miserável da mente para uma pessoa estar, se não houver mundo futuro. Se não há ressurreição dos mortos, então o cristão está comprometido com um estado da mente o mais deplorável e mesquinho. Mas, oh, meus irmãos, se há um mundo futuro, como a fé nos assegura que existe, quão jubiloso é estar afastado do mundo e estar preparado para dele partir! Estar com Cristo é muito melhor do que se demorar neste vale de lágrimas.

> "Estão rompidas as cordas que à terra me prendem,
> Estão partidas por Sua mão.
> Diante de Sua cruz eu me vejo
> Na terra um estranho.
> Meu coração está com Ele em Seu trono,
> E mal pode esperar;
> Todo momento ouvindo a voz:
> 'Apresse-se e venha.'"

Não desejo eu ardentemente estar em meu doce país com meu justo Senhor para vê-Lo face a face? Mas, se não for assim e não houver ressurreição dos mortos, *somos os mais dignos de compaixão entre todos os homens.*

III. NOSSA PRINCIPAL ALEGRIA NO MUNDO FUTURO. Pensem no mundo futuro, meus irmãos, e deixem sua alegria acender em chamas de deleite, pois o céu lhes oferece tudo o que vocês podem desejar. Vocês estão, muitos de vocês, cansados da labuta; tão cansados, talvez, que dificilmente podem desfrutar do culto da manhã por causa das horas tardias em que tiveram de trabalhar à noite. Ah! Existe uma terra de *descanso* — de perfeito descanso, onde o suor do trabalho não mais orvalha a testa do trabalhador, e a fadiga é banida para sempre. Para aqueles que estão cansados e desgastados, a palavra "descanso" está completa no céu. Oh, verdade feliz, resta um descanso para o povo de Deus. Eles descansam de suas labutas, e suas obras os acompanham. Outros de vocês estão sempre no campo de batalha; são tão tentados interiormente, e tão molestados por inimigos externos, que têm pouca ou nenhuma paz. Eu sei onde está a esperança de vocês. Está na *vitória*, quando a bandeira for levantada e a espada for embainhada, vocês ouvirão o capitão dizer: "Bem está, servo bom e fiel; você combateu o bom combate; terminou a carreira. Receba a coroa da vida, que não perece". Muitos de vocês se debatem com muitos problemas; vão de cuidado para cuidado, de perda para perda: parece-lhes que todas as ondas de Deus passaram sobre vocês; mas logo vocês chegarão à terra de *felicidade* onde banharão sua alma cansada em mares de descanso celestial. Em breve você não terá pobreza; sem choupana, sem trapos, sem fome. *Na casa de meu Pai há muitas moradas*, e você habitará, satisfeito com o favor e cheio de todas as bênçãos. Você teve perda após perda; a esposa foi levada para o túmulo, os filhos seguiram, pai e mãe se foram, e você tem poucos para amar aqui; mas você irá para a terra onde as sepulturas são coisas desconhecidas, onde a mortalha nunca será vista e o som da picareta e da pá nunca será ouvido; você irá para a casa do seu Pai na terra do *imortal*, no país da vida futura,

no lar dos benditos, na habitação do Deus Altíssimo, na Jerusalém que está acima, a mãe de todos nós. Não é esta a sua melhor alegria, de que você não está aqui para sempre, de que não habitará eternamente neste deserto, mas logo herdará Canaã? Para todo o povo de Deus, a pior dor é o pecado. Eu não me importaria com nenhum sofrimento se pudesse viver sem pecar. Oh! Se eu me livrasse dos apetites da carne, e dos desejos que continuamente se perdem, ficaria satisfeito em estar num calabouço e ali apodrecer para que ficasse livre da corrupção do pecado. Bem, irmãos, em breve alcançaremos a *perfeição*. O corpo desta morte morrerá com este corpo. Não há tentação no céu, pois o cão do inferno não pode nunca atravessar o rio da morte; lá não há corrupção porque eles lavaram suas vestes e as tornaram brancas no sangue do Cordeiro; de modo algum entrará naquele reino coisa alguma que o contamine. Penso eu enquanto ouço o cântico dos glorificados esta manhã, captando do céu o som daquela música que é como muitas águas e o grande trovão, enquanto ouço a harmonia daquelas notas doces como harpistas tocando seus instrumentos, minha alma deseja estender suas asas e voar direto para mundos de alegria mais além. Sei que é assim também com vocês, meus irmãos na tribulação em Cristo — enquanto vocês enxugam o suor de sua testa, não é este o conforto, de que existe um descanso para o povo de Deus? Ao se colocarem contra a tentação e sofrerem pela causa de Cristo, não é este o seu conforto: "Se com Ele sofremos, com Ele também reinaremos"? Ao serem caluniados e desprezados pelos homens, não é esta a sua esperança: "Ele se lembrará de mim quando vier em Seu reino. Eu me sentarei em Seu trono, assim como Ele venceu e se assenta no trono do Pai"? Oh, sim, esta é a música pela qual os cristãos dançam; este é o vinho que lhes alegra o coração; este é o banquete no qual eles se deleitam. Não há outra terra diferente e melhor, e nós, apesar de dormirmos com os tolos do vale, em nossa carne veremos Deus, quando o nosso Redentor estiver nos últimos dias sobre a terra. Acho que você compreendeu o que eu quis dizer — *não* somos os mais dignos de compaixão de todos os homens devido a esperança futura que devemos ter, pois nossa esperança em Cristo para o futuro é a base da nossa alegria.

ESPERANÇA, O PERFUME DO CORAÇÃO

IV. Agora, queridos amigos, isto me leva a uma observação prática, em quarto lugar, que é: CONSEQUENTEMENTE, O FUTURO OPERA NO PRESENTE. Algum tempo atrás, tive uma conversa com um homem muito importante, cuja fama é conhecida de todos vocês, mas cujo nome não me sinto à vontade para mencionar, que já foi crente professo, mas agora está cheio de ceticismo. Em meio à nossa discussão, ele me disse: "Ora, como você é tolo; você e todos os demais pregadores. Vocês dizem às pessoas que pensem no mundo futuro, quando a melhor coisa que elas podem fazer é se comportarem o melhor que podem neste mundo!" Admiti a verdade da observação; seria bastante imprudente fazer as pessoas negligenciarem o presente, pois ele é de grande importância, mas continuei para mostrar-lhe que o melhor método de fazer as pessoas atenderem ao presente é impressioná-las com os motivos altos e nobres em relação ao futuro. A potente força do mundo futuro supre-nos através do Espírito Santo com força para o adequado cumprimento das obrigações desta vida. Aqui está um homem que tem uma máquina para a fabricação de ferramentas. Ele quer a força do vapor para fazer funcionar esta máquina. Um engenheiro coloca um motor a vapor em um galpão a uma distância considerável. "Bem", diz o outro, "eu lhe pedi para trazer o motor a vapor aqui para operar minha máquina". "Exatamente isso", diz ele, "foi o que eu fiz. Eu coloquei o motor a vapor aqui; você precisa apenas conectá-lo por uma correia, e a sua máquina irá operar tão rápido quanto você quiser; não é necessário que eu coloque a caldeira e o fogo e a máquina perto do trabalho, bem debaixo do seu nariz: apenas conecte os dois, e um irá operar o outro". Assim Deus se agradou em fazer de nossas esperanças uma grande máquina por meio da qual o cristão pode operar a máquina comum da vida diária, porque a correia da fé liga as duas e faz todas as rodas da vida comum girarem com rapidez e regularidade. É absurdo falar contra pregar sobre o futuro como se isso fosse fazer as pessoas negligenciarem o presente. É como se alguém dissesse: "Veja, tire a lua e apague o sol. Qual a utilidade deles — eles não estão neste mundo". Exatamente, mas tire a lua e você terá acabado com as marés, e o mar ficará estagnado, tornando-se um lago

"INFELIZES DE NÓS, Ó TERRA, SE TU FOSSES TUDO, E NADA MAIS ALÉM"

pútrido. Depois tire o sol — ele não está no mundo — tire-o, e a luz, o calor e a vida, tudo se acabará. O que o sol e a lua são para este mundo natural, a esperança do futuro é para o cristão neste mundo. Ela é sua luz — ele olha todas as coisas sob essa luz e as vê verdadeiramente. Ela é o seu calor; ela lhe dá zelo e energia; é sua verdadeira vida: seu cristianismo, sua virtude expiraria se não fosse pela esperança do mundo futuro. Vocês creem, meus irmãos, que apóstolos e mártires teriam sacrificado a vida pela causa da verdade se não tivessem buscado um futuro? No calor do entusiasmo, o soldado pode morrer pela honra, mas morrer em torturas e zombarias a sangue frio exige uma esperança além da sepultura. Iria o pobre labutar ano após ano, recusando-se a sacrificar sua consciência por lucro? A menina se recusaria a tonar-se escrava da luxúria se não visse algo mais brilhante do que a terra pode lhe mostrar como recompensa do pecado? Ó, meus irmãos, a coisa mais prática do mundo todo é a esperança do mundo futuro; e vocês veem que o texto ensina isto, pois é exatamente isto que nos impede de sermos dignos de compaixão; e livrar alguém de ser digno de compaixão, permita-me dizer, é fazer uma grande coisa por ele, pois um cristão digno de compaixão — qual a utilidade dele? Mantenha-o em um armário; cuide dele em um hospital, pois ele não tem utilidade no campo de trabalho. Construa um convento, coloque nele todos os cristãos dignos de compaixão e deixe-os meditar sobre a misericórdia até aprenderem a sorrir, pois realmente não há outra utilidade para eles no mundo. Mas quem tem uma esperança do mundo futuro passa por seu trabalho forte, pois a alegria do Senhor é a nossa força. Tal pessoa enfrenta a tentação poderosamente, porque a esperança do mundo futuro repele os dardos inflamados do adversário. Ela pode trabalhar sem recompensa presente, porque busca uma recompensa no mundo futuro. Pode repreender com mais segurança, pode se dar ao luxo de morrer caluniada porque sabe que Deus vingará Seus próprios eleitos que clamam dia e noite por Ele. Pelo Espírito Santo, a esperança de outro mundo é a mais poderosa força para o produto da virtude; é a fonte de alegria; é o próprio canal de utilidade. É para o cristão o que o alimento é para a força vital na estrutura animal. Seja dito de qualquer um de nós que estamos sonhando com o futuro e esquecendo o presente, mas que o futuro santifique o presente para usos mais elevados. Receio que nossos irmãos proféticos erram aqui. Eles estão continuamente lendo a respeito das últimas coisas, sobre as setenta semanas de Daniel e vários outros mistérios. Eu gostaria que eles começassem a trabalhar em vez de especular tanto, ou mesmo especular mais se pudessem, mas que voltassem suas profecias para apresentar um relato prático. As especulações proféticas frequentemente afastam as pessoas da atual tarefa urgente, e, especialmente, de lutar sinceramente pela fé uma vez entregue aos santos; mas a esperança do mundo futuro é, penso eu, o melhor poder prático que o cristão pode ter.

V. E agora, para concluir, isso nos permitirá ver com muita clareza QUAL SERÁ O NOSSO FUTURO. Há algumas pessoas aqui para as quais meu texto não tem nada a dizer. Suponha que, se não houvesse a vida futura, eles seriam mais dignos de compaixão? Ah, não; eles seriam mais felizes. Se alguém pudesse lhes provar que a morte é um sono eterno, seria a maior consolação que eles possivelmente receberiam. Se pudesse ser mostrado que, assim que as pessoas morrem, elas apodrecem no túmulo e ali está o fim delas — se alguns de vocês pudessem ir para a cama à noite confortáveis, se sua consciência não os perturbasse, se não fossem incomodados por nenhum daqueles terríveis medos que agora os assombraram. Você vê, então, isto prova que você não é cristão; isto prova tão claramente quanto duas vezes dois é igual a quatro que você não é um crente em Cristo; porque, se fosse, a supressão do futuro o tornaria miserável. Como crer num estado futuro não o inclina a se tornar feliz, isto prova que você não é um crente em Cristo. Bem, então o que eu tenho a lhe dizer? Apenas isto — que, no mundo por vir, *você será o mais miserável dos homens*. "O que será de você?", disse certa vez um infiel a um cristão, supondo que não haveria céu. "Bem", disse ele, "eu gosto de ter duas cordas no meu arco. Se não houver vida futura, estou tão bem quanto você; se houver, estou infinitamente melhor. Mas onde você está? Onde você está?" Porque, então, devemos ler este texto no futuro — "Se nesta vida houver realmente a esperança de uma vida futura, então você será na próxima vida, entre todos os homens, o mais digno de compaixão". Você percebe onde estará? Sua alma estará perante o grande juiz; você recebe sua condenação, e então começa seu inferno. Soa a trombeta; céus e terra ficam atônitos; os túmulos se abrem; aquela laje de mármore é erguida, e você se levanta exatamente na carne e no sangue nos quais você pecou, e ali está no meio de uma multidão aterrorizada, todos reunidos para a sua condenação. Chega o juiz. O grande julgamento começa. Lá, no grande trono branco, está sentado o Salvador que uma vez disse: "Vinde a mim, vós, os cansados, e eu vos darei descanso", mas nesse momento Ele está sentado como juiz e estende com mãos severas o livro terrível. Página após página Ele lê e dá o sinal: "Afastem-se, malditos, para o fogo eterno", e os anjos amarram o joio em feixes para queimá-los. Lá está você, e você sabe a sua sentença; já começa a senti-la. Você clama aos majestosos Alpes que caiam sobre você e o escondam. "Ó montanhas, vocês não podem achar em suas entranhas rochosas alguma caverna onde eu possa me esconder da face dAquele que está sentado no trono?" Em terrível silêncio as montanhas recusam seu pedido, e as rochas rejeitam seu clamor. Você mergulharia no mar, mas ele é lambido por línguas de fogo; você faria sua cama até no inferno se pudesse escapar daqueles olhos terríveis, mas você não pode; agora chegou a sua vez; é virada a página que registra a sua história; o Salvador lê com uma voz de trovão e com olhos de relâmpago. Ele lê e, quando Ele acena com a mão, você é expulso da esperança. Você saberá então o que é ser o *mais miserável dos homens*. Você teve o seu prazer, teve a sua hora frívola, teve seus momentos de alegria. Você menosprezou Cristo e não se voltou para a Sua repreensão; não quis que Ele reinasse sobre você. Você viveu como Seu adversário; morreu sem se reconciliar. E, agora, onde você está? O que você fará? Em nome do meu Senhor e Mestre eu o conjuro: vá a Cristo em busca de refúgio. Quem crer nEle será salvo. Crer é confiar, e qualquer um nesta manhã pode, pela fé, lançar-se sobre Cristo, e não precisa ter medo de viver, nem medo de morrer. Você não será digno de compaixão aqui; será três vezes abençoado no futuro, se confiar no meu Senhor.

ESPERANÇA, O PERFUME DO CORAÇÃO

"Venham, almas culpadas, e fujam
Para Cristo, e curem suas feridas;
Este é o dia do evangelho bem-vindo
No qual a graça livre é abundante."

Ó, que vocês sejam sábios e considerem seu último final! Ó, que vocês reflitam que esta vida não passa de um curto espaço de tempo, e que a vida futura dura para sempre! Não, eu lhes peço, não fujam da eternidade; não brinquem com coisas tão solenes como essas, mas se preocupem seriamente com a vida eterna. Olhem para o Salvador sangrando; vejam lá Suas cinco feridas e Seu rosto coberto com suor sangrento! Confiem nEle, creiam nEle, e vocês serão salvos. No momento em que cada um de vocês confiar nEle, seus pecados se terão ido. A justiça dEle é a sua; você é salvo nesse exato momento, e você será salvo quando Ele vier em Seu reino para ressuscitar os mortos de suas sepulturas. Ó, que o Senhor nos leve todos a descansarmos em Jesus, agora e eternamente. Amém.

Lembrança — a serva da esperança

Sermão ministrado na manhã de domingo, 15 de outubro de 1865, pelo reverendo C. H. Spurgeon, no Tabernáculo Metropolitano de *Newington*.

> *Mas quero lembrar do que pode me dar esperança* (Lm 3.21).

A LEMBRANÇA É MUITAS VEZES A SERVA DO DESÂNIMO. Mentes desesperadas trazem à lembrança cada presságio sombrio do passado e todo traço sombrio do presente. A memória é como uma serva, vestida de saco, apresentando ao seu senhor uma xícara com uma mistura de fel e absinto. Como Mercúrio, ela se apressa, com o calcanhar alado, a reunir espinhos frescos para encher o travesseiro inquieto, e a reunir varas novas com as quais açoitar o coração já sangrando. No entanto, não há necessidade disto. A sensatez transformará a memória num anjo de conforto. A mesma recordação que pode trazer em sua mão esquerda muitos presságios tristes e sombrios, pode ser treinada para carregar em sua mão direita fartos sinais esperançosos. Ela não precisa usar uma coroa de ferro; pode rodear sua testa com um filete de ouro, todo cheio de estrelas. Quando Cristão, de acordo com Bunyan, foi trancado no Castelo da Dúvida, a memória formava o cacete com o qual o famoso gigante espancava seus prisioneiros terrivelmente. Eles se lembravam de como haviam deixado o caminho certo, como tinham sido advertidos a não fazê-lo, e como, em rebelião contra si mesmos, vagavam pelo caminho da campina. Eles se lembravam de todos os seus delitos, pecados, maus pensamentos e palavras infelizes, e tudo isso formava numerosos nós no bastão, causando tristes contusões e feridas nos pobres sofredores. Mas, certa noite, de acordo com Bunyan, esta mesma lembrança que os havia castigado ajudou a libertá-los; porque cochichou algo no ouvido de Cristão, e ele gritou como alguém meio espantado: "Que tolo eu sou ficando deitado numa masmorra fedorenta, quando posso andar para a liberdade tendo uma chave comigo chamada Promessa, que abrirá, estou convencido, o Castelo da Dúvida". Assim, ele enfiou a mão no bolso e, com muita alegria, tirou a chave e a colocou na fechadura. E, embora a fechadura do grande portão de ferro, como Bunyan diz, tenha sido extremamente difícil, a chave realmente abriu aquele portão, bem como todos os outros. E assim, por este abençoado ato de lembrança, o pobre Cristão e Esperança foram libertados.

Observe que o texto registra um ato de lembrança por parte de Jeremias: *Quero lembrar do que pode me dar esperança.* No versículo anterior, ele nos diz que a lembrança o tinha levado ao desespero: *Eu ainda tenho lembrança deles e fico abatido.* E agora ele nos diz que esta mesma lembrança o trouxe à vida e ao conforto mais uma vez: *Mas quero lembrar do que pode me dar esperança.* Estabelecemos, então, como princípio geral, que, se exercitássemos um pouco mais nossas memórias, poderíamos, em nossa angústia mais profunda e sombria, riscar um fósforo que instantaneamente acenderia a lâmpada do conforto. Não é preciso Deus criar uma coisa nova para restaurar a alegria aos crentes; se eles varressem em espírito de oração as cinzas do passado, encontrariam luz para o presente; se eles se voltassem para o livro da verdade e para o trono da graça, sua vela logo brilharia como antes.

Vou aplicar esse princípio geral aos casos de três pessoas.

I. Antes de tudo, AO CRENTE QUE ESTÁ EM PROFUNDA DIFICULDADE. Esta não é uma posição incomum para um herdeiro de glória. O cristão raramente está à vontade; o crente em Jesus Cristo herda o reino através de muita tribulação. Se você

LEMBRANÇA — A SERVA DA ESPERANÇA

gentilmente voltar ao capítulo que contém nosso texto, observará uma lista de assuntos que a lembrança trouxe à mente do profeta Jeremias e que lhe rendeu consolo. Primeiro está o fato de que, *apesar de nossa aflição presente ser profunda, é pela misericórdia do Senhor que não somos consumidos.* Este é, certamente, um humilde começo. O consolo não é muito grande, mas, quando um homem muito fraco está na base da pirâmide e precisa escalá-la, não se deve fazê-lo dar um grande passo inicialmente; dê-lhe apenas uma pequena pedra para subir na primeira vez e, quando ele estiver mais forte, será capaz de dar um passo maior. Agora, considere, filho da tristeza, onde você poderia estar. Olhe agora, através dos portais sombrios da sepultura, para o reino das trevas, que é semelhante ao vale da sombra da morte, cheio de confusão e sem nenhuma ordem. Você pode discernir o som apressado de um lado para outro de hostes de espíritos culpados e atormentados? Você pode ouvir seus dolorosos lamentos e terrível ranger de dentes? Podem seus ouvidos suportar o tinir de suas correntes, ou podem seus olhos ver a fúria das chamas? Eles estão para sempre, para sempre, para sempre afastados da presença de Deus e fechados com demônios e desespero! Eles estão em chamas de miséria tão terríveis que o sonho de um maníaco desesperado não pode fazer ideia de sua aflição. Deus os expulsou e pronunciou Sua maldição sobre eles, designando-os para a escuridão eterna. Esta deve ter sido a sorte deles. Compare a sua presente posição com a deles, e você terá mais motivo para cantar do que lamentar. Por que uma pessoa deveria se lamentar? Você já viu aquelas masmorras sujas de Veneza, que estão abaixo da marca d'água do canal, onde, depois de passar por passagens estreitas, escuras e sufocantes, você pode se infiltrar em pequenas celas nas quais um homem mal consegue ficar em pé, onde nenhum raio da luz do sol já entrou desde que as fundações do palácio foram lançadas — frio, imundo e preto com umidade e mofo, o berçário em forma de febre e morada da morte? Todavia, aqueles locais eram luxo para se habitar se comparados ao eterno fogo do inferno. Seria um excesso de luxo para os espíritos perdidos se eles pudessem deitar ali com musgo crescendo nas pálpebras, no silêncio solitário, caso eles pudessem escapar por um curto período de tempo de uma consciência culpada e da ira de Deus. Amigo, você não está nessas masmorras, nem ainda no inferno; portanto, crie coragem e diga: *A bondade do Senhor é a razão de não sermos consumidos, as suas misericórdias não têm fim.* Pode ser um pouco de conforto, mas, então, se esta chama der um pouco de calor, poderá levar a algo melhor. Quando você está acendendo o fogo de sua casa, diante do qual espera sentar-se confortavelmente, não espera primeiro acender os pedaços de carvão, mas acende primeiro um pouco de combustível mais leve, e logo o material mais sólido produz um grande brilho; assim esta ideia, que lhe pode parecer tão pequena, pode ser o acendimento de um fogo celestial de conforto para você que agora está tremendo em sua dor.

Algo melhor nos aguarda, pois Jeremias nos lembra da existência de algumas misericórdias, que, de alguma forma, ainda continuam. *As suas misericórdias não têm fim; renovam-se cada manhã. Grande é a tua fidelidade.* Você é muito pobre e quer riqueza. Isto é muito difícil, mas você tem boa saúde. Vá até o hospital, peça permissão para presenciar o trabalho feito na sala de operação; sente-se num lado e ouça a história de dor e fadiga. Certamente você deixará o hospital sentindo algo como: "Agradeço a Deus pelo fato de eu, com toda a minha pobreza, não ter doença de que me queixar e, portanto, vou cantar as misericórdias das quais desfruto". Você está doente e arrastou seu corpo cansado a esta casa nesta manhã? Então eu o convido a me acompanhar naqueles porões escuros e sótãos miseráveis onde a pobreza avança na obscuridade impiedosa e miserável no coração desta grande cidade. E, se você reconhecer a suada refeição, escassa demais para produzir revigoramento, e a miserável pilha de palha, seu único descanso, escapará da cova suja da penúria imunda e dirá: "Vou suportar minha enfermidade, pois mesmo isso é melhor que a sujeira, a fome e a nudez". A sua situação pode ser ruim, mas existem outros em condição ainda pior. Sempre que abrir os olhos e escolher fazê-lo, você verá a causa de gratidão pelo fato de não estar na miséria mais profunda. Há uma pequena história muito comovente de uma pobre mulher com dois filhos que não tinham uma cama onde se deitar, e quase nenhuma roupa para vestir. No rigor do inverno, eles ficaram quase congelados, e a mãe tirou das dobradiças a porta de um porão e a colocou na frente do canto onde eles estavam agachados para que um pouco da corrente de ar e do frio fosse mantido longe deles. Um dos filhos sussurrou para a mãe quando ela se queixou de quão ruim era a situação deles: "Mamãe, o que as criancinhas fazem quando não têm porta de porão para colocar na frente delas?" Mesmo lá, você vê o pequeno coração encontrando causa de gratidão. E nós, se formos levados ao nosso pior extremo, ainda vamos honrar e agradecer a Deus, pois Sua compaixão não falha, mas se renova a cada manhã. Isto novamente não é um passo muito grande, mas ainda está um pouco mais adiantado que o outro, e o mais fraco pode facilmente alcançá-lo.

O capítulo nos oferece uma terceira fonte de consolação. *Digo a mim mesmo: A minha herança é o Senhor, portanto esperarei nele.* Você perdeu muito, cristão, mas não perdeu sua herança. Seu Deus é o seu tudo; portanto, se você perdeu tudo menos Deus, então restou-lhe tudo, pois Deus é tudo. O texto não diz que Deus é parte da nossa herança, mas a herança toda do nosso espírito; nEle temos todas as riquezas do nosso coração concentradas. Como podemos ficar de luto visto que o nosso Pai vive? Como podemos ser roubados se a nossa riqueza está no céu? É dia, e o sol está brilhando intensamente, e eu tenho uma vela acesa, mas algumas apagaram. Vou me sentar e chorar porque minha vela se apagou? Não, não enquanto o sol brilhar. Se Deus é a minha herança, se eu perder um pouco do conforto terreno, não vou me queixar, porque o conforto celestial permanece. Um de nossos reis, de temperamento arrogante, teve uma desavença com os cidadãos de Londres e pensou em assustá-los com uma ameaça terrível que intimidava os espíritos dos burgueses ousados, pois, se eles não se importassem com o que pretendia, ele removeria sua corte de *Westminster*. Então o valente prefeito de Londres pediu para perguntar se sua majestade pretendia levar o Tâmisa embora, porque, enquanto o rio permanecesse, sua Majestade poderia levar a si mesmo para onde quisesse. Mesmo assim, o mundo nos alerta: "Você não pode aguentar, não pode se alegrar: Esse problema virá e essa adversidade acontecerá". E nós respondemos que, enquanto vocês não puderem levar nosso Senhor, não vamos nos queixar. "Filósofos", disse o sábio, "podem dançar sem música"; e na verdade os crentes em Deus podem se regozijar mesmo quando os confortos exteriores lhes falham. Quem bebe da garrafa como o filho da escrava pode ter de reclamar de sede; mas quem mora no poço, como Isaque, o filho segundo a promessa, nunca conhecerá a falta. Deus nos conceda graça, então, para nos alegrarmos em nossa mais profunda angústia, porque o Senhor é nossa possessão segura, nossa herança perpétua de alegria. Avançamos agora algum degrau de esperança, mas existem outros passos a dar.

O profeta nos lembra então de outro canal de conforto, a saber, que Deus é sempre bom para todos os que o buscam. *Bom é o Senhor para os que esperam nele, para quem O busca.* Que nunca se bata com tanta força, mas, se conseguirmos manter a postura celestial de oração, tenha certeza de que ainda se passará de golpes para beijos. Quando um mendigo quer uma esmola e está muito necessitado, se ele vê outro mendigo à porta de algum grande homem, observa enquanto o outro bate e, quando a porta é aberta e o homem é liberalmente recebido e generosamente ajudado, o que estava observando bate, por sua vez, com ousadia. Minha alma, você está muito triste e abatida esta manhã? O Senhor é bom para quem O busca. Milhares têm vindo à Sua porta, mas ninguém teve motivo para se queixar de uma fria recepção, pois em cada caso Ele encheu o faminto com boas coisas. Portanto, minha alma, vá corajosamente e bata, pois Ele dá liberalmente e não repreende. Em todos os estados de dúvida ou de dificuldade, a oração é uma fonte disponível. Bunyan nos conta que, quando a cidade de Mansoul foi sitiada, era o rigor do inverno e as estradas estavam muito ruins, mas mesmo assim a oração podia viajar com eles; e eu me aventuro a afirmar que, se todas as estradas terrenas fossem tão ruins que não pudessem ser transitadas, e se Mansoul fosse tão cercada que não houvesse uma brecha pela qual pudéssemos romper o caminho para chegarmos ao rei, ainda assim a estrada superior sempre estaria aberta. Nenhum inimigo pode obstruí-la; nenhum navio pode bloquear o caminho entre nossa alma e o refúgio do propiciatório. O navio da oração pode navegar através de todas as tentações, dúvidas e temores, direto para o trono de Deus; e, embora ele possa estar preso apenas com mágoas, gemidos e suspiros, voltará carregado com riquezas de bênçãos. Então há esperança, cristão, pois você tem permissão para orar.

> "O propiciatório ainda está aberto,
> Vamos aqui nossa alma refugiar."

Estamos entrando em águas mais profundas de felicidade; vamos dar outro passo e, desta vez, ganhar consolação ainda maior, partindo do fato de que é bom ser afligido. *Bom é para o homem suportar o jugo na sua juventude.* Uma criança precisa ser persuadida para tomar seu remédio. Ela pode estar muito doente, e a mãe pode garantir que o remédio irá curá-la; mas a criança diz: "Não, é muito amargo; não posso tomá-lo". Mas os homens não precisam ser persuadidos dessa forma. O amargo não é nada para eles; eles pensam na saúde que o remédio trará e o tomam num gole, sem se retrair. Mas, se fôssemos criancinhas e não nos lembrassem do benefício que a aflição produz, poderíamos chorar e murmurar; mas, se formos homens de Cristo Jesus, e tivermos aprendido que *Deus faz com que todas as coisas concorram para o bem daqueles que o amam*, tomaremos o cálice com alegria e disposição, bendizendo a Deus por isso. Por que eu deveria temer descer o poço da aflição se ele me leva à mina de ouro da experiência espiritual? Por que eu deveria chorar convulsivamente se o sol da minha prosperidade se põe, se nas trevas da minha adversidade serei mais capaz de contar as estrelas de promessas com as quais meu Deus fiel teve o prazer de adornar o céu? Vai tu, ó sol, porque em tua ausência veremos dez milhares de sóis; e, quando tua ofuscante luz se for, veremos mundos no escuro que ficaram escondidos de nós por tua luz. Muitas promessas são escritas com tinta invisível, as quais não se pode ler até que o fogo da aflição revele os caracteres. *Foi bom eu ter sido castigado, para que aprendesse teus decretos.* Amados, Israel entrou pobre no Egito, mas saiu de lá com joias de prata e ouro. Eles trabalharam, é verdade, nos

ESPERANÇA, O PERFUME DO CORAÇÃO

fornos de tijolos e sofreram amarga escravidão, mas a tudo superaram; saíram enriquecidos por todas as suas tribulações. Certa criança tinha um pequeno jardim no qual plantou muitas flores, que contudo nunca cresciam. Ela as organizou terna e cuidadosamente, porém elas não vingavam. A criança plantou sementes, e elas brotaram, mas logo murcharam. Por isso foi até o jardineiro de seu pai, que, ao olhar para o jardim, disse: "Vou fazer um belo jardim onde possa crescer o que você quiser". O jardineiro pegou uma picareta e, quando a criança viu, temeu por seu pequeno jardim. Ele golpeou a ferramenta no chão e começou a fazer a terra tremer e agitar porque sua picareta havia batido na borda de uma pedra enorme que estava por baixo de quase todo o pequeno terreno. Todas as pequenas flores foram tiradas de seus lugares, e o jardim ficou inútil durante uma temporada. A criança chorou muito. Ele lhe dissera que faria um jardim ainda melhor, e o fez, porque, ao remover aquela pedra que impedia todas as plantas de lançarem raízes, logo ele encheu o terreno de flores que viveram e floresceram. Da mesma forma o Senhor veio, tirou todo o solo do seu presente conforto para se livrar da grande pedra que estava no fundo de toda a sua prosperidade espiritual e não deixava a sua alma florescer. Não chore como a criança, mas seja confortado pelos abençoados resultados e agradeça a mão sensível de seu Pai.

Mais um passo, e certamente teremos bons motivos para nos alegrar. O capítulo nos lembra que essas aflições não duram para sempre. Ao produzirem seus adequados resultados, serão removidas, *pois o Senhor não rejeitará para sempre.* Quem lhe disse que a noite não terminaria em dia? Quem lhe disse que o mar refluiria até não restar nada a não ser uma vasta faixa de lama e areia? Quem lhe disse que o inverno continuaria de geada a geada, de neve, gelo e granizo, para neve mais profunda e tempestade ainda mais pesada? Quem lhe disse isso, pergunto? Você não sabia que o dia vem depois da noite, que a inundação vem após o refluxo, que a primavera e o verão sucedem ao inverno? Então espere! Espere sempre, porque Deus nunca falha. Você não sabia que Deus ama você em meio a tudo isto? Montanhas, quando ocultas na escuridão, são tão reais quanto de dia, e o amor de

Deus é tão real a você agora como foi nos momentos mais brilhantes. Nenhum pai castiga sempre; ele odeia o bordão tanto quanto você; ele só se importa em usá-lo para produzir o seu bem duradouro. Você subirá a escada de Jacó com os anjos e contemplará Aquele que está sentado em seu topo — o seu Deus da aliança. Você se esquecerá, entre os esplendores da eternidade, das provações do tempo, ou somente delas se lembrará para bendizer o Deus que o fez atravessá--las e, por elas, forjou o seu bem. Venha, cante em sua cama! Alegre-se em meio às chamas! Faça o deserto florir como a rosa! Faça com que o deserto toque com exultante alegria, porque estas leves aflições logo terminarão, e então "para sempre com o Senhor" sua felicidade nunca diminuirá.

Portanto, queridos amigos, quando o Espírito Santo a inclina ao Seu serviço, a lembrança, como Coleridge a chama, "o manancial de alegria", pode ser a governante entre os consoladores terrenos.

II. Por um breve período, falaremos com o CRISTÃO QUE DUVIDA, QUE PERDEU SUAS EVIDÊNCIAS DE SALVAÇÃO. É nosso hábito no ministério evitar extremos tanto quanto possível e manter a trilha estreita da verdade. Cremos na doutrina da predestinação, acreditamos na doutrina do livre-arbítrio e seguimos a estreita trilha entre essas montanhas. E de igual forma nos posicionamos em outras verdades. Conhecemos alguns que pensam que dúvidas não são pecados: lamentamos esse pensamento. Sabemos de outros que acreditam que as dúvidas são impossíveis onde existe alguma fé, e não podemos concordar com eles. Ouvimos falar de pessoas ridicularizando esse hino tão doce e admirável que começa assim:

"É algo que desejo saber."

Não nos atrevemos a ridicularizá-lo, pois muitas vezes tivemos de cantá-lo — gostaríamos que não fosse assim, mas somos obrigados a confessar que as dúvidas nos incomodaram. A verdadeira posição com relação às dúvidas e aos temores de crentes é apenas esta — que eles são pecaminosos e não devem ser cultivados, mas evitados; no entanto, isso, menos ou mais, a maioria dos cristãos sofre, o que não é prova de que alguém não tem fé, porque o melhor dos cristãos está sujeito a temores e dúvidas. A você que está lutando sob ansioso pensamento, é que eu me dirijo.

Permita-me fazê-lo *lembrar em primeiro lugar das questões do passado*. Devo fazer uma pausa e deixar seu coração falar com você? Você se lembra do lugar e do momento em que Jesus primeiro se encontrou com você? Talvez você não se lembre. Bem, você se lembra dos períodos felizes em que Ele o levou para a casa de banquetes? Você não consegue se lembrar de libertações graciosas? Fui humilhado, e Ele *me* ajudou. Ele tem sido o *meu* auxílio. Quando você estava naquelas circunstâncias passadas, pensou em problemas avassaladores. Você passou por eles, e neles não pôde achar conforto? No sul da África, o mar era geralmente turbulento quando os frágeis barcos portugueses navegavam para o sul, de forma que o chamaram de Cabo das Tormentas; mas depois o cabo foi contornado por navegadores mais ousados e o chamaram de Cabo da Boa Esperança. Em sua experiência, você teve muitos Cabos das Tormentas, mas resistiu a todos eles, e, agora, permita que eles sejam um Cabo da Boa Esperança para você. Lembre-se: *Pois tens sido meu auxílio; eu canto de júbilo à sombra das tuas asas.* Diga com Davi: *Por que estás abatida, ó minha alma, por que te perturbas dentro de mim? Espera em Deus, pois ainda o louvarei.* Não me lembro hoje de alguns montes Mizar, nos quais minha alma teve uma doce comunhão com Deus, de tal maneira que eu me considerava no céu? Não posso me lembrar de momentos de terrível agonia da alma, quando num instante meu espírito saltou para as mais elevadas alturas de êxtase à menção do nome do meu Salvador? Não houve momentos à mesa do Senhor, em oração particular e ao ouvir Sua Palavra, em que pude dizer:

> "Minha alma disposta ficaria
> num quadro como este,
> Sentada e cantando
> até o fim a felicidade eterna"?

LEMBRANÇA — A SERVA DA ESPERANÇA

Bem, permita-me chamar isto à lembrança e ter esperança, pois

"Jesus uma vez em mim brilhou.
Então Jesus meu para sempre se tornou."

Ele nunca amou e depois odiou; Sua vontade nunca muda. Não é possível que Alguém que disse *Eu te gravei na palma das minhas mãos* possa esquecer ou rejeitar aqueles que uma vez foram queridos para Ele.

Pode ser, entretanto, que isso não seja o meio de conforto para alguns de vocês. Lembrem-se, suplico, do fato de que *outros encontraram o Senhor verdadeiro para eles.* Eles clamaram a Deus, e Ele os livrou. Você não se lembra de sua mãe? Ela está agora no céu, e você, filho, está labutando e se debatendo aqui embaixo. Você não se lembra do que ela lhe falou antes de morrer? Ela disse que Deus fora fiel e verdadeiro para com ela. Ela ficou viúva, e você não passava de uma criança na época, e ela lhe disse como Deus havia provido para ela, para você e para o resto daquela família necessitada, em resposta aos pedidos dela. Você acredita no testemunho de sua mãe e não vai descansar na fé de sua mãe no Deus de sua mãe? Há cabelos brancos aqui, se fosse o momento propício, que testemunhariam a você que, numa experiência de cinquenta e sessenta anos, nos quais eles andaram perante o Senhor na terra dos vivos, eles não poderiam apontar para nenhuma data e dizer: "Aqui Deus foi infiel" ou "Aqui Ele me deixou no momento de dificuldade". Eu, que ainda sou jovem, passei por muitas e doloridas tribulações, posso dizer isso e devo fazê-lo, pois, se não falar, o madeiramento desta casa poderá gritar contra o meu silêncio ingrato; Ele é um Deus fiel e se lembra dos Seus servos e não os deixa na hora da angústia. Ouvindo o nosso testemunho, não pode você dizer as palavras do texto: "Lembro-me disso e, portanto, tenho esperança"?

Lembre-se novamente, e talvez isto possa ser consolador a você que, embora pense não ser filho de Deus agora, todavia, *se olhar para dentro de si mesmo, verá fracos traços da mão do Espírito Santo.* O quadro completo de Cristo não está lá, mas você não pode ver o rascunho, o contorno, as marcas de carvão? "O que você quer dizer?", você pergunta. Você não quer ser cristão? Não anseia por Deus? Não pode dizer com o salmista, *meu coração e meu corpo clamam pelo Deus vivo*? Pelo Deus vivo? Oh, eu sempre tive de me consolar com isto; ao não poder ver uma única graça cristã irradiando em meu espírito, tive de dizer: "Sei que nunca estarei satisfeito até ser como meu Senhor". Uma coisa eu sei. Eu era cego, agora vejo — vejo o suficiente, pelo menos, para conhecer meus próprios defeitos, vazios e misérias; e tenho suficiente vida espiritual para sentir que quero mais e não posso estar satisfeito a menos que tenha mais. Bem, agora, onde Deus, o Espírito Santo, fez tanto quanto isso, Ele fará mais. Onde Ele começou a boa obra, somos informados que Ele a continuará e a aperfeiçoará no dia de nosso Senhor Jesus Cristo. Lembre-se disso, e você pode ter esperança.

Mas eu lembraria você de que *há uma promessa neste livro que descreve exatamente e se encaixa no seu caso.* Um jovem havia herdado de seu pai toda a sua propriedade, mas um adversário questionou o seu direito. O caso foi levado ao tribunal, e o jovem, embora tivesse certeza do direito legal à totalidade da herança, não conseguiu prová-lo. Seu advogado lhe disse que eram exigidas mais evidências do que ele podia conseguir. Ele não sabia como obter essas evidências. Ele revirou um baú antigo onde seu pai costumava guardar seus papéis e, enquanto revirava os papéis, encontrou um antigo pergaminho. Ele abriu a papelada com grande ansiedade, e lá estava — exatamente o que ele queria — o testamento de seu pai, o qual mencionava que a propriedade era deixada inteiramente para ele. Com aquele documento em mãos, ele se dirigiu corajosamente ao tribunal. Ora, quando ficamos em dúvida, é bom nos voltarmos a este velho Livro e lermos até podermos dizer: "É isto — essa promessa foi feita para mim". Talvez o texto seja: *Os pobres e necessitados procuram água... eu, o Senhor, os ouvirei; eu, o Deus de Israel, não os desampararei.* Ou: *quem quiser, receba de graça a água da vida.* Peço-lhe que esquadrinhe o Livro antigo; e você, pobre duvidoso, cristão desesperado, em breve tropeçará em algum pergaminho precioso, por assim dizer, em que Deus, o Espírito Santo, lhe confere o título de direito de imortalidade e vida.

Se essas recordações não forem suficientes, tenho mais uma. Olhe para mim e abra os ouvidos para descobrir que coisa nova vou lhe contar. Não, não vou lhe contar algo novo, mas é a melhor coisa já dita do céu: *Jesus Cristo veio ao mundo para salvar pecadores*. Você ouviu isso milhares de vezes — e é a melhor música que já ouviu. Se não sou um santo, sou um pecador; se não posso ir ao trono da graça como filho, irei como um pecador. Certo rei tinha o costume de receber todos os mendigos da cidade em determinadas ocasiões. Ao seu redor, sentavam seus cortesãos, todos vestidos com roupas ricas; e os mendigos se sentavam à mesma mesa em seus trapos de pobreza. Certo dia, um dos cortesãos havia estragado sua roupa de seda e, por isso, não se atreveu a colocá-la. Assim, pensou: "Não posso ir à festa do rei hoje, porque minha túnica está feia". Ele se pôs a chorar, até que um pensamento lhe ocorreu: "Hoje, quando o rei realizar seu banquete, alguns irão como cortesãos muito bem arrumados e felizes, mas outros irão vestidos em trapos e serão bem recebidos. Bem, contanto que eu possa ver a face do rei e sentar-me à sua mesa, vou entrar entre os mendigos". Assim, sem se lamentar por ter perdido suas vestes de seda, ele se cobriu com os trapos de um mendigo e viu a face do rei da mesma forma que se estivesse usando sua fina roupa de linho. Minha alma já fez isso muitas vezes e peço que você faça o mesmo; se não puder ir a Deus como santo, vá como pecador; apenas vá, e você receberá alegria e paz. Num lamentável acidente ocorrido no norte, quando um considerável número de mineiros estava nas profundezas de uma das minas de carvão, o teto desabou e o poço de acesso ficou completamente bloqueado. Os que estavam lá dentro se sentaram juntos na escuridão e cantaram e oraram. Eles se reuniram num ponto onde os últimos resquícios de ar podiam ser respirados. Ali eles permaneceram depois que a luz se apagou, porque o ar não podia manter a chama da lanterna. Eles estavam na escuridão total, mas um deles disse ter ouvido que havia uma conexão entre aquele poço e outro mais antigo que havia sido trabalhado anos antes. Era uma passagem estreita pela qual um homem podia passar rastejando, deitado no chão. Os mineiros foram conferir a informação: a passagem era muito longa, mas eles rastejaram por ela e, finalmente, saíram para a luz no fundo de outro poço e tiveram a vida salva. Se o meu caminho atual para Cristo fica bloqueado, se não posso subir direto pelo poço e ver a Luz de meu Pai lá em cima, há um caminho antigo pelo qual os pecadores seguem, pelo qual os ladrões e as prostitutas seguem — venha você também. Eu vou rastejar humildemente deitado no chão — até ver meu Pai e dizer: "Pai, não sou digno de ser chamado Teu filho. Faze-me como um de Teus empregados, contanto que eu habite em Tua casa". Em sua pior situação, você ainda pode buscar a Deus como pecador. Jesus Cristo veio ao mundo para salvar pecadores. Lembre-se disso, e você poderá ter esperança.

III. Eu preciso ter algumas palavras com os PECADORES. Temos sempre nesta congregação alguém que está buscando o Senhor — quisera Deus tivéssemos muitos mais! Seria uma pregação gloriosa se todos O estivessem buscando ou O tivessem encontrado. Se não fosse pela multidão misturada dos que nem buscam nem encontram, nosso trabalho seria de fato fácil. Alguns de vocês estão buscando a Deus hoje e seguem receosos de não poderem ser salvos. Vou trazer algumas palavras a vocês para lembrá-los de algumas verdades comuns que podem dar esperança.

Antes de tudo, alguns de vocês estão preocupados com a *doutrina da eleição,* e nesta manhã não posso explicá-la a vocês. Creio nessa doutrina e a recebo com alegria, e vocês podem ter certeza, por mais que isso incomode, de que ela é verdade. Embora você não goste, ela é verdadeira, e lembre-se de que não se trata de uma questão de opinião quanto ao que você gosta ou não, quanto ao que você pensa ou não pensa; volte-se para a Bíblia e, se você a encontrar lá, acredite. Ouça-me. Você tem a ideia de que algumas pessoas serão enviadas para o inferno, apenas e somente por ser a vontade de Deus que elas sejam mandadas para lá. Jogue fora essa ideia, porque é muito ruim e não pode ser encontrada nas Escrituras. Não pode haver um inferno na consciência do homem que sabia ser miserável apenas porque Deus desejava que fosse, pois a própria essência do inferno é o pecado e a consciência de tê-lo cometido voluntariamente. Não poderia haver a chama do inferno se não houvesse esta convicção na mente da pessoa que a sofre: "Eu sabia da minha responsabilidade, mas não a cumpri — pequei voluntariamente contra Deus e estou aqui, não por causa de algo que Ele tenha feito ou não, mas por causa do meu próprio pecado". Se você jogar fora este pensamento sombrio, pode estar na estrada do conforto. Lembre-se novamente, seja qual for a doutrina da eleição, existe um convite grátis no evangelho feito aos pecadores necessitados: *quem quiser, receba de graça a água da vida*. Agora você pode dizer: "Não consigo conciliar as duas coisas". Existem muitas outras coisas que você não pode conciliar. Deus sabe onde essas duas coisas se encontram embora você não saiba, e espero que você não pretenda esperar até ser um filósofo para ser salvo, porque é provável que, enquanto tentar ser sábio, permanecendo persistentemente um tolo prático, você se encontrará no inferno, onde sua sabedoria de nada valerá. Deus ordena que você confie em Cristo, e Ele promete que todos os crentes serão salvos. Deixe suas dificuldades de lado e confie em Cristo, e então você será capaz de entendê-las melhor do que agora.

Para compreender a doutrina do evangelho, primeiro você precisa crer em Cristo. O que Cristo diz: *ninguém chega ao Pai, a não ser por mim*. A eleição é obra do Pai. O Pai escolhe pecadores; Cristo faz a expiação. Você precisa ir a Cristo, o sacrifício expiatório, para poder entender o Pai como o Deus que elege. Não insista em ir primeiro ao Pai. Vá ao Filho, como Ele lhe diz.

Lembre-se mais uma vez de que, mesmo que a sua própria concepção da doutrina da eleição fosse verdadeira, ainda assim, você poderia perecer se não procurasse o Senhor.

> "Eu não pereço se for,
> Estou resolvido a tentar;
> Porque se ficar longe, eu sei,
> Para sempre vou morrer.
> Mas se eu morrer com a misericórdia procurando,
> Quando o Rei eu tiver experimentado,

Que tiver de morrer, feliz ideia
De que nunca morre o pecador."

Confie em Cristo mesmo que pereça, e nunca perecerá se nEle você confiou.

Bem, se essa dificuldade foi vencida, posso presumir outra, dizendo: "Ah! Mas o meu é um caso de *grande pecado*". Lembre-se disto, e você terá esperança, isto é, esperança de que *Cristo Jesus veio ao mundo para salvar os pecadores, dos quais* — diz Paulo — *eu sou o principal*.

Paulo foi o principal dos pecadores e entrou pela porta da misericórdia; e agora não pode haver maior do que o principal, pois onde o principal entrou você também pode entrar. Se o principal dos pecadores foi salvo, por que você não pode ser? Por que não você?

Ouvimos outro dia o sr. Offord dizer que conhecia uma boa senhora que não atravessava a ponte *Saltash* (*Royal Albert*) construída em *Plymouth* por não acreditar que fosse segura. Ela viu locomotivas e trens passarem pela ponte, que sustentou centenas de toneladas de uma só vez, porém a senhora balançava a cabeça e dizia que as pessoas eram muito presunçosas por atravessá-la. Em certa ocasião, quando a ponte não tinha nenhum trem sobre ela, perguntaram-lhe se ela não iria atravessá-la. Bem, ela se aventurou um pouco, mas tremeu o tempo todo por medo de que seu peso fizesse a ponte cair. A construção podia suportar centenas de toneladas de bagagem, mas não podia suportar o seu peso. Acontece o mesmo com você, grande pecador. A estupenda ponte que Cristo colocou sobre a ira de Deus suportará o peso do seu pecado, pois já suportou dez mil antes e ainda levará milhões de pecadores à praia do seu descanso eterno. Traga isso à lembrança, e você poderá ter esperança.

"Sim", diz alguém, "mas creio ter cometido o *pecado imperdoável*". Meu querido irmão, acredito que você não cometeu, mas quero que você se lembre de uma coisa: o pecado imperdoável é o pecado para a morte. Agora, o pecado para a morte significa o pecado que mata a consciência. Quem o comete não tem consciência alguma; está morto. No seu caso, você tem algum sentimento, tem vida suficiente para desejar ser salvo do pecado, tem vida suficiente para querer

LEMBRANÇA — A SERVA DA ESPERANÇA

ser lavado no precioso sangue de Jesus. Você não cometeu o pecado imperdoável e, portanto, tem esperança. *Todos os pecados serão perdoados aos filhos dos homens, bem como todas as blasfêmias que proferirem.* Mas você responde: "Ah, *não consigo me arrepender.* Meu coração é duro demais". Lembre-se de que Jesus Cristo é exaltado para dar arrependimento e remissão de pecados, e você pode procurá-Lo para obter arrependimento. Vá a Ele sem nenhum arrependimento e peça que Ele lhe dê o arrependimento, e Ele o dará. Não tema; se a alma busca suavidade e ternura, ela possui essa suavidade e ternura em certa medida agora mesmo, e a terá em toda a extensão em breve. "Oh, mas", você diz, "tenho uma *inaptidão* e uma incapacidade geral para ser salvo". Então, querido amigo, quero que você se lembre de uma coisa: Jesus Cristo tem uma aptidão e uma capacidade geral para salvar pecadores. Eu não sei o que você quer, mas sei que Cristo tem o que você quer. Não conheço toda a sua enfermidade, mas sei que Cristo é o médico que pode curá-la. Não sei quão dura, teimosa, obstinada, ignorante, cega e morta pode ser sua natureza, mas sei que Cristo *pode salvar perfeitamente os que por meio dele se chegam a Deus*. O que você é não tem nada a ver com a questão, exceto pelo mal a ser desfeito; a resposta à pergunta de como você deve ser salvo está além, no corpo sangrento do imaculado Cordeiro de Deus. Cristo tem toda a salvação em Si mesmo. Ele é o Alfa e o Ômega. Ele não começa a salvá-lo e então deixa você perecer, nem se oferece para completar o que você deve começar primeiro. Ele é o fundamento e o pináculo. Ele começa com você como uma folhinha verde e termina com o milho formado na espiga.

Ah, se eu tivesse uma voz como a trombeta de Deus que despertará os mortos no final! Se eu pudesse tê-la para pronunciar apenas uma sentença, seria esta: "Em Cristo é encontrada a sua ajuda". Quanto a você, nunca pode ser encontrado nada de esperançoso em sua natureza humana. É a própria morte; é só podridão e corrupção. Volte os olhos dessa massa desesperadora de negra depravação e olhe para Cristo. Ele é o sacrifício para a culpa humana. Ele é a justiça que cobre os homens e os torna aceitáveis perante o Senhor. Olhe para Ele como você está: sujo, culpado, leproso, condenado. Vá como você está.

Confie em Jesus Cristo para salvá-lo, lembrando-se disto: você terá uma esperança que não o envergonhará e que irá durar para sempre.

Esforcei-me para trazer palavras confortáveis e oportunas, e também tentei trazer palavras simples. Mas, ó Consolador, o que podemos fazer sem Ti? Deves animar nossa incorreção. Consolar almas é a própria obra de Deus. Encerremos, então, com as palavras de promessa do Salvador: *Eu rogarei ao Pai, e ele vos dará outro Consolador, para que fique para sempre convosco.* Que a nossa oração seja que Ele habite conosco para Sua própria glória e para o nosso consolo para sempre. Amém.

O MENESTREL
DA ESPERANÇA

Sermão ministrado na manhã de domingo,
5 de julho de 1868, pelo reverendo C. H. Spurgeon,
no Tabernáculo Metropolitano de *Newington*.

Deus, o nosso Deus, nos tem abençoado (Sl 67.6b).

DEUS, O NOSSO DEUS. Que título extremamente doce! Que beleza e vivacidade de coração devem ter existido no homem que aplicou esse nome carinhoso ao Deus de Jacó! Embora o doce cantor de Israel tenha se referido ao Senhor dos Exércitos dessa forma milhares de anos atrás, o nome tem um frescor e até uma novidade para os ouvidos fiéis: *Deus, o nosso Deus.* Não consigo resistir a tocar essa corda novamente; a nota é encantadora demais à minha alma! A palavra "nosso" ou a expressão "o nosso" parecem lançar sempre uma atmosfera de deliciosa fragrância sobre qualquer coisa à qual estiverem conectadas. Se for o nosso país —

"Mora ali um homem com alma tão morta,
Que nunca disse a si mesmo:
Esta é a *minha própria* terra natal?"

Não importa se uma terra de charneca marrom e vegetação emaranhada, seja uma planície muito extensa, todos amam sua pátria e, no exílio, são atingidos pela saudade de seu país. É assim com relação à casa na qual fomos criados. Aquele telhado de madeira, aquela

ESPERANÇA, O PERFUME DO CORAÇÃO

antiga fazenda — pode ter sido coberta de palha e ter pertencido a um grupo de casas pobres, mas ainda era nossa casa, e milhares de pensamentos ternos se reúnem ao redor da lareira onde nós, na infância, nos aninhamos sob a asa dos pais. Todos os nossos parentes nos são queridos pelo fato de serem "os nossos". "Pai" é uma palavra de prata o tempo todo; mas "o nosso pai", "nosso próprio pai"..., como o nome fica mais rico e se torna uma palavra dourada! "Nosso próprio filho", "nosso próprio irmão", "nosso marido", "nossa esposa" — as palavras são mais melodiosas. Até sentimos que a Bíblia é muito querida para nós, porque podemos falar dela como "nossa própria velha Bíblia em inglês".[1] Como livro dos judeus, vindo de Deus em hebraico, e como um livro para os gregos, chegando na parte final aos gentios na língua grega, era um tesouro inestimável; mas, traduzida para a nossa própria língua saxônica e no todo traduzida tão bem, nossa própria Bíblia em inglês é duplamente querida por nós. A doçura das palavras "nossa própria" me faz lembrar do hinário que usamos para cantar: "Nosso próprio hinário", esperando que, porventura, o próprio nome possa estreitar o afeto em torno dele. Mas o que direi a respeito do *nosso próprio Deus*? Palavras não conseguem expressar a profunda alegria contida nestas três palavras: *o nosso Deus*. "O nosso" pela eterna aliança na qual Ele se deu a nós com todos os Seus atributos, com tudo o que Ele é e tem, para ser a nossa herança para todo o sempre. *O Senhor é a minha herança*, disse a minha alma. "O nosso Deus", por nossa própria escolha a Ele, uma escolha a mais livre, mas guiada pelo Seu Espírito eterno, para que nós, que poderíamos ter escolhido nossa própria ruína, fôssemos docemente levados a fazer a nossa eleição do Senhor, porque Ele fez a Sua eleição de nós. "O nosso Deus", nosso para confiar, nosso para amar, nosso para O buscarmos em cada noite escura e perturbadora, nosso para termos comunhão com Ele em todo dia brilhante e balsâmico, nosso para ser Ele o nosso guia na vida, a nossa ajuda na morte e a nossa glória na imortalidade. "O nosso Deus", proporcionando-nos Sua sabedoria

---

[1] Considerando que Spurgeon foi um pregador britânico, cuja língua materna era o inglês.

para guiar nosso caminho, Seu poder para sustentar nossos passos, Seu amor para confortar nossa vida, Seus atributos para nos enriquecer com mais do que riquezas reais. Quem pode, sinceramente, de coração puro, olhar para o trono do infinito Jeová e chamá-Lo de "o meu Deus", essa pessoa diz uma coisa mais eloquente do que qualquer outra que já fluiu dos lábios de Demóstenes ou saiu da língua de Cícero. Favorecido além de todas as pessoas, para você, esta é uma palavra familiar:

> "O nosso Deus! Como é agradável este som!
> Como é fascinante repetir!
> Podem os corações com prazer dizer
> Quem assim pode seu Senhor saudar!"

Acho que o salmista usou a expressão nessa sublime ode como uma espécie de argumento e garantia das bênçãos que ele predisse. *Deus nos tem abençoado* — isso é verdade, isso deve ser crido — mas a sentença *o nosso Deus nos tem abençoado* lança convicção sobre o mais tímido, dá segurança como uma testeira entre seus olhos e traz à tona sua própria evidência. Se o Senhor foi gracioso o suficiente para se tornar seu próprio Deus, Ele não fez isso por nada; existe aí uma amável intenção. Se na ternura desta compaixão Ele disse: *serei o vosso Deus, e vós sereis o meu povo*, deve ter sido com o propósito de nos abençoar com bênçãos indizíveis em Cristo Jesus. Disfarçadamente, há uma poderosa razão invocada no delicioso título e, quanto mais pensarmos nEle, mais O veremos.

Esta manhã pretendo ficar apenas com as palavras: *Deus nos tem abençoado, Deus nos tem abençoado.*

No púlpito hoje de manhã, apresentarei três paixões personificadas; e falaremos um pouco com elas, ou deixemos que elas falem conosco.

I . A primeira é o MEDO. O medo em menor intensidade é encontrado em toda parte; ele se intromete em todos os assuntos, invadindo o quarto da FÉ e perturbando o banquete da ESPERANÇA. O medo

ESPERANÇA, O PERFUME DO CORAÇÃO

se aloja com alguns como hóspede permanente e se diverte como se fosse um amigo querido e familiar. O que o medo nos diz nesta manhã em resposta ao nosso texto animador? O medo pergunta: "Deus de fato nos abençoa? Por que ultimamente Ele reteve Suas mãos? Tem havido muitos sinais de esperança, mas eles nos têm decepcionado. Há muito tempo esperamos a bênção; pensamos ter visto sinais dela, porém ela não veio. Ouvimos falar de reavivamentos e rumores de avivamentos; homens se levantaram e pregaram a Palavra com poder e, em alguns distritos, houve muitas conversões, mas, ainda assim, em grande parte não recebemos a bênção. Deus não nos visitou como antigamente. Vimos a nuvem e esperamos a chuva; observamos o orvalho da manhã e esperamos a umidade; mas tudo isso se desfez e ainda estamos sem bênção. Milhares de decepções nos levam a temer que a bênção pode não vir". Ouça, ó Medo, e se anime. E se tu, apressado e precipitado, julgaste mal a vontade do Senhor, esta é a razão pela qual Ele deveria se esquecer de Sua promessa e se recusar a ouvir a voz da oração? Nuvens passam pelo céu todos os dias em muitas semanas, e dizemos: "Certamente deve chover, e os campos sedentos devem ser refrescados", mas ainda não caiu uma gota, ainda deve demorar para chover. Até isso acontece pela misericórdia de Deus. A chuva pode não vir hoje, e amanhã pode não ser vista; mas Ele ainda não é negligente no que concerne à Sua promessa. Deus tem o Seu próprio tempo designado e será pontual, porque Ele nunca age antes nem depois; no momento certo, respondendo às súplicas de Seu povo, Ele lhes dará chuva de prodigalidades; todo tipo de graciosas bênçãos descerão de Sua mão direita; Ele rasgará os céus e em majestade descerá — pois *o nosso Deus nos tem abençoado*.

"Sim", diz o Medo, "mas temos visto muitas falsificações da bênção. Vimos avivamentos nos quais a intensa animação pareceu por uma temporada produzir grandes resultados, mas a animação diminuiu, e os resultados desapareceram. Não temos ouvido repetidas vezes o som de trombetas e o alto alarde dos homens, mas tudo era apenas vanglória?" Esta é a mais triste verdade. Não há dúvida de que muito do reavivalismo tem sido uma farsa, uma bolha de ar — um soprar de bexigas terrivelmente pernicioso na igreja cristã. O próprio nome "reavivamento" foi feito para cheirar mal em alguns lugares devido ao mau cheiro a ele associado. Mas esta não é a razão pela qual não poderia ocorrer um glorioso e real reavivamento da presença do Senhor; e, meus irmãos, sincera e veementemente espero e oro por isso. Lembrem-se do reavivamento que a Nova Inglaterra experimentou nos dias de Jonathan Edwards. Ninguém poderia chamar isso de espúrio. Foi tão verdadeiro e real como não poderia ser nenhuma obra de Deus sobre a terra. Nem alguém poderia descrever a obra de Whitefield e de Wesley como mero espasmo ou coisa de existência transitória. Foi a mão direita de Deus que desnudou e expôs a obra da graça de maneira maravilhosa; e foi feito um trabalho que existe na Inglaterra até hoje e permanecerá até a vinda do Senhor Jesus Cristo. Podemos esperar então, visto que já foi dado em outros tempos, que Deus abençoará Seu povo com reais e substanciais progressos, e ainda fará Seus inimigos verem que há um poder irresistível no evangelho de Jesus Cristo. Ó, Medo, lembre-se: se quiser, as ilusões do passado podem ser tratadas dessa forma, mas não as lembre como razões para estarmos desanimados e rejeitados, pois Deus, o nosso Deus, *realmente* nos abençoa.

Mas o Medo replica: "Veja quanto existe *no presente* que é diferente de uma bênção e que, em vez de profetizar o bem, pressagia o mal! Como são poucos", diz o Medo, "os que estão proclamando o evangelho de maneira corajosa e simples, e quantos, por outro lado, se opõem ao evangelho com suas filosofias e superstições". Mas ouça, ó Medo, *Deus nos tem abençoado*, embora sejamos poucos, pois Ele não salva nem por muitos nem por poucos. Lembre-se de Seu servo Gideão e de como ele foi à luta contra os midianitas, não com milhares, pois eles eram muitos para o Senhor dos Exércitos, mas com as poucas centenas de homens que lamberam as águas, sem outras armas além de seus jarros quebrados, lâmpadas descobertas e trombetas soando, com eles o Senhor derrotou as multidões de Midiã. Não diga que a Onipotência tem falta de instrumentos; Ele poderia ativar o próprio pó à beira-mar para pregadores do evangelho, se quisesse; e, se desejasse que as línguas revelassem Seu amor, poderia transformar cada pedra em um pregador ou cada folha cintilante nas

Esperança, o perfume do coração

árvores em uma testemunha de Jesus. Não é instrumentalidade que é necessária primeiro e acima de tudo; precisamos mais do poder que move a instrumentalidade, que faz o mais fraco tornar-se forte, e sem o qual até os mais fortes são apenas fracos. Ouvimos dizer, outro dia, que não se podia esperar que a religião de Jesus Cristo prosperasse em alguns lugares, a menos que tivesse um começo justo. Essa observação veio de um infiel ou de um bispo? Se isso me tivesse sido perguntado, sei qual seria a minha resposta. Um começo justo de fato! Coloque a religião de Jesus Cristo em qualquer arena, e ela pede apenas liberdade para usar suas armas. E, mesmo onde isto lhe é negado, ela ainda triunfa. Ela só quer que sua própria força inata seja desenvolvida e deixada em paz pelos reis e príncipes deste mundo, e funcionará à sua maneira. Ser deixada sozinha, eu disse: deixe-os se oporem caso queiram, e mesmo assim nossa fé venderá a régia oposição; basta que eles retirem seu patrocínio, a coisa mortal que paralisa toda a vida espiritual, e a verdade absoluta de Deus certamente prevalecerá. Não trememos e não devemos, porque os servos de Deus podem ser pobres, ou não ser dotados, ou ser apenas poucos. Deus, *o nosso Deus*, *realmente* nos abençoa; e, se somos poucos como os doze pescadores, e iletrados como eles, devemos considerar que os doze pescadores fizeram o império da antiga Roma estremecer de ponta a ponta e derrubaram sistemas colossais de idolatria até sua base. Os cristãos de hoje também, se Deus apenas se voltar em poder a eles, no meio de sua fraqueza, se valorizarão em combate e colocarão em fuga os exércitos estrangeiros.

Mas o Medo sempre acha espaço para murmurar, e então diz: "Ó *futuro*, negro e sombrio! O que podemos esperar desta geração ímpia, deste povo perverso? Ser abandonados mais uma vez para acabarmos devorados pelas mandíbulas do anticristo ou ficarmos perdidos nas brumas da infidelidade?" "Nossas perspectivas são realmente assustadoras", assim diz o Medo, embora eu confesse que, não usando o seu telescópio, não percebo tais sinais dos tempos. No entanto, o Medo diz isso, e pode ter razões para tanto; seja qual for a razão, ela é contrabalançada em nossa mente pela crença de que Deus, o nosso Deus, nos abençoa. Por que Ele mudaria? Ele ajudou

Sua igreja outrora, por que não o faria agora? Ela não merece? Ela foi sempre assim. Ela recua? Ela já fez isso várias vezes antes, mas Ele a visitou e a restaurou, e por que não o faria agora? Em vez de pressentimentos e temores, parece motivo para as mais brilhantes expectativas se pudermos apenas recorrer à promessa divina e crer que Deus, o nosso Deus, nos abençoará nesta mesma época como fazia nos tempos antigos. Lembre-se do barco agitado pela tempestade no mar da Galileia. Houve, de fato, um olhar sombrio do timoneiro do barco que seria levado para o promontório rochoso, e o próprio barco e sua carga afundariam na onda. Não é assim, de forma alguma, pois vocês não veem andando sobre as ondas que se solidificam sob Seus pés o Homem que ama os companheiros dentro do barco e não os deixará morrer? É Jesus andando sobre as ondas do mar. Ele entra no barco e, imediatamente, a calma é tão profunda como se a onda não tivesse levantado a cabeça, nem o vento tivesse soprado. Assim, nos momentos mais escuros da história da igreja, Jesus sempre apareceu no tempo oportuno andando sobre as ondas das dificuldades, e então o descanso foi glorioso. Portanto, não nos amedrontemos, mas, expulsando o medo, regozijemo-nos com a mais alegre expectativa. O que temos a temer? Deus está conosco. Não é esse o grito de guerra diante do qual demônios fogem, e todas as hostes do mal dão as costas? "Emanuel, Deus conosco!" Quem se atreve a resistir a isso? Quem desafiará o Leão da tribo de Judá? Ah, tragam seus homens fortes e venham empunhar a lança, ó poderosos, mas, se Deus é por nós, quem será contra nós; ou, se vierem contra nós, quem poderá aguentar? Deus é o nosso Deus. Deixará Ele Sua igreja ser pisoteada na lama? Será a noiva de Cristo levada para o cativeiro? Será Sua amada, que foi comprada com sangue, entregue nas mãos de Seus inimigos? Deus proibiu! Porque Ele é Deus, porque Ele é o nosso Deus, portanto, levantemos nossos estandartes e cantemos alegremente —

"Pois ainda O louvarei,
Quem graciosamente é para mim
A saúde do meu semblante,
Sim, Ele é o meu Deus."

ESPERANÇA, O PERFUME DO CORAÇÃO

II. Mudaremos completamente a tensão ao introduzirmos um segundo personagem, a saber, o DESEJO. Passos rápidos, brilho nos olhos, coração quente. O Desejo diz: "Ah, Deus nos abençoa, mas, ó, se tivéssemos a bênção! Temos fome e sede dela; temos cobiça dela como o avarento anseia pelo ouro". Portanto, o Desejo diz: "Mas que bênção virá, e de que maneira nosso Deus nos abençoará?" A resposta ao Desejo é esta: quando Deus vem abençoar Seu povo, Ele inclui toda graça, porque nos tesouros da aliança não existem algumas coisas, mas todas as coisas, não alguns suprimentos para algumas necessidades da igreja, mas um redundante abastecimento do qual todas as suas necessidades serão reabastecidas. Quando o Senhor abençoar Sua igreja, Ele dará a todos os membros a graça do reavivamento; eles começarão a viver de maneira mais elevada, mais nobre e mais feliz do que antes. Mover a igreja e torná-la ativa é um dos mais altos dons do Espírito Santo, e é imensamente desejado. Eu creio que isso é desejado entre nós. Alguns dos cristãos mais fervorosos fora do céu são membros desta igreja; mas alguns estão muito longe disso e precisam ser levados a um estado espiritual mais sólido. O que é verdade para esta igreja é verdade para todas as igrejas de Jesus Cristo. Elas são como as virgens que dormiram porque o noivo não veio — muita apatia, pouco amor a Deus, pouca consagração à Sua causa, pouco anseio pela alma dos homens. Quando o Senhor visitar Sua igreja, o primeiro efeito será o despertamento da vida de Sua própria amada: então a bênção virá na próxima forma, a saber, conversões em suas fronteiras e acréscimos à membresia. Espero nunca pensarmos que Deus está nos abençoando a menos que vejamos os pecadores salvos. É uma ilusão solene quando pastores pensam que estão prosperando, mas não ouvem falar de conversões. Nós, eu confio, estaremos desconfortáveis se conversões diminuírem em número entre nós. Se Deus se voltar para nós, e a todas as Suas igrejas, será ouvido à direita e à esquerda: "O que devemos fazer para ser salvos?" A igreja atônita verá uma multidão de filhos nascidos, que a farão chorar de espanto. Quem os gerou? Quem são esses que voam como uma nuvem e como pombas para suas janelas? Quando estas duas bênçãos vierem, uma igreja despertada e almas convertidas, então se cumprirá a Palavra do Senhor: *O Senhor dá força ao seu povo; o Senhor abençoa seu povo com paz.* A igreja será forte. Ela terá meios para refutar seus adversários mostrando seus convertidos. Ela se tornará intrépida por ver o resultado de sua obra. Ela cessará de duvidar, porque a fé será reabastecida com evidências. Então reinará a paz. Os jovens convertidos trarão uma inundação de nova alegria; o sangue novo deles fará o sangue velho da igreja pular em suas veias, e o velho e o jovem se regozijarão juntos, se alegrarão na abundância de paz. Irmãos, eu gostaria de ter tempo esta manhã para lhes pintar o retrato de uma igreja abençoada por Deus, mas não devo fazê-lo. Vocês sabem do que estou falando — muitos de vocês foram membros de uma igreja dessas. Que a bênção continue, que ela seja aumentada, e que todas as igrejas em toda a cristandade recebam a bênção do Deus de Israel, bênção que as faça regozijar-se com alegria indizível.

Mas o Desejo diz: "Entendo o que é a bênção, mas em que medida Deus a dará, e quanto dela podemos esperar?" Nós dizemos ao Desejo: "Ó tu, de coração grande, Deus te dará de acordo com a medida da tua confiança nEle". Todos nós ficamos logo satisfeitos quando a bênção começa a cair do céu. Nós paramos, como o rei do Antigo Testamento, quando lançamos duas ou três flechas, e merecemos ser repreendidos na linguagem do profeta: *Deverias ter batido cinco ou seis vezes; assim atacarias os sírios e os destruirias totalmente.* Ficamos contentes com gotas quando poderíamos ter a taça cheia até a borda; ficamos infantilmente satisfeitos com uma mera gota de água quando poderíamos ter jarras, tonéis, rios, oceanos, se tivéssemos fé suficiente para recebê-los. Se houvesse meia dúzia de pessoas convertidas hoje nesta casa, todos deveríamos nos alegrar com ações de graças, mas não deveríamos nos entristecer se não houvesse seiscentas? Quem somos nós que, por nossas poucas expectativas, limitamos o Santo de Israel? Podemos traçar uma linha em torno do Onipotente e dizer: "Até aqui irás, mas não mais longe"? Não seria mais sábio estender nossos desejos e expandir nossas esperanças, já que temos de lidar com Aquele que não conhece limites nem fronteiras? Por que não procurar anos de fartura, eclipsando os famosos sete anos do Egito? Por que não esperar cachos de uvas maiores que os de

ESPERANÇA, O PERFUME DO CORAÇÃO

Escol? Por que somos tão mesquinhos, tão tímidos, tão limitados em nossas expectativas? Vamos nos agarrar a coisas maiores, pois isso é razoável, tendo o Senhor no qual confiar, e assim olhemos para coisas maiores. Espero pelos dias em que todo sermão sacudirá a casa com seu poder, em que os ouvintes serão convertidos a Deus aos milhares como no dia de Pentecostes. Foi aquele o maior troféu do poder de Deus, o Pentecoste? O primeiro feixe é maior do que a colheita? Nós cremos de fato que, se Deus visitar novamente a Sua igreja, e eu creio que Ele o fará, veremos nações nascidas num só dia, e o evangelho de Jesus, que tem coxeado dolorosamente como uma corça ferida, de repente tomar asas como um anjo poderoso e voar pelo meio do céu, proclamando Jesus Cristo, Senhor e Deus. Por que não? Quem pode justificar a ausência da mais viva esperança, visto que Ele pode fazer muito mais do que pedimos ou mesmo pensamos?

Eu ouço o Desejo dizer: "Sim, compreendo o que é a bênção e que ela pode ser tida em qualquer medida, mas o que faço para obtê-la, e quando ela virá?" Siga-me numa breve revisão do salmo perante nós, porque isso nos ajudará a responder à pergunta: "Quando Deus, o nosso Deus, nos abençoará?" O salmo começa com Deus sendo misericordioso para conosco; essa é a voz de uma pessoa arrependida, que confessa seus delitos passados. Deus abençoará esta igreja quando ela reconhecer suas faltas e se humilhar; quando, com arrependimento evangélico, ela se colocar diante do propiciatório e clamar: "Deus, sê misericordioso para conosco". Não devemos nunca esperar que o Senhor abençoe uma igreja orgulhosa e pretensiosa, uma igreja de coração duro e indiferente. Quando a igreja estiver humilhada e posta no pó, sob o sentido de suas próprias falhas, Deus ficará satisfeito em vê-la com misericórdia. Pelo teor do primeiro versículo, deduzo que Deus abençoa Seu povo quando eles começam a orar, bem como quando confessam seus pecados. A oração é urgente, humilde e crente e, portanto, deve apressar a bênção. *Que Deus se compadeça de nós e nos abençoe; e faça resplandecer seu rosto sobre nós.* Estes desejos agonizantes são uma parte do lamentar de uma igreja que de alguma forma sabe que perdeu a bênção e permanece constrangida até ser restaurada. Temos certeza de recebermos

O MENESTREL DA ESPERANÇA

a bênção de Deus quando toda a igreja é insistente e constante em intercessão. A oração é o melhor recurso de um povo sincero. Não somos testemunhas disso? Temos nesta casa reuniões de oração nas quais fomos agitados da mesma forma que as árvores da floresta são movidas pelo vento, e sempre tivemos a presença de Deus posteriormente na conversão de almas. Nossos melhores momentos de oração sempre foram seguidos de alegres colheitas. As igrejas em toda parte devem praticar intensamente a oração, ou não podem esperar que o som da abundância de chuva seja ouvido em sua terra. "Desperta para confessar teu pecado, ó Sião; desperta para o 'fruto do trabalho da alma' pelas almas dos outros homens, e então Deus, o teu Deus, te visitará do alto. Vem, Espírito Santo, e desperta o povo adormecido; ativa Teu exército preguiçoso, pois, quando o Teu poder for sentido, então o dia brilhante do triunfo amanhecerá sobre nós."

No transcorrer do salmo, não se fala tanto de oração quanto de louvor. *Louvem-te os povos, ó Deus, louvem-te todos os povos. A terra tem produzido seu fruto.* A igreja de Deus precisa entrar em um estado melhor com relação ao louvor a Deus. Quando Deus nos oferece a misericórdia, se nós a aceitamos silenciosamente e sem gratidão, não podemos esperar ter mais; mas, quando cada gota de favor nos faz bendizer o Senhor que concede Sua bênção a pessoas tão indignas, logo teremos mais e mais e mais. O louvor precisa ser universal. *Louvem-te todos os povos.* O louvor precisa ser alegre e caloroso, cada pessoa regozijando-se na sua prática e empenhando toda sua força nele. Quando vamos despertar para isto? Quando todos os eleitos do Senhor irão engrandecer Seu glorioso nome como deveriam? Quando vamos cantar em nosso trabalho, em nosso lar, em toda parte os louvores a Deus? Se a oração e o louvor são sagrados, e a igreja ficar completamente ansiosa pela bênção divina, então Deus, o nosso Deus, nos abençoará.

Creio que, quando uma grande visitação de misericórdia está vindo sobre a igreja, certos sinais são dados aos mais espirituais, garantindo-lhes o que está por vir. Elias pôde ouvir o som de chuva abundante antes que uma única gota tivesse caído, e muitos santos de Deus tiveram a convicção de que um tempo de renovação estava próximo muito antes que este chegasse. Algumas almas são especialmente sensíveis ao trabalho divino, assim como o corpo de algumas pessoas é peculiarmente sensível às mudanças do clima antes que elas ocorram. Assim como Colombo tinha certeza de que estava chegando à terra por ter visto estranhos pássaros terrestres e pedaços flutuantes de algas marinhas e galhos de árvores, da mesma forma o ministro cristão muitas vezes tem certeza de que está se aproximando um tempo de bênção maravilhosa. Ele mal pode contar aos outros por que tem tanta certeza, e, no entanto, as indicações para ele são plenamente suficientes. Há pombas que voam em nossas mãos e nos dizem que as águas da indiferença e do mundanismo estão minguando; elas nos trazem ramos de oliveira de graças esperançosas que florescem entre o nosso povo, o que nos permite saber que certamente está chegando a hora de Deus favorecer Sião. Você nunca viu o antigo vidente surgir e tirar sua harpa da parede, começar a afiná-la, colocar todas as cordas em ordem e começar a dedilhar o instrumento com uma energia incomum de prazer? Você não lhe perguntou: "Harpista grisalho, menestrel consagrado ao Senhor, por que golpeias a tua harpa com cânticos tão cheios de alegria?" Ele responde: "Porque vejo de longe os estandartes de seda de um exército triunfante voltando vitorioso da batalha. É a igreja que se tornou mais do que vencedora por meio de quem a amou. Ouço o movimento das asas dos anjos; eles se regozijam com os arrependidos, e a igreja se alegra, pois a glória dela volta, visto que seus filhos são muitos". Os homens iluminados pela luz do céu sentem a sombra da misericórdia vindoura e ouvem as rodas longínquas da carruagem da misericórdia.

Esses sinais, é claro, serão apreciados por poucos, mas existem outros sinais que são instrutivos para muitos. É um sinal muito certo de que o Senhor abençoará Seu povo quando eles sentirem em si mesmos um desejo incomum e insaciável pela visitação divina; quando sentirem que a igreja não poderia continuar por mais tempo como agora; e então eles começam a se preocupar, a arfar, a suspirar, a ter fome e sede por algo melhor. Eu gostaria que todos os membros desta igreja estivessem gloriosamente insatisfeitos por causa da ausência de conversões. E, quando esta insatisfação surge na mente cristã, geralmente é uma indicação certa de que Deus está ampliando o coração do Seu povo para receber uma bênção maior. Então entrarão em mentes preparadas sagrados sentimentos de intensa animação, agonias de terrível propósito, misteriosos anseios que antes eram estranhos. Estes gravitarão em impulsos aos quais o povo será incapaz de resistir. De repente, os homens encontrarão uma língua que antes fora muda; outros, que até aquele momento não eram conhecidos como fervorosos em oração, se tornarão poderosos em oração e súplica. Haverá lágrimas em olhos que antes eram secos. Veremos mestres falando a pecadores e ganhando convertidos que se mantinham na retaguarda e que até o momento não eram zelosos. Essas agitações da mão de Deus, esses movimentos sagrados e misteriosos do Seu eterno bendito Espírito, são sinais de que Ele pretende abençoar a igreja, e em grande escala. E, irmãos, quando cada pessoa começa a se examinar, a verificar se nela existe algum obstáculo à bênção; quando cada membro da igreja expõe seu coração para a busca de Deus e clama: "Tira de mim tudo o que impede o Teu trabalho, torna-me adequado para ser de maior utilidade, coloca-me onde terás mais glória por meu intermédio, porque eu me consagro a Ti", então ouviremos o som no alto das amoreiras, como Davi ouviu antes; então veremos as flores brotarem, e saberemos que o tempo do canto dos pássaros está chegando, e que a primavera e o verão estão próximos. Deus, manda-nos mais e mais desses sinais graciosos! Acho que os vejo agora mesmo. Talvez meu desejo seja o pai do meu pensamento, mas creio ver sinais confortáveis de que Deus pretende visitar Sua Sião, mesmo agora: e, se acreditarmos, aceitaremos e trabalharemos de acordo com essa expectativa, orando e louvando, trabalhando e nos esforçando. Estejam certos de que este ano de 1868 não terminará sem uma demonstração do poder divino que o tornará um *annus mirabilis*, um ano do nosso Senhor, um ano de graça, um ano cujos dias serão como os dias do céu na terra.

III. Finalmente, eu lhes apresento um ser muito mais justo do que os outros dois — a doce donzela de olhos brilhantes, a ESPERANÇA.

Vocês já ouviram a história de sua música incomparável? Na juventude, ela aprendeu uma música que sempre canta acompanhada de uma harpa bem afinada. Aqui estão as palavras de sua encantadora canção: "Deus nos abençoará, Deus nos abençoará". Ela é sempre ouvida cantando isto no meio da noite, e eis que estrelas repentinamente brilham no céu escuro. "Deus nos abençoará." Ela é conhecida cantando isto em meio a tempestades, e a calma vem em seguida à música suave. Certa vez, alguns trabalhadores fortes foram mandados pelo grande Rei para cortar uma floresta primitiva, arar, semear e cuidar da plantação até a colheita. Eles eram intrépidos, fortes e bastante dispostos para trabalhar e, bem, precisavam de toda sua força e muito mais. Um trabalhador robusto recebeu o nome de Indústria — que obra consagrada era a sua. Seu irmão, Paciência, com músculos de aço, foi com ele e não se cansou nos longos dias sob as tarefas mais pesadas. Para ajudá-los, eles tinham Zelo, vestido com ardente e indomável energia. Lado a lado, lá estavam seu parente Abnegação e seu amigo Tempestividade. Estes saíram para o trabalho e levaram consigo, para animar as labutas, a amada irmã Esperança; e foi o que fizeram, pois as árvores da floresta eram enormes e precisavam de muitos golpes fortes de machado para serem derrubadas. Um a um eles produziram, mas o trabalho era imenso e ininterrupto. À noite, quando iam descansar, o trabalho do dia parecia sempre tão leve, pois, ao atravessarem a soleira da porta, a Paciência, limpando o suor da testa, era incentivada, e a Abnegação era fortalecida, pois ouviam uma doce voz interior cantar: "Deus nos abençoará, Deus, o nosso Deus, nos abençoará". Eles derrubaram as árvores gigantes com a música desse esforço; limparam os acres um por um; arrancaram as enormes raízes; escavaram o solo; semearam o milho e esperaram a colheita, muitas vezes desanimados, mas ainda presos em correntes de prata e grilhões dourados pelo doce som da voz que cantava constantemente: "Deus, o nosso Deus, nos abençoará". Eles nunca se negaram ao trabalho, pois a voz não deixava de cantar; ficavam envergonhados em ser desencorajados, ficavam chocados em ser desesperados, pois a voz ainda cantava claramente pela manhã e ao entardecer: "Deus nos abençoará, Deus, o nosso Deus, nos abençoará". Vocês conhecem a parábola, reconhecem a voz: podem ouvi-la em sua alma hoje!

Deus nos abençoará! Nós somos poucos, poucos demais para esta grande obra, mas "Deus nos abençoará" e, portanto, seremos o suficiente. Somos fracos, temos pouca instrução, pouca experiência e pouca sabedoria, mas "Deus nos abençoará". Somos indignos, cheios de pecado, inconstantes e frágeis, mas "Deus nos abençoará", e a nossa indignidade será uma folha de prata sobre a qual poderá ser colocado o precioso diamante de Sua misericórdia. "Deus nos abençoará" — existem promessas gloriosas que asseguram a bênção; elas devem ser guardadas, pois são o sim e o amém em Cristo Jesus. As nações devem se curvar perante o Messias; a Etiópia deve estender os braços e receber seu Rei. "Deus nos abençoará." Ele abençoou Seu povo. Que o Egito conte como Deus derrotou os inimigos de Israel. Que Canaã testemunhe como Ele derrubou reis poderosos e deu a terra deles em herança para o Seu povo. "Deus nos abençoará." Ele nos deu Seu Filho; como não nos dará também com Ele todas as coisas? Ele nos deu Seu Espírito Santo para habitar para sempre conosco; como pode nos negar qualquer ajuda indispensável ou bênção necessária?

Aqui está um cântico para cada cristão, homem ou mulher envolvido na sagrada obra! Aqui está um cântico para a aula de Escola Dominical desta tarde, para vocês, aplicados professores de nossa juventude! Se vocês não viram nenhum resultado do seu trabalho e estão um pouco desanimados, aqui está um salmo para elevar seu ânimo: "Deus nos abençoará". Vão e ensinem o evangelho aos jovens com redobrado zelo. Aqui está uma doce nota para o ministro que vem arando um solo ingrato e ainda não viu a colheita. "Deus nos abençoará." Não pare o seu trabalho ativo! Volte para o seu trabalho, porque há uma bênção futura tamanha, que você se alegrará até mesmo com a perspectiva de sua chegada. "Que cada trabalhador siga em frente para aquela forma de serviço cristão que o Mestre lhe designou, ouvindo este pássaro do paraíso trinando em seus ouvidos: "Deus nos abençoará". Assim como a atividade de menestrel de Davi perante Saul, ela fascina o desespero; da mesma forma que as trombetas de prata dos sacerdotes, ela proclama o jubileu. Ó, como os chifres de carneiro de Israel, ela pode derrubar Jericó! Ah, se uma vez nesta manhã eu pudesse falar com a eloquência de Pedro, o Eremita! Ao pregar para a cruzada, ele fez seus ouvintes gritarem em alta voz: "*Deus vult*" (Deus quer!). Eu também agitaria o sangue de vocês com a nota de guerra do meu texto. Penso que este Deus nos abençoará à medida que agita vocês, e os move e os faz correr como um poderoso exército de guerreiros, com o mesmo efeito do grito "Deus quer", do Eremita. Deus está conosco; *Ele nos abençoará*. Por que vocês se enfraquecem? Por que se esgotam? Por que procuram a força no braço humano? Por que temem seus inimigos? Por que buscam a facilidade preguiçosa? Por que vão para a cama descansar? Deus nos abençoará! Levantem-se, homens de armas, arrebatem a vitória! Peguem suas foices e ajuntem a colheita! Icem as velas, marinheiros, porque os ventos favoráveis estão chegando! "Deus nos abençoará." Que o fogo do altar toque nossos lábios! E qual instrumento pode ser melhor para carregar a brasa chamejante do que as pinças de ouro do texto: "Deus nos abençoará"?

Uma palavra de advertência, e então encerramos. Suponha que o Senhor abençoe a "nós", no plural, e não a "você", querido ouvinte, no singular! E se houver chuva de misericórdia, e ela não cair sobre você? E se Ele conceder um sinal para o bem do Seu povo, e você ficar de fora? E, se esse for o triste fato, isso fará você ficar pior do que está, pois ninguém é tão seco quanto o velo que permanece intacto quando o chão está molhado; ninguém é tão perdido quanto aqueles que se perdem quando outros são salvos. Peça para Deus que esse não seja o seu caso! Não precisa ser assim. Oh! Bendito seja Deus, espero poder dizer que não será assim. *Buscai o Senhor enquanto se pode achar; invocai-o enquanto está perto.* Ele tem perdão em abundância para conceder e o dará de graça a todos que pedirem. Tudo o que Ele pede é que você confie em Seu Filho e nesta fé que o Espírito Santo dá. Confie nEle! Descanse no mérito do Seu precioso sangue, e você não ficará de fora quando Ele dispensar Seus favores, mas cantará alegremente com todos os demais: *Deus, o nosso Deus, nos tem abençoado. Deus nos tem abençoado.*

Esperança nos casos sem solução

Sermão ministrado na manhã de domingo,
19 de julho de 1868, pelo reverendo C. H. Spurgeon,
no Tabernáculo Metropolitano de *Newington*.

Trazei-me o menino (Mt 17.17).

Nosso VERDADEIRO TEXTO será a narrativa completa, mas, como parece necessário selecionar uma sentença, escolhemos a que está diante de nós como a verdadeira articulação da história.

O reino de nosso Senhor Jesus Cristo, enquanto esteve na terra, foi tão extenso quanto tocar os confins do céu e do inferno. Nós O vemos em certo momento discursando com Moisés e Elias em Sua glória, como se estivesse nas portas do céu, e eis que, em poucas horas, O vemos confrontando um espírito imundo como se estivesse desafiando o abismo infernal. Há uma longa jornada dos patriarcas até os demônios, dos profetas até os demônios mudos; contudo, a misericórdia O incita e o poder O apoia, de modo que Ele é igualmente glorioso em qualquer lugar. Que glorioso Senhor foi Ele, mesmo durante Sua humilhação! Quão glorioso Ele é agora! Como Sua bondade chega tão longe! Verdadeiramente, Ele tem domínio de mar a mar; Seu império alcança os extremos da condição humana. Nosso Senhor e Mestre ouve com alegria o clamor de um crente; Ele, Cristo, que venceu Seu inimigo, na mesma hora, dá ouvidos ao desespero de um pecador que perdeu toda a confiança em si mesmo e deseja ser salvo por Ele. Em um momento, Ele está aceitando a coroa que o guerreiro Lhe traz da luta bem disputada; em outro, está curando os de coração partido e tratando de suas feridas. Há uma diferença notável entre a cena da morte do crente triunfante quando ele entra no descanso e o primeiro arrependimento em prantos de um Saulo de Tarso, enquanto busca misericórdia do Salvador a quem perseguiu; e o coração e os olhos do Senhor estão com ambos. A transfiguração do nosso Senhor não O desqualificou para expulsar os demônios, nem fez com que Ele se sentisse sublime e espiritual demais para lidar com os males humanos; assim, nesse momento as glórias do céu não O tiram das misérias da terra, nem O fazem esquecer os choros e as lágrimas dos fracos que O procuram neste vale de lágrimas.

O caso do endemoninhado surdo-mudo que está no texto lido, e para o qual chamo sua particular atenção, é notável. Todo pecado é a evidência de que a alma está sob o domínio de Satanás. Todas as pessoas não-convertidas estão realmente possuídas pelo diabo em algum sentido: ele estabeleceu seu trono no coração delas, ali ele reina e governa os membros do seu corpo. *O espírito que agora age nos filhos da desobediência* — essa é a descrição dada por Paulo ao príncipe das trevas. Mas essas possessões não são semelhantes em todos os casos, e a expulsão de Satanás, embora sempre feita pelo mesmo Senhor, nem sempre é feita da mesma maneira. Muitos de nós bendizemos a Deus pelo fato de que, quando vivíamos em pecado, não fomos entregues a um delírio furioso de Satanás — havia um método em nossa loucura. Não reivindicamos crédito por isso, mas agradecemos a Deus por não termos sido jogados como coisas que rolam antes da tempestade, mas fomos contidos e mantidos dentro dos limites. Somos também gratos pelo fato de que, quando despertados e alertados, nos sentimos sob a barra de ferro de Satanás, mas não fomos levados a esse desespero absoluto, aquele horror de grandes trevas, aquele tormento interior e agonia que alguns são levados a suportar; e, quando Jesus veio nos salvar, embora Satanás O tentasse impedir, ainda não havia a espuma do orgulho e o chafurdar da luxúria obstinada e o rasgar de desespero furioso, sobre o qual lemos em casos memoráveis, mas o Senhor abriu o nosso coração gentilmente com Sua chave de ouro, entrou na câmara do nosso espírito e tomou posse. Na maioria das vezes, as conquistas que Jesus realiza na alma do Seu povo, embora devidas ao mesmo poder, são realizadas mais silenciosamente do que no caso diante de nós. Por isso, sejamos agradecidos ao Deus da graça. No entanto, ocasionalmente há esses casos estranhos e fora do comum, pessoas em quem Satanás parece se rebelar e exercer a força máxima de sua malícia, e em quem o Senhor Jesus mostra a grandeza de Seu poder, quando no amor todo-poderoso Ele destrona o tirano e o expulsa para nunca mais voltar. Se houver apenas uma pessoa assim aqui nesta manhã, ficarei justificado em cuidar dela, pois que homem há entre vocês que, tendo cem ovelhas, se uma delas se perder, não deixa as 99 no deserto e vai atrás da que se perdeu? Peço as orações dos que, nos anos passados, foram levados a Jesus e agora estão se regozijando com Ele, para que nesta manhã possamos encontrar os errantes longínquos e que, pela unção do Espírito Santo, libertemos aqueles que estão presos a grilhões de ferro, para que se tornem hoje os libertos do Senhor. Pois, se o Filho os libertar, eles realmente serão livres.

Com a ajuda do meu Senhor, ampliaremos primeiro o *caso desesperador,* então meditaremos sobre o *único recurso* e depois concluiremos admirando o *resultado certo.*

I. Primeiro, vamos olhar, na medida em que o tempo permitir, os detalhes do CASO DESESPERADOR diante de nós.

Entendemos que os milagres físicos de Cristo são tipos de Suas obras espirituais. As maravilhas que Ele operou no mundo natural têm suas analogias no mundo espiritual; o exterior e o natural são símbolos do interior e do espiritual. Agora o endemoninhado que foi levado por seu pai para ser curado não é tão distintamente representativo de um caso de pecado grosseiro. Embora o espírito seja chamado de imundo e Satanás esteja por toda parte, é um exemplo do grande horror, perturbação da mente e desespero devastador, causados pelo maligno em algumas mentes, para seu tormento e perigo. Você observará com relação a isso que *a enfermidade aparecia de vez em quando em ataques devastadores de loucura nos quais o homem ficava completamente fora de seu próprio controle.* O ataque epilético jogava a pobre vítima em todas as direções. Assim, vemos pessoas melancólicas nas quais desânimo, desconfiança, incredulidade e desespero se agitam às vezes com fúria invencível; mas elas não receberam esses maus convidados como se fossem vítimas deles. Tal qual Marcos declara: *O espírito o apanha;* assim, esses desamparados foram capturados e levados pelo Gigante Desespero. Os espíritos os expulsaram para lugares secos, procurando descanso e não encontrando; recusaram-se a ser consolados e, como homens doentes, detestavam todo tipo de carne; eles não demonstravam poder para lutar contra sua melancolia; foram retirados e levados para fora de si mesmos em um êxtase de angústia. Tais casos não são de todo incomuns. Satanás, ciente de que o seu tempo é curto e de que Jesus está apressando o resgate, chicoteia seu pobre escravo com excesso de maldade, se por qualquer meio ele puder destruir sua vítima antes que chegue o Libertador.

Em tais momentos, o pobre paciente diante de nós entrava em *tão terrível angústia*, que começava a espumar pela boca, espojando-se no chão e gritando. Nesses momentos de suas terríveis quedas, ele se feria e seu delírio o levava a colidir contra qualquer coisa que estivesse à sua frente, provocando-lhe novos ferimentos. Ninguém pode dizer, exceto aqueles que sentiram o mesmo, quais são as dores da convicção do pecado quando agravadas pelas sugestões do inimigo. Alguns de nós passaram por isto e podem declarar que é o inferno na terra. Temos sentido o peso da mão de um Deus irado. Sabemos o que é ler a Bíblia e não encontrar uma única promessa que se ajuste ao nosso caso; antes, vemos cada uma de suas páginas brilhando com ameaças, como se maldições como relâmpagos dela resplandecessem. Até as passagens mais conhecidas parecem se erguer contra nós como se dissessem: "Não se intrometa aqui. Esse conforto não é para você; você não tem nada a ver com coisas como essa". Nós nos machucamos contra doutrinas, preceitos, promessas e até contra a própria cruz. Temos orado, e a nossa própria oração tem aumentado nossa angústia, mesmo contra o propiciatório temos caído, e julgar nossas orações apenas como balbuciar parece desagradável para o Senhor. Temos subido com a assembleia do povo de Deus, e o pregador pareceu franzir a testa para nós e esfregar sal em nossas feridas e agravar nosso caso; até mesmo o capítulo, os hinos e as orações pareceram estar unidos contra nós, e voltamos para o nosso recolhimento em casa mais desanimados do que antes. Espero que nenhum de vocês esteja passando por tal estado mental, porque de todas as coisas, quase como o próprio inferno, essa é uma das mais terríveis; e em tal situação os homens têm clamado com Jó: *Por isso, não calarei a boca e falarei da angústia do meu espírito; eu me queixarei da amargura da minha alma. Será que sou o mar, ou um monstro marinho, para que tu me vigies? Quando digo: Eu me consolarei na minha cama, meu leito aliviará a minha queixa, tu então me espantas com sonhos, e me atemorizas com visões. Prefiro ser estrangulado, e sofrer a morte, a este meu sofrimento. A minha vida é odiosa; não quero viver para sempre; afasta-te de mim, pois os meus dias são inúteis.* Graças a Deus, os problemas dessa escravidão costumam fazer os anjos cantarem de alegria, mas, enquanto a negra noite permanece, é realmente o horror das trevas. Coloque um mártir no instrumento de tortura, ou prenda-o com uma corrente de ferro na estaca e deixe as chamas acenderem sobre ele, e se o seu Senhor sorrir sobre ele, sua angústia não será nada comparada à tortura de um espírito chamuscado e queimado com a sensação interior da ira de Deus. Tal pessoa pode juntar-se à lamentação de Jeremias e clamar: Ele *fez-me habitar em lugares tenebrosos, como os que estão mortos há muito tempo. Cercou-me com um muro, de modo que não posso sair; prendeu-me com correntes. Mesmo quando grito e clamo por socorro, ele ignora a minha oração. Armou o seu arco e fez-me de alvo da sua flecha. Fez penetrar nos meus rins as flechas da sua aljava. Encheu-me de amarguras, fartou-me de absinto.* O espírito de um homem sustentará sua enfermidade, mas um espírito ferido quem pode suportar? Lamentar-se pelo pecado imperdoável, temer o seu bem-merecido castigo, recear pelo fogo eterno são coisas que fazem os homens sofrerem com ênfase e pensarem que a vida é um fardo.

Aprendemos da narrativa que o espírito maligno, quando se apossava completamente do homem, *procurava sua destruição* arremessando-o em diferentes direções. Às vezes o lançava no fogo, às vezes

ESPERANÇA, O PERFUME DO CORAÇÃO

na água. O mesmo acontece com as almas profundamente angustiadas. Um dia elas parecem estar pegando fogo com seriedade e zelo, com impaciência e ansiedade, mas no dia seguinte afundam em uma horrível frieza e apatia da qual parece ser absolutamente impossível despertá-las. Profundamente sensíveis ontem, completamente insensíveis hoje. Elas são incertas; não se sabe onde encontrá-las. Se você lida com elas como um espírito que está em perigo pelo fogo da petulância, perdeu seu tempo, pois nos próximos minutos elas estarão em perigo pela água da indiferença. Elas vão de um extremo a outro; são como almas lendárias no purgatório, de quem se diz que sofrem por estar uma vez no forno, outra vez no cubículo de gelo. Pela maneira como elas falam hoje, a suposição seria de que se sentem os piores pecadores, mas em pouco tempo elas negam que sentem algum tipo de arrependimento pelo pecado. Você poderia imaginar, ouvindo-as falar ao mesmo tempo, que elas nunca deixariam de orar até encontrar o Salvador, mas aos poucos elas lhe dizem que não podem orar, e que para elas é apenas uma zombaria dobrarem o joelho. Elas mudam muito; são instáveis como o tempo; sua cor muda como a do camaleão; são tomadas por idas e vindas, convulsões e contorções. É mais do que o ser humano podia imaginar a respeito delas durante um mês, pois elas variam com mais frequência do que a lua. A doença delas ri de desprezo, o problema delas confunde todos os nossos esforços consoladores; somente Jesus Cristo pode lidar com elas. É bom acrescentar que Ele tem uma arte peculiar ao lidar com doenças desesperadas e sente prazer em curar aqueles que todos os outros deram como perdidos.

Para aumentar as dificuldades deste caso desesperador, esta criança era surda, por isso nosso Senhor diz em Marcos: *Espírito mudo e surdo, eu te ordeno: Sai dele.* Não havia, portanto, nenhuma forma de argumentar com ele; nenhum som podia passar por aquele ouvido fechado. Com outras pessoas pode-se falar, e uma palavra suave pode acalmar as perturbações de sua mente, mas nenhuma palavra, mesmo que amável, podia alcançar este pobre espírito atormentado. E não existem ainda aqueles para os quais falar é perda de tempo? Podem-se citar promessas, dar encorajamento, explicar doutrinas, mas tudo é nada; eles terminam onde começam: como esquilos em uma gaiola giratória, eles nunca avançam. Ah, as torções e reviravoltas de pobres mentes atormentadas! É bastante fácil dizer a eles que acreditem em Jesus, mas, se por acaso eles entenderem a mensagem, é de uma maneira tão sombria que você precisará explicar novamente, e essa explicação você terá de repetir diversas vezes. Lançar-se simplesmente sobre o sangue de aspersão e desprezar a obra consumada de Jesus é a mais óbvia de todas as coisas; o próprio abecê da criança não pode ser mais claro e, apesar de tudo, não é claro para eles; eles parecerão compreendê-lo, mas será só aparência; parecerão convencidos e por um tempo desistirão de suas dúvidas e medos, mas os encontrarão meia hora depois, e você perceberá que está falando com uma parede, dirigindo-se a surdos. Ó, caso desesperador! O Senhor da misericórdia cuide deles, pois o desespero é a ajuda do homem. Glória seja a Deus, que é poderoso e pode fazer o surdo ouvir, e Sua voz pode soar com doces incentivos na quietude mortal das masmorras do desespero.

Além disto, parece que o aflito era também *mudo*, isto é, incapaz de um discurso articulado devido à possessão demoníaca; visto o homem ter gritado quando o demônio o deixou, parece ter sido um caso em que todos os instrumentos da fala estavam presentes, mas a articulação não havia sido aprendida. Havia uma espécie de pronunciamento incoerente; os órgãos físicos estavam lá, intactos, mas nada inteligível saía daquela boca, exceto gritos de dor lancinantes. Existem muitos mudos como este; eles não conseguem explicar sua própria condição; se falam com você, é uma conversa incoerente; contradizem-se a cada cinco frases — você sabe que eles estão falando o que acreditam ser verdade, mas, se você não soubesse disso, poderia pensar que estavam falando falsidades em meio à sua confusão. A experiência deles é uma lista de contradições, e suas palavras são ainda mais complicadas do que suas experiências. É muito difícil falar com eles durante muito tempo. Isso tira a paciência de qualquer pessoa e, se isso tira a paciência do ouvinte, quão difícil deve ser para o infeliz orador! Eles oram, mas não se atrevem a chamar isso de oração; é antes o barulho de um guindaste ou de

ESPERANÇA, O PERFUME DO CORAÇÃO

uma andorinha. Eles falam com Deus o que está em seu tolo coração; mas, ah, é uma confusão e mistura tal, que, quando isso é feito, eles se perguntam se oraram ou não. É o choro, o amargo e angustiante grito de dor, intraduzível em palavras; é um gemido terrível, um desejo indescritível e anseio do Espírito, mas eles mal sabem o que isso significa.

Você está exausto com os detalhes deste doloroso caso, mas eu ainda não concluí a história de angústia. Se algum de vocês nunca experimentou essa sensação, agradeça a Deus por isso, mas ao mesmo tempo tenha pena e ore por aqueles que estão passando por esse estado de espírito, e invoque agora silenciosamente a esperança do grande Médico; que Ele venha e os trate, pois a situação já passou da capacidade de intervenção humana.

Aquele pai disse a Jesus que seu filho estava *enfraquecendo*. Como poderia ser de outra maneira, com alguém carregado por tal conjunto de distúrbios, tão perpetuamente atormentado, que o descanso natural do sono era constantemente interrompido? Não era provável que a força fosse mantida por muito tempo em um sistema tão atormentado e destruído; e observe que o desespero da mente é algo extremamente enfraquecedor para a alma. Eu sei que isso enfraquece o corpo, até que o sofredor tenha dito com Davi: *Meu vigor se esgotou como no calor da seca.* Sentir a culpa do pecado, temer a punição futura, ter um grito terrível nos ouvidos a respeito da ira vindoura, temer a morte e esperá-la a todo momento, acima de tudo descrer em Deus e proferir coisas amargas contra Ele, isso é uma coisa para fazer os ossos apodrecerem e o coração secar. Leia *Graça abundante*, de John Bunyan, e veja ali o retrato de uma alma que foi deixada como uma charneca no deserto, de modo que não podia ver quando o bem chegasse para ela; você vê uma mente jogada para cima e para baixo em dez mil ondas de incredulidade, jamais descansando, e perpetuamente perturbada com suposições, suspeitas e pressentimentos. Se esses ataques continuassem ininterruptamente, se não houvesse pequenas pausas entre os ataques de descrença, como realmente houve, é certo que o homem fracassaria por completo e iria para seu lar distante, vítima de sua própria descrença.

ESPERANÇA NOS CASOS SEM SOLUÇÃO

O pior nesse caso foi que *tudo isto continuou durante anos*. Jesus perguntou há quanto tempo aquilo acontecia, e o pai do menino respondeu: *Desde a infância*. Às vezes, Deus permite, por motivos que não compreendemos, que a profunda angústia de uma alma tentada se prolongue durante anos. Não posso dizer durante quantos anos, mas certamente alguns têm batalhado com a descrença até os confins da sepultura e somente no entardecer há luz para eles. Quando pensaram que deviam morrer nas trevas, o Espírito Santo lhes apareceu, e eles foram recebidos e confortados. Os puritanos costumavam citar a experiência notável da sra. Honeywood como um exemplo da maneira singular pela qual o Senhor liberta Seus escolhidos. Durante anos após anos, ela foi subjugada pela depressão e pelo desespero, mas foi libertada pela graciosa providência de Deus de forma quase milagrosa. Ela tomou nas mãos um fino copo de Veneza e o atirou ao chão, dizendo: "Certamente minha condenação é tão certa quanto é certo que este copo será despedaçado". Então, para sua surpresa e para surpresa de todos, não sei de que maneira, o copo não lascou nem rachou. A circunstância primeiro lhe acendeu como um raio de luz e em seguida ela se lançou aos pés do Senhor Jesus. Às vezes, luz extraordinária é dada a trevas extraordinárias. Deus tirou o prisioneiro do fundo da cadeia, onde seus pés estavam presos no tronco e, depois de anos de escravidão, Ele finalmente lhe deu liberdade perfeita e agradável.

Mais uma coisa a respeito deste caso. *Os discípulos não conseguiram* expulsar o demônio. Em outras ocasiões, eles haviam sido bem-sucedidos — disseram ao Mestre: *Até os demônios se submetem a nós*. Mas dessa vez ficaram completamente frustrados. Haviam feito o melhor, mas sua fé não ombreava à emergência. Os escribas e fariseus reuniram-se em torno deles e começaram a ridicularizá-los e, se houvesse poder naquele grupo de apóstolos para realizar a ação, eles a teriam feito alegremente. Mas lá estavam eles, derrotados e desanimados — o pobre paciente diante deles torturado e atormentado —, e eles incapazes de lhe dar o menor alívio. Ah! Torna-se um caso doloroso quando uma alma ansiosa vai à casa de Deus durante anos e não encontra consolação; quando o espírito atribulado procura a ajuda de pastores, de homens e mulheres cristãos; quando são feitas orações e elas permanecem não respondidas; quando lágrimas são derramadas sem efeito algum; quando livros que foram consoladores para outros não geram nenhum resultado; quando ensinamentos que converteram milhares fracassam para criar uma boa impressão. E ainda existem casos em que toda ação humana é posta à prova e parece impossível consolar o pobre aflito, como acalmar as ondas do mar ou silenciar a voz do trovão. O coração permanece em silêncio, enquanto o espírito maligno exibe toda a sua malignidade e leva a alma ao ponto mais extremo da angústia, ao passo que ainda confio que o Espírito Santo exibirá Seu poder salvador e livrará a alma de sua prisão para louvar o nome do Senhor.

Pensei ter ouvido de uma pessoa ímpia um tipo de sussurro para si mesma: "Agradeço a Deus por não saber nada a respeito dessas coisas". Faça uma pausa antes de agradecer a Deus por isso. Por pior que seja e deva ser deplorado, é melhor que você tenha tudo isso do que permaneça insensível espiritualmente falando. Seria melhor ir para o céu queimado, açoitado e marcado a cada passo da estrada, do que deslizar suavemente para o inferno como muitos de vocês estão fazendo — dormindo docemente enquanto os demônios os levam pelo caminho da perdição. Afinal, é pouco uma temporada atormentado e afligido por perturbações internas se, em última análise, por interposição de Deus, terminar em alegria e paz crendo; no entanto, é uma coisa terrível além da medida ter "paz, paz" cantada nos ouvidos de alguém onde não há paz, e então descobrir ser um náufrago para sempre no abismo do qual não há escapatória. Em vez de ser agradecido, eu lhe pediria que você tremesse. A sua postura é a calma terrivelmente profética que o viajante frequentemente percebe no cume dos Alpes. Está tudo calmo. Os pássaros suspendem seus cantos, voam baixo e se encolhem de medo. O zumbido das abelhas entre as flores é abafado. Uma imobilidade horrível rege a hora, como se a morte tivesse silenciado todas as coisas ao estender sobre elas seu terrível cetro. Vocês não percebem o que certamente está próximo? O trovão está se preparando; o relâmpago lançará em breve seus poderosos fogos. A terra vai balançar; picos de granito serão dissolvidos;

toda a natureza tremerá sob a fúria da tempestade. Essa calma solene é a sua postura hoje, ó pecador. Não se alegre nela porque a tempestade está vindo, o redemoinho da tribulação o varrerá e o destruirá por completo. É melhor ser molestado pelo diabo agora do que atormentado por ele para sempre.

II. Vimos até aqui, portanto, um assunto muito doloroso para vocês, mas agora, em segundo lugar, que o Espírito Santo nos ajude enquanto eu os faço lembrar do ÚNICO RECURSO.

Os discípulos estavam desorientados. O Mestre, entretanto, permaneceu convicto e exclamou: *Trazei-me o menino.* Devemos usar os meios até onde eles vão. Somos obrigados, além disso, a tornar os meios mais eficazes do que normalmente são. Orar e jejuar são prescritos por nosso Senhor como os meios de nos amarrarmos ao poder maior do que teríamos de outra forma. Existem conversões que nunca serão realizadas pela ação de cristãos comuns. Precisamos orar mais e, pela autonegação, manter nosso corpo mais completamente submisso, e assim desfrutar mais íntima comunhão com Deus, antes de sermos capazes de lidar com casos mais aflitivos. A igreja de Deus seria mais forte para lutar com esta era ímpia se fôssemos mais dados à oração e ao jejum. Há uma poderosa eficácia nessas duas ordenanças do evangelho. A primeira liga-nos ao céu; a segunda separa-nos da terra. A oração nos leva ao salão de banquete de Deus; o jejum vira de pernas para o ar a mesa da superabundância terrena. A oração permite que nos alimentemos do pão do céu, e o jejum livra a nossa alma de ser sobrecarregada com a plenitude do pão que perece. Quando os cristãos se elevarem às mais extremas possibilidades de vigor espiritual, serão capazes, pelo Espírito de Deus trabalhando neles, de expulsar os demônios que hoje, sem a oração e o jejum, riem deles com desprezo. Mas, apesar de tudo isso, para o cristão mais avançado, ainda restam aquelas dificuldades montanhosas que devem ser levadas diretamente à ação pessoal do Mestre para obter ajuda. Ainda assim, Ele nos ordena com ternura: *Traga-os a mim.*

Para tornar prático o texto, permita-me lembrar que *Jesus Cristo ainda está vivo.* Simples como é esta verdade, você ainda assim precisa lembrar-se dela. Costumamos estimar o poder da igreja olhando para seus pastores, suas ordenanças e seus membros; mas o poder da igreja não está aqui, está no Espírito Santo e num Salvador sempre vivo. Jesus Cristo morreu, é verdade, mas Ele vive, e podemos realmente encontrá-Lo hoje como o pai ansioso O buscou nos dias da permanência terrestre de nosso Senhor. Diz-se que os milagres cessaram: os milagres naturais, sim, mas não os milagres espirituais. Não temos poder para operar nem um nem outro. Cristo tem o poder de operar qualquer tipo de maravilha, e Ele ainda deseja e pode, no presente momento, operar milagres espirituais no meio de Sua igreja. Eu me delicio em pensar no meu Senhor como um Cristo vivo, a quem posso falar e contar cada caso que ocorre em meu ministério; um Ajudador vivo a quem posso levar toda dificuldade que ocorre em minha alma e na alma dos outros. Ah! Não pense que Ele está morto e enterrado! Não O procure entre os mortos! Jesus vive e, vivo, pode atender a todos esses casos de angústia e tristeza da mesma forma que quando Ele estava aqui embaixo.

Lembre-se também de que *Jesus vive no lugar de autoridade.* Quando Ele estava aqui, tinha poder sobre os demônios, mas agora tem poder ainda maior; porque aqui na terra Ele escondeu o esplendor de Sua divindade, mas no além Sua glória brilha resplandecente, e todo o inferno confessa a majestade do Seu poder. Não existe demônio, por mais forte que seja, que não trema se Jesus apenas falar, ou até mesmo olhar para ele. Hoje Jesus é o Mestre de corações e consciências; Ele, por Seu poder secreto, pode operar sobre cada mente; Ele pode nos humilhar ou nos exaltar; pode derrubar ou levantar. Não existe um caso que Lhe seja difícil. Temos apenas de levá-lo a Ele. Ele vive — e vive no lugar de poder e pode realizar o desejo do nosso coração.

Além disso, *Jesus vive no lugar de observação e graciosamente ainda intervém.* Sei que somos tentados a pensar a respeito dEle como se estivesse distante, sem ver os sofrimentos de Sua igreja, mas eu lhes digo, irmãos: a honra de Cristo está tão preocupada neste momento com a derrota ou vitória de Seus servos quanto quando Ele desceu do topo da montanha. Das ameias do céu, Jesus olha hoje para a obra de Seus ministros e, se os vê frustrados, fica com ciúmes

ESPERANÇA NOS CASOS SEM SOLUÇÃO

pela honra do Seu evangelho e está tão pronto a interferir e obter a vitória agora quanto estava naquela época. Temos apenas de olhar para o nosso Senhor. Ele não dorme como Baal fez antigamente. Ele não é insensível aos nossos problemas nem indiferente às nossas dores. Bendito Mestre, Tu és capaz de auxiliar e forte para libertar! Nós temos apenas de levar à Tua presença o problema que nos aflige, e Tu lidarás com ele agora conforme a Tua compaixão.

Devemos também lembrar, para nossa informação: *Jesus espera que O vejamos vivo, poderoso e com poder de intervir e que confiemos nEle como tal.* Não sabemos o que sentimos pela falta de fé; imaginamos que certas pessoas estão em condição desesperadora, e assim desonramos a Cristo e as ofendemos. Deixamos alguns casos e desistimos das pessoas em vez de apresentá-las constantemente a Cristo; limitamos o Santo de Israel; entristecemos Seu Espírito e enfadamos Sua mente santa; mas se, como as crianças confiam em seu pai, confiássemos em Jesus sem hesitação, com uma fé abraâmica, acreditando que o que Ele prometeu também é capaz de realizar, então deveríamos ver casos como os que antes de nós foram trazidos à luz: o óleo de alegria dado em vez do luto, e as vestes de louvor entregues ao espírito oprimido.

Agora, insisto sinceramente que pais e parentes, e qualquer um que tenha filhos com dificuldade mental, tomem a iniciativa de levar seus queridos a Jesus. Não duvidem dEle — vocês O aborrecem se o fizerem; não hesitem em contar-Lhe nesta manhã a posição de seus queridos. Apressem-se em ir a Ele, coloquem seus queridos diante dEle, e mesmo quando em oração o caso parecer pior em vez de melhor, mesmo assim não hesitem. Vocês estão tratando com o infinito Filho de Deus e não precisam temer; não devem duvidar. Deus nos concede graça em todas as coisas, em nossas dificuldades diárias, e especialmente nos assuntos da alma, para levarmos todos os assuntos ao Senhor Jesus.

III. Por fim, e rapidamente, O RESULTADO CERTO. Quando o menino foi levado à presença de nosso Senhor, o caso parecia completamente desesperador. Ele era surdo e mudo: como podia o

Mestre lidar com ele? Ele espumava e chafurdava: que abertura parecia haver para o poder divino? Não é de admirar que o pai dele Lhe tenha dito: *Se podes fazer alguma coisa, tem compaixão de nós e ajuda-nos.* Na maioria dos outros casos, a voz de Jesus acalmou o espírito, mas essa voz não podia alcançar a mente porque o ouvido estava fechado. Nunca antes houve perante o Salvador um caso tão distante e desesperador em todos os aspectos; todavia, a cura foi divinamente certa, porque Jesus, sem hesitar por um momento, disse ao espírito imundo: *Espírito mudo e surdo, eu te ordeno: Sai dele...* Cristo tem poder para atacar demônios com autoridade. Eles não se atrevem a desobedecer. *E nunca mais entres nele*, disse o Salvador. Quando Jesus cura, Ele cura para sempre. Se Ele diz "Eu perdoo", o pecado está perdoado; se Ele fala "Paz", a paz será como um rio que nunca cessa, correndo até se misturar com o oceano do amor eterno. A cura era sem esperança em si mesma, todavia absolutamente certa quando Jesus ergueu Sua mão curadora. Você, que está deprimido e desanimado, não há nada que *você* possa fazer ou que possa ser feito por outros; mas não existe nada que Ele não possa fazer. Somente vá você mesmo esta manhã até Ele, e Ele, com uma palavra, lhe dará paz, uma paz que nunca mais será interrompida, mas perdurará até você entrar no descanso eterno.

Não obstante a palavra de Cristo com certeza tenha vencido, recebeu forte oposição. O diabo ficou indignado, pois sabia que seu tempo era breve. Ele começou a rasgar e a dilacerar e exibiu toda a sua força demoníaca sobre o pobre menino, e a criatura, espumando e se contorcendo, caiu como se estivesse morta sob terrível emoção. Todas as vezes que isso acontecer, no começo a voz de Cristo tornará o espírito mais perturbado do que antes, não porque Jesus nos incomode, mas porque Satanás se revolta contra Ele. Uma pobre criatura tentada pode até deitar-se desesperada como morta, e os que estão em volta podem gritar: "Ele está morto", mas mesmo então virá a mão curadora de ternura e amor, a cujo toque o espírito sobreviverá.

Ah, alma! Se você se julgar morta, se sua última esperança expirar, se agora não parecer nada além de uma busca temerosa de julgamento e de inflamada indignação, é então que Jesus intervirá.

Aprenda a lição de que você não pode ter ido muito longe de Cristo. Creia que seus limites extremos são extremos apenas para você, e não para Ele. O maior pecado e o mais profundo desespero juntos não podem desorientar o poder de Jesus. Se você estivesse mesmo entre as mandíbulas do inferno, Cristo poderia arrebatá-lo. Se os seus pecados o tivessem levado até às portas do inferno, de tal forma que as chamas brilhassem em seu rosto, e então você olhasse para Jesus, Ele poderia salvá-lo. Se você for levado até Ele à porta da morte, ainda assim a misericórdia eterna o receberá.

Como Satanás pode ter a insolência de fazer os homens se desesperarem? Certamente é parte de sua impertinência agir assim. Desespero! Quando você tem um Deus onipotente para lidar com você? Desespero! Quando o precioso sangue do Filho de Deus é dado por pecadores? Desespero! Quando Deus se deleita na misericórdia? Desespero! Quando é feito o convite *Vinde a mim, todos os que estais cansados e sobrecarregados, e eu vos aliviarei*? Desespero! Enquanto as portas da misericórdia permanecerem abertas, enquanto os arautos da misericórdia acenarem para você, embora seus pecados sejam como a escarlate, eles se tornarão como a lã; embora sejam como carmesim, ficarão brancos como a neve. Repito: é a insolência infernal que se atreveu a sugerir a ideia de desespero a um pecador. Cristo, incapaz de salvar? Isso nunca pode acontecer. Cristo, superado por Satanás e pelo pecado? Impossível. Um pecador com enfermidades graves demais para o grande Médico curar? Afirmo que, se todas as doenças dos homens fossem encontradas em seu corpo, e todos os pecados da humanidade fossem amontoados em você, e blasfêmia, assassinato, fornicação e adultério e todo pecado possível e imaginável fossem por você cometidos, ainda assim o precioso sangue de Jesus Cristo, o amado Filho de Deus, purificaria você de todo pecado. Se você confiar no meu Mestre, Ele é digno de confiança e a merece. Se você apenas confiar nEle, Ele o salvará agora mesmo. Ah! Por que demorar, por que levantar questões, por que debater, por que deliberar, desconfiar e suspeitar? Caia em Seus braços — Jesus não o rejeitará, pois Ele mesmo disse: *De modo algum rejeitarei quem vem a mim.* No entanto, ó pobre infeliz, eu me desespero em converter você, a menos que o Mestre o faça. É meu dever dizer-lhe isto, mas sei que você não ouvirá; pelo contrário, você rejeitar à isso, a menos que Cristo venha com poder por Seu Espírito. Ó, que Ele venha hoje e diga ao espírito maligno dentro de você: *Espírito mudo e surdo, eu te ordeno: Sai dele e nunca mais entres nele.* "Que essa pessoa seja livre, porque a redimi com Meu precioso sangue." Orem, queridos, por mais fracas que tenham sido minhas palavras esta manhã, por mais desconectados que tenham sido meus pensamentos, que Deus, o bendito Espírito, os abençoe; que as portas de bronze possam se abrir e que os cativos sejam trazidos à liberdade. O Senhor assim os abençoe em Seu nome. Amém.

O PERFUME DO CORAÇÃO

Sermão ministrado na manhã de domingo, 6 de
setembro de 1868, pelo reverendo C. H. Spurgeon,
no Tabernáculo Metropolitano de *Newington*.

*E a esperança não causa decepção, visto que o
amor de Deus foi derramado em nosso coração pelo
Espírito Santo que nos foi dado* (Rm 5.5).

O APÓSTOLO COLOCA DIANTE DE NÓS uma escada como
a que foi vista por Jacó: com a base na terra, mas cujo topo chegava
ao céu. A tribulação é a base, mas nós a escalamos ao vermos que
ela produz perseverança; e a subimos novamente, porque a perseverança produz experiência; e a subimos mais uma vez, porque a experiência sustenta a esperança; e a esperança que não causa decepção
sobe até o coração de Deus, e o amor de Deus é derramado em nosso
coração pelo Espírito Santo que nos é dado. Posso comparar este
versículo aos cânticos dos degraus, cantados quando o povo ia ao
templo: ao pararem em cada etapa da peregrinação, eles cantavam
um novo salmo, e então Davi disse: *Vão sempre aumentando a força;
cada um deles comparece perante Deus em Sião.* O peregrino sai do
vale sombrio e desolado da tribulação, viaja com perseverança e
eleva seu salmo à sombra da rocha; remove sua tenda e viaja para
a experiência — debaixo de suas fontes e palmeiras, ele se refresca;
logo ele marcha novamente da experiência para a esperança, e nunca
para até que o amor de Deus seja derramado em seu coração, e ele
chega à nova Jerusalém, onde adora o Deus bendito eternamente e
bebe goles completos de Seu amor eterno.

Nesse texto parece-me que o nosso grande Melquisedeque, o Senhor Jesus, veio para revigorar Seu povo guerreiro e viajante com pão e vinho. Você leu sobre tribulações: são as batalhas dos fiéis, e nelas eles vencem da mesma maneira que Abraão venceu os reis e os fez como restolho diante do seu arco. Os guerreiros do Senhor ficam com frequência fracos e cansados, mas o amor de Deus é graciosa e amplamente derramado no coração deles; e esse é o pão e o vinho sagrado que permanece no povo do Senhor em seu tempo de fome, e que se torna um doce pedaço para os reanimar pelo caminho e para mantê-los em boas condições até que comam o pão celestial e bebam o vinho novo e o espumante à mesa do banquete do casamento, onde se sentarão para todo o sempre com o glorioso Noivo.

Esta manhã, se pudermos ser ajudados pelo Espírito Santo, primeiro falaremos um pouco sobre *o amor de Deus*; depois, sobre *o amor de Deus derramado no coração pelo Espírito Santo*; e depois sobre a *confirmação que isso dá à nossa esperança*, uma vez que o apóstolo nos diz que nossa esperança não causa decepção. Por esse motivo, o amor de Deus nos alegra e nos sustenta, sendo derramado em nosso coração pelo Espírito Santo.

I. Em primeiro lugar, então, um pouco sobre O AMOR DE DEUS. Um tema de amplitude e profundidade como o vasto Atlântico, em que meu pequeno barco se perde, como um mero pontinho na extensão infinita. Como posso expressar plenamente verdades tão vastas que os maiores teólogos podem se perder e o mais eloquente dos oradores pode falhar? O amor de Deus — como devo falar sobre isso? Devo apenas arranhar a superfície, pois mergulhar em suas profundezas seria impossível para mim.

Pense por um minuto, em primeiro lugar, no que é *o amor de Deus.* Posso compreender a compaixão de Deus para com o que sofre, por causa da bondade de Sua natureza. Posso entender a bondade de Deus para com o necessitado, por causa da liberalidade do Seu caráter. É fácil compreender que Ele tenha compaixão dos ignorantes e desviados do caminho; que Ele olhe constantemente e com ternura para os que estão magoados e prontos a perecer; mas não é isso que está dito no texto. Não é compaixão, nem afeto, nem piedade, mas é amor, algo maior do que tudo isso. Você tem pena do mendigo a quem você não poderia amar; você tem compaixão do vilão com quem você não poderia ter complacência; você olha com ternura os sofredores que não têm nada em seu caráter para atrair sua afeição. As pessoas normalmente pensam que foram suficientemente longe quando prestaram algum tipo de benevolência; mesmo se seu coração arde sem afeição, elas, via de regra, consideram isso uma oferta de amor ao próximo; quando permitem que sua compaixão e ternura sejam exibidas, pensam que fizeram tudo o que é delas exigido. Mas o texto não fala sobre isso, mas sobre amor, apego e carinho, e sobre o amor de Deus. Peço a vocês, meus irmãos, enquanto estão aqui sentados, que elevem sua alma, prestem a máxima atenção e se esforcem para compreender a ideia do amor divino. Se vocês estão em Cristo Jesus, hoje, Deus os ama; mas a que compararei o amor que flui do coração de Jeová? Tentamos adivinhar o que pode ser o amor de Deus para conosco comparando-o ao amor que sentimos por nossos próprios filhos, nosso cônjuge, nossos amigos. Porém é num grau mais alto e num sentido mais sublime, num tipo mais elevado, que Deus ama o povo de Sua escolha.

Considere sua própria pessoa e surpreenda-se com o fato de que o amor de Deus possa alcançar alguém como você. O Senhor ama você. Ele tem complacência e prazer em você. Você Lhe dá prazer; Ele procura o seu bem; você é da família dEle. O seu nome está escrito no coração dEle. Ele o ama; você consegue captar a ideia? Se conseguir, não há louvor que possa expressar a sua gratidão. O silêncio solene talvez seja o único veículo adequado para a adoração da sua alma. Revolva esse pensamento repetidas vezes em sua alma! Aquele que fez os céus e a terra me ama! Aquele cujos anjos voam como relâmpagos para obedecer às Suas ordens, Aquele cujo ruído dos passos sacode o céu e a terra, cujo sorriso é céu e cuja carranca é o inferno, Ele me ama! Infinito, onipotente, onisciente, eterno, uma mente inconcebível, um espírito que não pode ser compreendido; mas Ele, Ele mesmo, colocou Seu amor sobre os filhos dos homens e sobre mim. Que cada crente diga em seu coração: "Sobre mim esse amor

ESPERANÇA, O PERFUME DO CORAÇÃO

repousa". Oh, isto é surpreendente, isto é maravilhoso! A qual dos anjos Ele disse: *Tu és meu filho*? A qual dos espíritos glorificados Ele disse: *Com amor eterno te amei; por isso, com fidelidade te atraí?* Onde você leu que Ele verteu Seu sangue por um anjo ou derramou Seu coração por um serafim ou querubim?

> "Os anjos nunca provaram
> a graça redentora e o amor sacrificial."

O mais precioso amor de Deus foi reservado para os vermes, foi guardado para as criaturas, foi reservado para nós, pobres efêmeros que somos, e que não merecemos ser favorecidos acima de qualquer outra criatura que vive. Línguas não conseguem expressar esta maravilha, mas mentes espirituais com ajuda do alto podem sentir em solene quietude esse mistério.

Se você quiser esta manhã este amor derramado em seu coração, devo pedir que considere cuidadosamente *quem é* que os ama, a saber, o Deus Altíssimo. Ser amado, eu já disse, é uma ideia sublime, mas ser amado *por Ele* é algo que suplanta o pensamento da mesma forma que o céu está acima da terra. Um cortesão costuma pensar que basta para ele ter o favor do seu príncipe. O que significa esse favor? Significa riquezas, prazer, honra. Tudo o que o cortesão quer está envolvido no sorriso real. E o que significa para você, cristão, o amor do Rei dos reis? Se você avaliar corretamente, não apenas tudo o que você quer agora, mas tudo o que você jamais pode precisar, tudo o que os voos da fantasia ou as concepções do entendimento possam trazer diante de você estão contidos nesse fato, de que o Senhor o ama. Porque, quando Jeová ama, Ele traz Seu poder para ajudar Seu amor, e traz Sua infinita sabedoria para inventar maneiras de encantar os objetos de Sua escolha, e todos os outros atributos de Sua natureza transcendente cooperam com o amor pelo bem dos escolhidos. Você tem todas as coisas se tiver o amor do Pai, ó filho de Deus.

Certamente você não tem ambição. Aqui todas as suas aspirações podem ser satisfeitas — ser amado por Deus é mais do que suficiente para a maior aspiração. O sofá imperial de César é duro se comparado com o seio de Deus. O cetro de César é algo incômodo se comparado ao anel de amor que envolve nosso dedo. Dê-nos apenas o amor do Pai, e quem vai querer as Índias? Sim, que sejam dados mundos a quem Deus se agrada, enquanto os homens dão cascas aos porcos; se tivermos o amor dEle, isso nos basta: nossa alma está completamente cheia e transborda de satisfação. Considere *quem* é que o ama, e certamente seu coração pulará ao som do nome dEle, e assim você sentirá que é incomparável ser amado por Jeová, o único Deus vivo.

Pense mais uma vez que é Ele quem ama *você*. Muito do valor da afeição depende da sua origem. Pode ser algo muito pequeno ter a complacência de alguns de nossos semelhantes, cujo julgamento é tão deturpado que o elogio deles pode quase ser considerado censura. Ter o amor do bom, do santo e do excelente, esta é a mais verdadeira riqueza; e, assim, desfrutar o amor de Deus é algo totalmente inestimável! Nenhuma menção pode ser feita aos corais e, quanto aos rubis, eles não serão mencionados em comparação ao amor de Deus. Deus, o santo Deus trino, que não pode amar o que é profano e contaminado, não pode ser complacente no que contraria a Si mesmo — todavia olha para nós através de Seu Filho e, vendo-nos em Cristo Jesus, não vê pecado em Jacó, nem iniquidade em Israel, podendo, assim, nos amar com complacência e prazer. Ah! Como isso nos enaltece! Não somos nada em nós mesmos; mas como isto nos faz sentir a gentileza do Senhor em tornar essas coisas básicas tão grandiosas, simplesmente amando-as. Você não vê como o Senhor graciosamente pode ajustar alguém para ser amado, e então pode derramar em seu coração uma abundância de amor, que ali deve ter sido algo desconhecido antes que a graça o tenha mudado e renovado. Ser amado de Deus! Ó, senhores, alguns pensam ser grande coisa ser aplaudido pelo povo; mas observe a respiração da multidão — quão rapidamente você é posto de lado! Aos homens sobre quem foi mais esbanjado, deles é logo tomado. O que você acha da aprovação dos homens mais sábios e renomados? O que é a sabedoria deles senão loucura à vista de Deus? E o que é a aprovação deles frequentemente, a não ser um erro? Mas ser aprovado por Ele, diante de quem os céus não são puros, e que acusou Seus anjos de loucura! Amados, isso é algo que

ESPERANÇA, O PERFUME DO CORAÇÃO

pode fazer com que você se perca em uma meditação feliz, até que se encontre no céu.

Para levar sua mente ainda mais a esse amor de Deus, *deixe--me lembrá-lo das características notáveis desse amor.* O amor de Deus para com Seu povo é um carinho nascido no céu; não surgiu de nenhuma fonte, mas de si mesmo. Deus ama Seu povo porque os ama, e por nenhuma outra razão por nós conhecida. O amor divino não é causado por nenhuma excelência na criatura, não é criado nem previsto; suas fontes estão dentro de si. Não acreditamos na eternidade e na autoexistência da matéria, mas acreditamos na eternidade e na autoexistência do amor divino. A Divindade não procura razão para amar os homens caídos além de sua própria determinação e propósito. O Senhor escolheu Seu povo no começo, no exercício de Sua vontade soberana. Ele os amou então porque Ele tem compaixão de quem quer ter compaixão. Então Ele os uniu a Cristo e, vendo-os como esposa de Cristo, observando-os como membros do corpo de Jesus, Ele os amou com divina complacência; o amor não nasceu deles, mas daquilo que está dentro dEle e de Seu próprio Filho querido; um amor sem causa, no que diz respeito às causas externas, tendo como causa apenas o fato de que Deus, em Sua natureza e essência, é amor.

Como este amor não foi criado, ele é *autossustentável*. É como a própria Divindade. Não empresta nada do exterior, carrega sua vida e força dentro de suas próprias entranhas. O Senhor não ama você hoje, cristão, por qualquer coisa que você faça, seja, diga ou pense, mas Ele ama você porque o Seu grande coração está cheio de amor, e isso flui para você. Regozijo-me ao pensar que esse amor não se encontra em nenhum trono precário ou provisório que possa se extinguir. Ele vive e viverá enquanto Deus viver. Ninguém nos separará do amor de Deus que está em Cristo Jesus, nosso Senhor, e, enquanto Deus existir, este fogo de amor, alimentado por seu próprio combustível, não fornecido por nenhuma mão humana, continuará a arder em direção à semente escolhida.

Este amor também — é doce lembrar — é totalmente ilimitado e completamente inigualável. Não se pode dizer a respeito do amor de Deus que ele avançou, mas não irá mais longe. É impossível conceber um ponto além de sua maré gloriosa; mas, se houvesse esse ponto, ele ainda o alcançaria, porque o amor de Deus se gloria por não ter nenhum limite para com o Seu povo. Ele nos ama muito mais do que amamos nossos filhos, porque quase sempre nós os amamos tão mal que os levamos ao mal, e os toleramos no pecado. Ele nos ama mais do que amamos a nós mesmos, pois o amor-próprio é o que nos arruína; mas o amor de Deus é o que nos salva e nos eleva ao céu e à perfeição. Não existe amor que possa ser comparado ao amor de Deus, da mesma forma que o brilho fraco de uma vela não pode ser comparado ao brilho do sol ao meio-dia. Ele ama Seu povo tanto que lhes dá tudo o que tem. A terra, com todos os seus arranjos, Ele lhes consagrou, para que todas as coisas operem conjuntamente para o bem deles. Ele lhes dá o próprio céu e, visto que Ele assim o quer, eles se sentarão no trono de Cristo para com Ele reinar. Quanto ao Seu próprio Filho, Seu maior e mais precioso tesouro, ao qual o céu e a terra não podiam se igualar, Deus *não poupou nem o próprio Filho, mas, pelo contrário, o entregou por todos nós, como não nos dará também com ele todas as coisas?* O amor divino não tem praia. Marinheiro empreendedor, seu pensamento pode espalhar sua vela e pegar o vento favorável do Espírito eterno, mas, se você voar, e sempre, para todo o sempre, sobre ondas incessantes de novas descobertas, ainda assim você nunca encontrará um limite ao Deus infinito, ou ao Seu amor infinito, pois os dois são um só. Como o Pai amou a Cristo, assim também amou o Seu povo, e aqui eles se regozijem, pois descansam. É um amor sem paralelo! Bendito seja Deus por isso.

Então, amados, reflitamos também, pois este amor é *invariável e vigilante*. Ele nunca nos ama menos, e Ele não pode nos amar mais. Deus ama tanto cada um do Seu povo como se houvesse apenas um ser criado em todo o céu e em toda a terra, e como se não houvesse nenhum outro objeto sobre o qual Ele pudesse colocar Seu amor. Pois a multiplicidade dos santos não diminui o amor infinito que cada um deles desfruta. O Senhor não amaria melhor o único redimido, se apenas um tivesse sido comprado com sangue, do que Ele ama cada um dos redimidos da queda. Não pode haver maior excesso de amor; Deus ama Seu povo com todo Seu coração; não pode existir

ESPERANÇA, O PERFUME DO CORAÇÃO

diminuição de amor, pois Ele disse não haver mudança nem sombra de variação no Pai das luzes. Ele não muda, por esse motivo os filhos de Jacó não são consumidos.

Irmãos, como é doce pensar que, embora o amor de uma mãe por uma criança não possa, quando seu cansaço a desgasta, mantê-la acordada todas as noites quando a criança está doente — e talvez o pequeno possa sofrer enquanto a mãe estiver dormindo —, isso nunca pode acontecer ao nosso Deus. Nenhum cansaço, exaustão ou desmaio pode fazer uma pausa na supervisão amorosa dos santos pelo Senhor. Nunca, por um único momento, Ele esquece Sua igreja. Seu coração sempre bate forte por Seus escolhidos e em todos os momentos Ele se mostra forte na defesa dos que nEle confiam. Se houvesse um minuto em que Deus o deixasse, filho de Deus, você poderia realmente tornar-se miserável; mas, como não existe esse momento, alegre-se sobremaneira na presença diária do seu Pai celestial, e esforce-se para andar dignamente diante dEle. Que todo dia seja um dia santo, brilhando com a luz deste amor constante. Vista seus trajes como se fossem vestes sacerdotais; vá para o seu trabalho diário como se fosse serviço sacerdotal; vá para sua casa como para um templo; venha aqui para a reunião dos santos de Deus como se fosse uma grande congregação de sacerdotes que se reúnem nas festas do Altíssimo para oferecer sacrifícios ao Deus sempre presente. Bem, você, em cujos olhos esse amor brilhou e em cujo coração o calor divino desse amor está perpetuamente fluindo, viva de uma maneira mais nobre que o rebanho comum dos homens.

Por fim, sobre este assunto do amor de Deus, cremos triunfantemente que ele é *imortal e infalível*: Deus nunca deixará de amar os objetos de Sua escolha. Eles ficarão grisalhos com a idade, mas Seu amor não envelhecerá. Eles viverão quando esta pobre terra derreter e os elementos se dissolverem, mas Seu amor permanecerá com eles; não perecerá na conflagração, nem a aliança de Sua graça será consumida. Eles viverão quando o universo tiver voltado para o seu nada original, se assim o Senhor ordenar, mas nas eternidades vindouras esse amor de Deus será sempre novo. Para mim, esta me parece ser a parte mais doce do evangelho, ou seja, o fato de que o amor de Deus foi uma vez derramado na alma de alguém e realmente desfrutado por essa pessoa, além disso, o Espírito Santo testemunha que ela é objeto do divino afeto, e não há temor de que possa vir a ser expulsa da presença divina, ou tornar-se um proscrito ou apóstata. Isso porque a quem Jesus ama, Ele ama até o fim. Ele guarda os pés dos Seus santos; nenhum dos que nEle confiam ficará desolado. Ele dá vida eterna às Suas ovelhas, e elas nunca perecerão; ninguém as arrancará da Sua mão. *Porque eu vivo, vós também vivereis*, disse Ele. Ó, verdade preciosa, a própria medula e gordura da Palavra de Deus! Que você tenha a graça de senti-la e nela crer, para se alegrar nela e entendê-la, e assim o amor de Deus seja derramado em seu coração pelo Espírito Santo que Ele deu a você.

II. O AMOR DE DEUS É DERRAMADO. Vamos tentar ilustrar essas palavras com coisas comuns? Imagine um vaso de alabastro com unguento muito precioso, contendo o incenso caro do amor de Deus. Mas não sabemos nada a respeito dele; está fechado, é um mistério, um segredo. O Espírito Santo abre o vaso, e agora a fragrância enche o aposento onde dez mil vezes dez eleitos estão sentados, e agora o amor é derramado; todo sentido espiritual o percebe, céu e terra são perfumados com ele. Frequentemente, nos grandes jogos romanos, os imperadores, a fim de agradar os cidadãos de Roma, faziam chover perfumes sobre eles através do toldo que cobria o anfiteatro. Veja os vasos, os enormes vasos de perfume! Sim, mas não há nada para encantar você enquanto os vasos estiverem fechados. Deixe que os vasos sejam abertos, porém, e que o conteúdo derramado e as gotas da chuva perfumada comecem a descer, e cada ser presente é revigorado e gratificado. Assim é o amor de Deus. Há riqueza e plenitude nele, mas este não é percebido até que o Espírito de Deus o derrame como uma chuva de perfumes sobre a cabeça e o coração de todos os filhos de Deus. Veja, então, a necessidade de ter o amor de Deus derramado no coração pelo Espírito Santo! Observe que ninguém, a não ser o Espírito Santo, pode derramar o amor de Deus no seu coração. É Ele quem primeiro o coloca lá. Os homens vivem em negligência deste amor até que Ele primeiro os impressione com o senso do seu valor; e eles continuam a buscá-lo em vão até que Ele abra a porta e os introduza no aposento secreto de Seu mistério.

É o Espírito Santo que nos educa na arte do amor divino. Nem uma letra pode ser lida no livro do amor de Deus até que sejamos ensinados pelo Espírito Santo. Ele é o grande Mestre da casa, o grande Mordomo que produz as preciosas coisas de Deus para a nossa alma. Ninguém pode dizer que Jesus é o Cristo a não ser pelo Espírito Santo; e muito menos alguém pode ter certeza de que é objeto do eterno amor a não ser pela revelação a ele feita pelo Espírito Santo, que torna esta agradável verdade clara à sua mente.

Você pergunta: "De que forma o amor de Deus é derramado?" Eu respondo: "Segundo o meu conhecimento e experiência, a operação graciosa é um tanto quanto sábia". O Espírito Santo permite ao homem ter certeza de que ele é objeto do amor divino em primeiro lugar. O homem se achega à cruz como um pecador culpado, olha para as cinco feridas, aquelas preciosas fontes de graça perdoadora, confia nas mãos do Salvador vivo e então exclama: "Estou salvo, pois tenho a promessa de Deus nesse sentido. Agora, uma vez que sou salvo, devo ter sido objeto do amor do Senhor; deve ter havido um amor maravilhoso que fez com que aquele abençoado Filho de Deus desse Seu sangue por mim". O homem não duvida, tem certeza disso, e então o Espírito de Deus, cujas operações estão muito além do nosso conhecimento, confirma o testemunho de sua consciência. Não precisamos tentar compreender a obra do Espírito Santo, pois, desde que não sabemos sequer como o vento sopra, muito menos saberemos como o Consolador age; mas isto nós sabemos: que Ele acrescenta um testemunho confirmador ao testemunho do nosso próprio coração, que Ele testemunha com nosso espírito que nascemos de Deus e, portanto, nos tornamos, infalivelmente e além de toda possibilidade de erro, seguros de que o amor de Deus é nosso e de que temos parte e interesse nele.

Então, a próxima coisa que o Espírito de Deus faz é levar o homem a compreender claramente que tipo de amor é o amor que Deus lhe dá. Ele o conduz não de uma só vez, mas aos poucos, a toda verdade. Ele toma as coisas de Cristo e as revela ao coração do crente

O PERFUME DO CORAÇÃO

até que este compreenda que o amor de Deus é o amor que venho descrevendo até agora. Tal pessoa percebe claramente o amor de Jeová em seu comprimento, largura e altura, e se admira com todas as maravilhas que ele produziu. Essa iluminação admirável é parte do derramamento do amor de Deus. Um homem deve saber antes de poder desfrutar e, na proporção em que os olhos de seu entendimento são abertos, ele pode entrar na agradável experiência do amor secreto de Jesus.

Mas então chegamos à essência da questão: o Espírito Santo capacita a alma para meditar sobre este amor, expulsa os cuidados do mundo, eleva-a acima das dúvidas, medos e tentações, faz um silêncio abençoado, um sábado divino dentro do coração, e então o homem, enquanto medita, descobre que um fogo começa a queimar dentro de sua mente. Meditando ainda mais, é como se ele tivesse seus pés erguidos, levantados das coisas da terra. Ainda meditando, considerando e ponderando, ele se maravilha, se espanta e depois se enche de fortes emoções. Ele está devotamente agradecido. "Bendito seja o Senhor", ele diz, "que se lembrou do meu estado pecaminoso, e amou alguém tão indigno". Ele irrompe num cântico como o da virgem: *A minha alma engrandece ao Senhor, e o meu espírito exulta em Deus, meu Salvador.* Então, enquanto a gratidão ainda está em sua alma, surge uma divina resignação a toda vontade do Mestre. Jeová me ama, então o que importa que todo osso doa, que o coração palpite e que a cabeça fique pesada? O que importa, apesar de a parede da cabana estar vazia e a mesa ser escassamente mobiliada? Meu Pai, faça como quiser. Em seguida, ocorre um salto arrebatador nessa calma devota, uma alegria indescritível, próxima ao céu, que enche o coração; e essa alegria às vezes assume o caráter de êxtase, ao ponto que, se o homem está dentro ou fora do corpo, ele não sabe dizer, Deus sabe. Então, se ele estiver sozinho, talvez o tempo voe e ele pareça antecipar a eternidade, esquecendo o passar das horas; e, se ele está na companhia de outras pessoas, seus lábios ensinam a muitos, suas palavras são mais brilhantes que pérolas e suas frases se revelam como fileiras de coral. O amor do Mestre o faz ter um brilho no semblante e uma glória transfiguradora no caráter como outros que provaram o mesmo gosto, mas que para o mundano parecem ser efeito de loucura ou embriaguez com vinho novo, como aconteceu na famosa manhã pentecostal. Sim, irmãos e irmãs, se vocês sabem o que é ter o amor de Deus derramado em seu coração pelo Espírito Santo, talvez vocês se surpreendam que eu não possa retratá-lo melhor, mas gostaria que algum de vocês tentasse. Vocês acharão muito mais fácil desfrutar desse amor que descrevê-lo, pois isso me parece uma daquelas coisas em sua altura e profundeza que é quase ilegal para um homem pronunciar. Esse pensamento-mestre do amor de Jeová por nós leva-nos como asas de águias; leva-nos para além da fumaça, do barulho e da poeira deste mundo pobre, coloca-nos nos lugares celestiais à direita de Cristo, nos entroniza, coloca uma coroa sobre a nossa cabeça e nos enobrece, envolve-nos com o linho branco que devemos usar para sempre; faz de nós, ainda que pobres, como anjos no meio dos filhos dos homens. O Senhor nos dá esta influência que eleva a nossa alma mais e mais. Que esta experiência transcendente seja a nossa alegria constante e diária, assim estaremos amadurecendo para o céu, e não demorará até que os portões de pérola se abram para nos admitir na presença de Deus, para a qual essa experiência é a mais adequada preparação.

III. Finalmente, esta doçura inexprimível da qual falamos se torna A CONFIRMAÇÃO DE NOSSA ESPERANÇA. A esperança repousa principalmente naquilo que não é visto; edifica-se sobre a promessa de Deus, a quem os olhos não contemplam. Ainda assim, é extremamente doce para nós, enquanto estamos neste corpo, se recebermos alguma evidência e sinal do amor divino que podemos desfrutar positivamente mesmo agora. Você deve se lembrar do mestre Bunyan em *O Peregrino*, como ele escreve o diálogo que ocorreu quando Peregrino foi recebido por Ateu. Ateu estala os dedos e grita, zombando e rindo: "Vocês, tolos, estão procurando uma nova Jerusalém; não existe esse lugar. Eu tenho procurado esta cidade nesses vinte anos, mas não a encontro mais do que encontrei no dia em que parti. Eu lhes digo que não existe mundo além do rio, não há harpas de ouro nem brilho — vocês estão enganados". "Mas", retrucou

Esperançoso, "Como você diz isso? Não vimos o portão da cidade a partir da Montanha das Delícias?" Ele poderia ter acrescentado: "Lembro-me de quando estava com os pastores no topo do Monte Claro e vi a cidade; olhei através do binóculo e vi, e por isso não me deixei enganar, mas segui depois disso o que meus olhos contemplaram". Veja, então, como os presentes prazeres do amor divino na alma se tornam para nós argumentos para a realidade das coisas que estamos esperando, e nossa esperança não se envergonha. Porque Deus nos dá, mesmo aqui, essas emoções de prazer espiritual, é que antecipamos os arrebatamentos do futuro e seguimos em frente com confiança para alcançar o descanso prometido. Por que, Deus bendito, existem alguns de nós que não querem a analogia de Butler, ou as evidências de Paley, para apoiar nossa fé? Nós temos nossa própria analogia e nossas próprias evidências em nossa alma, escritas pelo Espírito Santo no dia em que provamos que o Senhor é gracioso. Não, Jesus Cristo! Com quem então conversamos todos esses anos, e em quem nos apoiamos? Nenhum Espírito Santo! Que agência misteriosa é então a que retira os acordes de nossa alma e extrai música sobre-humana deles, fazendo-nos deleitar com temas sublimes e celestes aos quais antes éramos estranhos? Que poder é esse que nos lança à terra em reverência solene ao Grande Invisível, e depois nos leva a sair de nós mesmos até o sétimo céu? Deus Pai! Não conte a seus filhos mentira tão descarada! Há muito tempo, estou informado de que certo professor infiel deu a oportunidade de as pessoas responderem a ele após a palestra, e ele esperava que alguns rapazes se levantassem para apresentar os argumentos gerais sobre o cristianismo, pois ele estava preparado para rebatê-los e rir deles. Mas uma senhora idosa, carregando uma cesta e usando um gorro antigo, completamente vestida à moda antiga, o que marcava sua idade e pobreza, subiu à plataforma. Colocando no chão sua cesta e seu guarda-chuva, ela disse: "Paguei três centavos para ouvir algo melhor que Jesus Cristo, e não ouvi. Agora deixe-me dizer o que a religião fez por mim, e então diga-me algo melhor, ou você me enganou com os três centavos que paguei para entrar". Ela prosseguiu: "Sou viúva há quarenta anos e tive dez filhos; confiei no Senhor Jesus Cristo no fundo da minha pobreza, e Ele apareceu para mim e me confortou, Ele me ajudou a criar meus filhos para que eles se tornassem adultos e respeitáveis. Fui muitas vezes duramente pressionada, mas minhas orações foram ouvidas por meu Pai no céu e sempre fui salva. Agora você irá me dizer algo melhor que isso, algo melhor para uma pobre mulher como eu! Recorri ao Senhor quando estava muito deprimida e mal tinha algo para comer, e sempre achei Sua providência boa e generosa para comigo. E fiz o mesmo quando estive muito doente e meu coração parecia prestes a estourar, quando meus filhinhos ficaram sem pai e eu não tinha nada para me manter em pé a não ser o pensamento de Jesus e Seu amor fiel à minha pobre alma. E você me diz que tudo foi um erro. Agora, diga-me algo melhor, ou então explique por que você nos engana com essas três moedas? Diga-nos algo melhor". Bem, pobre alma, o palestrante era apto a discutir, mas aquele modo de controvérsia era novidade e não prontamente refutável, e assim ele desistiu do debate e simplesmente alegou que a pobre mulher era de fato muito feliz em seu engano e ele não queria decepcioná-la. "Não", ela disse, "não é assim. Fatos são fatos. Jesus Cristo tem sido tudo isto para mim e não posso sentar-me no auditório e ouvir você falar contra Ele sem perguntar se o senhor poderia me dizer algo melhor do que foi feito a mim. Eu O testei e O provei, e isso é mais do que o senhor tem". Ah! É isso; é o testar e provar de Deus; é obter o amor realmente derramado no coração pelo Espírito Santo, que nos proporciona um argumento que não pode ser contestado. A experiência é o cofre de ferro contra o qual a víbora quebra os dentes, mas não pode prevalecer. Deus nos dá mesmo aqui um antegosto da alegria sobrenatural do céu, na forma de paz, calma, felicidade, exultação, deleite. Isto pode parecer uma conversa fanática para alguns e mero sonho para outros; mas, senhores, nós somos tão honestos quanto os senhores e reivindicamos crédito quando afirmamos que desfrutamos dessas coisas, tanto quanto vocês reivindicam nossa credibilidade ao fazerem uma afirmação. E, se isto não os convencer e vocês ainda duvidarem de nós, estejam certos de que isso nos convence e é suficiente. O amor de Deus derramado em nosso coração faz a nossa esperança. Vejam, irmãos, o amor de Deus é sempre derramado no nosso coração quando estamos muito enfermos. Quando a dor é muito aguda, a alegria é frequentemente plena. Este amor veio para os indigentes e transformou a casa dos pobres em um palácio. Chegou aos moribundos nos hospitais e fez as alas tocarem música celestial. Alcançou alguns de nós em noites da mais profunda depressão e nos levantou das brumas e das nuvens, para nos colocar à luz do sol de Deus. Agora, essas coisas que ocorrem nesses momentos tendem a fazer com que o filho de Deus sinta que sua esperança é tão certa no escuro quanto na luz e que ele pode confiar em seu Deus, embora todas as coisas pareçam desmentir a promessa. Essas coisas são de natureza tão elevada que ajudam a manter a esperança elevada. Se nossos confortos fossem grosseiros e carnais, para serem recebidos pela boca ou pelos ouvidos, de que adiantaria aquela esperança elevada e santa que vem do próprio Deus? Mas os prazeres de que tenho falado na recepção do amor divino no coração são tão elevados que se adaptam exatamente ao caráter de nossa esperança, e são por Ele confirmados. Pois, amados, um sentimento do amor de Deus confirma tudo o que esperamos. Pois, se Deus me ama, então sou perdoado; se Deus me ama, então estou seguro; se Deus me ama, então minhas circunstâncias estão bem ordenadas; se Deus me ama, então Ele me suportará nas minhas provações; se Deus me ama, então Ele me afastará do toque do pecado; se Deus me ama, Ele não suportará que a tentação me vença, mas me manterá puro e santo, e me receberá no final; se Deus me ama, então o céu que Ele preparou para o Seu povo deve ser meu; e, com aqueles que se foram antes, verei Sua face, beberei goles do Seu amor e estarei com Ele para sempre e sempre. Como uma chave mestra que tranca cada fechadura na casa, assim o sentido do amor de Deus fecha cada tesouro no pacto da graça; e, se temos esse amor dentro de nós, Ele nos permite admitir toda coisa abençoada, para que possamos tomá-la à vontade e nos regozijar em Deus por conta disso.

Agora não tenho mais nada a dizer sobre este ponto, sobre o qual falei tão debilmente à minha própria consciência, mas gostaria que todos soubessem um pouco mais do que posso lhes falar espiritualmente. Ouvir sobre o amor divino com os ouvidos não é nada; é como o barulho dos pratos aos ouvidos do faminto quando nada lhe é dado para comer. Compreender isto teoricamente não é nada; é como poder fazer o cálculo de milhares de libras numa lousa, sem ter um centavo no bolso. Querido ouvinte, qual é a sua esperança? Sobre o que você está descansando? Sua esperança tem algo a ver com o amor de Deus derramado em seu coração pelo Espírito Santo? Depende disso sua esperança; se ela se basear em algo que você faz por si mesmo ou que qualquer pessoa possa fazer por você, não despertará em sua alma o sentimento do amor de Deus. Se for mera esperança cerimonial, não despertará emoções como as que descrevi. Mas, se a sua esperança for verdadeira e genuína, firmada na Rocha dos séculos, edificada no sacrifício substitutivo de Jesus Cristo, então a esperança o fará amar a Deus, e o sentimento do amor de Deus a você o influenciará ao serviço obediente. Essa esperança suportará a hora da provação, mas nenhuma outra esperança fará isso.

E o que você fará se a sua esperança o decepcionar? E se, no final, você se envergonhar da sua esperança? Vejam então, senhores, vejam então a queda esmagadora que os espera! A casa foi construída precipitadamente, boa e imponente, com muitas janelas coloridas, com frontões finos e ornamentos raros. Mas vem a inundação, cai a chuva, e o vento sopra. Onde está o palácio agora? Seus alicerces ficaram na areia e desvaneceram como um sonho. Veja os fragmentos flutuando pela corrente enquanto os donos foram carregados e estão perdidos. Assim será com suas agradáveis esperanças, ó hipócritas e descuidados. Ó, construam na rocha, na rocha do que Cristo fez: construam com fé humilde, com amor sincero; não com madeira, feno e restolho, mas sim com ouro, prata e pedras preciosas de amor, confiança e santo temor. E, quando a inundação vier, você rirá dela e cantará em meio à tempestade, porque Deus é quem o preserva, e sob Suas asas você deve confiar.

Ah, eu gostaria que todos que agora ouvem esta voz pudessem adentrar tão brilhante esperança e desfrutar de tal amor. E, se quiserem fazer isso, vejam a porta aberta! A entrada para uma boa esperança é pela porta do amor divino; e você verá o amor divino, que brilha em sua resplandecência, na cruz onde o Filho de Deus, feito carne, deu as mãos aos cravos e os pés para serem presos ao madeiro. Ali é onde todo vigor é um caminho de dor para os pés seguirem, onde todo o seu corpo é torturado com dores indescritíveis, e onde a alma é pressionada sob os pés da Divindade, no lagar da ira eterna; ali, pecador, ali está a sua esperança. Não suas lágrimas, mas o sangue dEle; não seus sofrimentos, mas a angústia dEle; não sua penitência, mas o sofrimento dEle; não sua vida ou sua morte, mas a morte e a vida dEle. Ó, olhe para Ele! Há vida em um olhar para o Crucificado. Ó culpado, depravado, você, que não é nada a não ser um condenado, olhe através da bruma das tentações de Satanás e do orvalho de suas lágrimas. Olhe para Jesus morrendo no Calvário, e você viverá neste dia. Deus o ajude por Seu Espírito para que você olhe — e sua será a salvação, e dEle será a honra por isso. Amém e Amém.

A ÂNCORA

Sermão ministrado na manhã de domingo,
21 de maio de 1876, pelo reverendo C. H. Spurgeon,
no Tabernáculo Metropolitano de *Newington*.

> *Assim, Deus, querendo mostrar mais claramente*
> *aos herdeiros da promessa a imutabilidade de*
> *seu propósito, interveio com juramento, para que*
> *nós, que nos refugiamos no acesso à esperança*
> *proposta, tenhamos grande ânimo por meio de duas*
> *coisas imutáveis, nas quais é impossível que Deus*
> *minta. Essa esperança é para nós âncora da alma,*
> *segura e firme, que entra no lugar interior, além*
> *do véu, onde Jesus entrou por nós, como precursor,*
> *tornando-se sumo sacerdote para sempre, segundo a*
> *ordem de Melquisedeque* (Hb 6.17-20).

Fé É A MANEIRA DIVINAMENTE designada de receber
as bênçãos da graça. "Quem crer será salvo" é uma das principais
declarações do evangelho. As maravilhas da criação, as descobertas
da revelação e os movimentos da Providência são todos destinados
a criar e promover o princípio da fé no Deus vivo. Se Deus revela
alguma coisa, devemos acreditar nela. De todos os livros da Sagrada
Escritura, podemos dizer que foram escritos para que nós possamos
crer, e, crendo, possamos ter vida. Mesmo que Deus oculte algo, é
para que possamos confiar nEle; pois o que sabemos produz apenas
um pequeno espaço de confiança em comparação com o desconhecido. A Providência manda-nos diversas provações, todas destinadas

a exercitar e aumentar nossa fé e, ao mesmo tempo, em resposta à oração, Ele nos traz provas variadas da fidelidade divina que servem como descanso para nossa fé. Assim, as obras e as palavras de Deus cooperam para educar os homens na graça da fé. Você pode imaginar, no entanto, a partir da doutrina de certos mestres, que o evangelho se resumiu a "Quem duvidar será salvo", e que nada poderia ser mais útil ou honroso do que a mente humana pairar em suspense perpétuo, segura de nada, confiante na verdade de ninguém, nem mesmo do próprio Deus. A Bíblia levanta um mausoléu à memória de seus heróis, e sobre eles escreve como se fosse um epitáfio: *Todos esses morreram mantendo a fé*. Mas o evangelho moderno ridiculariza a fé e estabelece em seu lugar a nova virtude de se manter atualizado com o pensamento mais recente da época. Essa simples confiança na veracidade da Palavra de Deus, que nossos pais inculcaram como base de toda religião, parece estar em desuso agora com "homens de espírito", capazes de lidar com o "pensamento moderno". Esses ministros professos de Cristo, alguns dos quais estão adorando neste santuário, deveriam se envergonhar, pois estão trabalhando com a reputação de serem intelectuais e filosóficos, espalhando dúvidas por todos os lados. A doutrina da bem-aventurança da dúvida é tão oposta ao evangelho de Jesus Cristo quanto as trevas são opostas à luz, ou Satanás ao próprio Cristo; é posta como um silenciador da consciência daqueles homens orgulhosos que se recusam a submeter sua mente ao governo de Deus.

Tenha fé em Deus, pois a fé, em si mesma, é uma virtude da mais alta ordem. Nenhuma virtude é mais verdadeiramente excelente do que a simples confiança no Eterno, a qual alguém é ajudado a mostrar pela graça do Espírito Santo. Não, não apenas a fé é uma virtude em si mesma, mas ela é a mãe de todas as virtudes. Quem crê torna-se forte para trabalhar, paciente para sofrer, ardoroso para amar, ansioso para obedecer e zeloso para servir. A fé é uma raiz da qual pode crescer tudo o que adorna o caráter humano. Longe de se opor às boas obras, é a fonte de onde elas fluem. Afaste a fé do cristão professo, e você terá cortado sua força, como Sansão teve cortadas suas madeixas e ficou sem poder se defender ou vencer seus inimigos.

O justo viverá pela fé — a fé é essencial à vitalidade do cristianismo, e qualquer coisa que enfraqueça essa fé enfraquece a própria fonte principal do poder espiritual. Irmãos, não apenas nossa própria experiência nos ensina isto, e a Palavra de Deus o declara, mas toda a história humana mostra a mesma verdade. Fé é força. Porque, mesmo quando os homens se enganam, crendo no erro, eles mostram mais poder do que os homens que conheceram a verdade, mas não a consideraram de bom coração; pois a força que um homem tem em lidar com seus semelhantes reside na força de convicção que seus companheiros têm sobre sua própria alma. Ensine um homem para que todo o seu coração creia no Senhor, e você lhe terá dado tanto o ponto de apoio como a alavanca com a qual ele pode mover o mundo. Até este exato momento, a terra inteira está trêmula como uma massa de geleia sob os passos de Lutero, e por quê? Porque ele era forte na fé. Lutero era um crente vivo, e os mestres que ele teve de enfrentar eram meros disputadores, e os sacerdotes, cardeais e papas com os quais ele entrou em contato eram meros comerciantes de tradições mortas; portanto, ele os arrasou com grande matança. Toda a sua coragem acreditava no que ele havia aprendido de Deus e, como uma barra de ferro entre os vasos de oleiro, ele também estava entre os fortes de sua época. O que tem sido verdade na história o tempo todo é certamente verdade agora. É crendo que nos tornamos fortes: isto é cristalino. Quaisquer que sejam as supostas excelências que possam existir na elogiada condição receptiva da mente, no equilíbrio de um intelecto cultivado e no julgamento instável da "descrença honesta", sou incapaz de discerni-las e não vejo referência a elas nas Escrituras. Os escritos sagrados não oferecem elogios à incredulidade nem apresentam motivos ou razões para seu cultivo. A experiência não prova ser ela força na batalha da vida ou sabedoria para os meandros da existência. É quase semelhante à credulidade e, ao contrário da verdadeira fé, está propensa a ser levada por qualquer falsidade. A descrença não produz consolo para o presente, e sua perspectiva para o futuro não é de modo algum reconfortante. Não descobrimos nenhuma indicação de uma sublime terra nublada, na qual homens com orgulho e presunção irão eternamente confundir a si mesmos e aos outros; não ouvimos profecia de um salão celestial da ciência em que os céticos possam tecer novos sofismas e forjar novas objeções à revelação de Deus. *Há um lugar para o que não crê, mas não é o céu.*

Voltando ao nosso texto, cujo tom está muito distante de toda incerteza, vemos claramente que o Senhor não quer que estejamos numa condição incerta, mas que eliminemos toda incerteza e questionamento. Entre as pessoas, um fato é estabelecido quando alguém honesto jura por ele. *Assim, Deus, querendo mostrar mais claramente aos herdeiros da promessa a imutabilidade de seu propósito, interveio com juramento.* Condescendendo com a fraqueza da fé humana, Ele mesmo jura pelo que declara, e assim nos dá um evangelho duplamente certificado pela promessa e juramento do Deus eterno. Certamente os anjos devem ter se perguntado, quando Deus ergueu a mão ao céu para jurar, o que havia prometido, e devem ter concluído que dali em diante haveria um fim para todos os conflitos, por causa da confirmação que o Senhor deu à Sua aliança.

Ao trabalhar nosso texto, devo dirigir a atenção de vocês para a sua mais notável metáfora. Este mundo é como um mar: inquieto, instável, perigoso, nunca em estado de permanência. As atividades humanas podem ser comparadas a ondas agitadas e sacudidas pelo vento. Quanto a nós mesmos, somos os navios que seguem no mar e estão sujeitos às suas mudanças e movimentos. Estamos inclinados a ser arrastados por correntes, impelidos por ventos e agitados por tempestades: ainda não chegamos à verdadeira *terra firme*, ao descanso que resta para o povo de Deus; Deus não nos deixaria ser levados por todos os ventos e, portanto, aprouve a Ele criar para nós uma âncora de esperança mais segura e firme, para que possamos superar a tempestade. Não vou tentar pregar a respeito de todo o texto diante de nós, pois isso iria requerer sete anos pelo menos, e um John Owen ou um Joseph Caryl para apresentar 10% do seu significado. Vou simplesmente trabalhar o único conjunto de verdades sugeridas pela imagem de uma âncora, e que Deus conceda que, nesta manhã, todos nós que conhecemos o significado dessa âncora possamos sentir que ela está nos segurando com força; e que outros, que nunca possuíram essa âncora antes, possam lançá-la ao mar esta manhã pela primeira vez e sentir durante o resto de sua vida a forte consolação que tal firmeza concede ao coração crente.

I. Em primeiro lugar, permitam-me chamar sua atenção para A FUNÇÃO DA ÂNCORA sobre a qual fala o nosso texto. A finalidade de uma âncora, claro, é atrelar o navio firmemente a um lugar quando ventos e correntes poderiam removê-lo. Deus nos deu certas verdades que se destinam a manter nossa mente presa à verdade, à santidade, à perseverança — resumindo, a nos prender a Ele.

Mas por que segurar o navio? A primeira resposta que se sugere a essa pergunta é *impedir que ele seja destruído*. O barco pode não precisar de uma âncora em águas calmas; quando em mar aberto, ficar um pouco à deriva pode não ser algo muito sério: mas há condições climáticas em que uma âncora se torna essencial. Quando um vendaval está se movendo para a costa, soprando grandes rajadas, e a embarcação não consegue manter seu curso, e certamente será conduzida para a costa rochosa, a âncora vale seu peso em ouro. Se o bom navio não puder ser ancorado, nada restará dele em pouco tempo, a não ser uma longarina aqui e ali; o belo navio será feito em pedaços, e todos os marinheiros se afogarão; esse é o momento de lançar a âncora, a melhor âncora se quiser, e deixar o bom navio desafiar o vento. Nosso Deus não pretende que Seu povo seja formado por náufragos; no entanto, esse seria o seu destino se eles não estivessem seguros na hora da tentação. Irmão, se todo vento de doutrina o rodopiasse à vontade, logo você se afastaria da verdade como está em Jesus e acabaria por naufragar; mas você custou muito caro ao seu Senhor para Ele o perder; Ele o comprou por grande preço e lhe provê fartura para vê-lo quebrado em pedaços; portanto, Ele providenciou para você um apoio glorioso e, quando as tentações de Satanás, suas próprias corrupções e as provações do mundo o assolarem, a esperança poderá ser a âncora de sua alma, segura e firme.

Como precisamos dessa âncora! Pois vemos outros caírem no erro do perverso, vencidos pela falsidade da injustiça e deixados para sempre como náufragos sem ter esperança e sem Deus no mundo. Se você fez negócios nas grandes águas por um longo período de tempo, deve estar ciente de que, se não fossem as verdades eternas que o prendem, sua alma há muito teria se apressado em trevas eternas, e as águas do orgulho já haveriam passado por sua alma. Quando as poderosas ondas se erguem, seu pobre barco parece descer até o fundo das montanhas e, se não fosse pelo amor imutável e pela fidelidade eterna, seu coração estaria completamente abatido. Não obstante, aqui está você hoje, convocado pela graça, provido pela misericórdia, guiado pela sabedoria divina e impulsionado pelo poder celestial. Graças à âncora, ou melhor, ao Deus que a concede a você, nenhuma tempestade o destruiu; pelo contrário, você está a caminho do porto da glória.

Uma âncora é também necessária para *evitar o desconforto no navio*, pois seria muito ruim ser levado de um lado para outro com a mudança do vento. Infeliz da criatura suscetível a influências externas, que voa como espinhos ao vento ou como algo rolando diante do redemoinho. Precisamos de uma âncora para nos firmar para que possamos habitar em paz e encontrar descanso para nossa alma. Bendito seja Deus por termos garantidas sólidas e infalíveis verdades que agem poderosamente na nossa mente para impedir que ela seja assediada e desanimada.

O texto cita *grande ânimo*. Não é uma palavra gloriosa? Não temos apenas um mero ânimo que nos manterá firmes e resistentes contra a tempestade nos tempos de aflição, mas um *grande ânimo* para que, quando a aflição irromper com força incomum, como um furioso tornado, a forte consolação, como uma âncora maior, possa ser mais do que uma réplica para a forte tentação e nos capacite a triunfarmos sobre tudo. Muito tranquilo é o homem muito crente.

> "Aleluia! Eu creio!
> Agora o mundo vertiginoso passa rápido,
> Porque minha alma encontrou uma âncora
> Até a noite de tempestade passar."

Uma âncora é também necessária *para nos preservar da perda do progresso que fizemos*. A embarcação está seguindo muito bem para

A ÂNCORA

o porto, mas o vento muda e sopra forte; ela será levada de volta ao porto de onde partiu ou a um porto igualmente indesejável, a menos que possa resistir ao vento ruim; portanto, o capitão lança sua âncora. Ele diz para si mesmo: "Cheguei até aqui e não vou voltar atrás. Lanço minha âncora e aqui eu paro". Pessoas santas são às vezes tentadas a voltar ao país de onde saíram; elas estão inclinadas a renunciar às coisas que aprenderam e a concluir que nunca foram instruídas pelo Senhor em absoluto. Infelizmente, o velho Adão nos puxa de volta, e o diabo se esforça para nos fazer retroceder, e, se não fosse por algo certo, teríamos voltado. Se for possível provar, como certos estudiosos nos fazem acreditar, que não há nada muito certo; que, embora o preto seja preto, não é muito preto, e, embora o branco seja branco, não é muito branco, e, sob certos pontos de vista, sem dúvida preto é branco e branco é preto; se pudesse ser provado, eu digo, que não existem verdades eternas, certezas divinas, verdades infalíveis, então poderíamos renunciar com indiferença ao que sabemos ou pensamos que conhecemos, e vagaríamos pelo oceano da especulação, das vacilações e dos desvios da mera opinião. Mas, quando temos a verdade, ensinada à nossa própria alma pelo Espírito Santo, não podemos nos afastar dela, nem o faremos, embora os homens nos considerem tolos por nossa firmeza. Irmãos, não aspirem à caridade que nasce da incerteza; existem verdades salvadoras e existem *heresias destruidoras*; Jesus Cristo não é sim e não; seu evangelho não é uma mistura astuta da bílis do inferno e do mel do céu, com sabor ao gosto do mal e do bem. Existem princípios fixos e fatos revelados. Aqueles que sabem algo experimentalmente sobre coisas divinas lançaram suas âncoras e, ao ouvirem a corrente terminar, disseram alegremente: "Isso eu sei e nisso tenho acreditado. Nesta verdade permaneço firme e impassível. Que soprem ventos; eles nunca me moverão deste ancoradouro. E tudo o que eu tiver alcançado pelo ensino do Espírito conservarei firme enquanto viver".

Além disso, a âncora é necessária *para podermos ter constância e utilidade.* Quem é facilmente movido e crê nisto hoje e naquilo amanhã é uma criatura inconstante. Quem sabe onde o encontrar? Qual sua utilidade para os mais jovens e para os fracos, ou mesmo para qualquer outra pessoa? Como uma onda do mar levada e batida pelo vento, que serviço ele pode prestar na obra do Senhor, e como pode influenciar os outros para a eternidade? Se ele não crê, como pode fazer outros acreditarem? Creio que o descrente ortodoxo é mais um criador de infidelidade do que o crente heterodoxo; em outras palavras, receio que o homem que sinceramente acredita num erro tem uma influência menos prejudicial sobre os outros do que o homem que é indiferente à verdade e é incrédulo secretamente: essa pessoa é tolerada em companhia piedosa por professar ser um de nós e, portanto, sob seu escudo, pode matar a piedade. O homem não sabe nada, certamente, mas apenas espera e confia e, ao defender a verdade, permite que muito possa ser dito do outro lado para que ele beije e apunhale ao mesmo tempo.

Nosso Deus nos deu uma âncora para nos mantermos seguros e não naufragarmos, para não sermos infelizes, para não perdermos o progresso que fizemos, para que o nosso caráter não se torne instável e, consequentemente, inútil. Esses propósitos são gentis, amáveis e sábios; bendigamos ao Senhor que tão graciosamente cuidou de nós.

II. Em segundo lugar, convido você a considerar A FABRI-CAÇÃO DA ÂNCORA — *tenhamos grande ânimo por meio de duas coisas imutáveis, nas quais é impossível que Deus minta.*

A fabricação de âncoras é um trabalho muito importante. O ferreiro que faz a âncora tem um negócio muito responsável, pois, se ele a faz mal feita, ou de material fraco, ai do capitão quando a tempestade chegar. As âncoras não são feitas de ferro fundido, nem de qualquer tipo de metal disponível, mas são de ferro forjado, fortemente soldadas e de material compacto e resistente, que suportará toda a tensão que possa vir sobre ela no pior dos tempos. Se algo neste mundo precisa ser forte, deve ser a âncora, pois dela dependem a segurança e a vida.

Qual é a nossa âncora? Ela tem duas grandes lâminas ou abas, cada uma das quais atua como uma resistência. É feita de duas *coisas divinas*. Uma é a *promessa* de Deus, segura e estável. Estamos prontos a aceitar a promessa de um homem bom, mas talvez o homem bom esqueça de cumpri-la ou seja incapaz de fazê-lo. Nada disso pode ocorrer com o Senhor; Ele não pode esquecer nem pode deixar de fazer o que disse. A promessa de Jeová, que coisa certa deve ser! Se você não tivesse nada a não ser a simples Palavra do Senhor para confiar, certamente sua fé nunca vacilaria.

A esta palavra certa é acrescentada outra coisa divina, a saber, o *juramento* de Deus. Amados, raramente me atrevo a falar sobre este assunto sagrado. O juramento de Deus, esta solene afirmação, Seu juramento por si mesmo! Conceba a majestade, o temor, a certeza disso! Aqui estão duas garantias divinas, que, como as abas da âncora, nos mantêm firmes. Quem ousa duvidar da promessa de Deus? Quem pode ter a audácia de desconfiar do Seu juramento?

Temos como âncora duas coisas que, além de serem divinas, são expressamente consideradas *imutáveis* — ou seja, duas coisas que não podem mudar. Quando o Senhor faz uma promessa, Ele nunca volta atrás — *os dons e o chamado de Deus são irrevogáveis*. Disse Ele e não o fará? Prometeu Ele e não permanecerá firme? Ele nunca muda, e Sua promessa permanece de geração em geração. Então vem o juramento, que é a outra coisa imutável; como poderia ser alterado? Deus empenhou a honra do Seu nome, e não é possível que, nessas circunstâncias, Ele se retrate e negue Suas próprias declarações. Ah, não —

> "O evangelho sustenta meu espírito.
> Um Deus fiel e imutável
> Estabelece os fundamentos da minha esperança
> Em juramentos, promessas e sangue."

Observe que junto a essas duas coisas é dito: *nas quais é impossível que Deus minta.* Isso é inconsistente com a ideia e o pensamento de que Deus poderia ser um mentiroso. Um Deus que mente seria um erro de linguagem, uma evidente contradição. Não pode ser, Deus deve ser verdadeiro, verdadeiro em Sua natureza, em Seus pensamentos, em Seus planos, em Seus atos e em Suas promessas, e indubitavelmente verdadeiro em Seu juramento. *Nas quais é impossível que Deus*

Esperança, o perfume do coração

minta. Ó, amados, que abençoado apoio temos aqui! Se a esperança não pode repousar em tais garantias, sobre o que poderia descansar?

Mas, agora, qual é essa promessa e qual é esse juramento? A promessa é a mesma que foi feita a Abraão, de que sua semente seria abençoada, e nesta semente seriam também abençoadas todas as nações da terra. A quem foi feita esta promessa? Quem é a "semente"? Em primeiro lugar, a semente é Jesus, que abençoou todas as nações; e, em seguida, nosso apóstolo provou que esta promessa não foi feita à semente segundo a carne, mas à semente segundo o espírito. Quem, então, são as sementes segundo o espírito? Ora, são os que creem; pois ele é o pai dos fiéis, e a promessa de Deus, portanto, é confirmada a todos os que demonstram fé como o crente Abraão. Para o próprio Cristo, e para todos os que estão em Cristo, é assegurada a aliança de que o Senhor os abençoará para sempre e os tornará bênção.

E o que é o juramento? Isso pode se referir ao juramento feito pelo Senhor a Abraão depois que o patriarca ofereceu seu filho (veja o capítulo 22 de Gênesis). Mas penso que você concordará se eu disser ser mais provável referir-se ao juramento registrado no Salmo 110, que eu gostaria que você observasse com muito cuidado — *O Senhor jurou e não se arrependerá: Tu és sacerdote para sempre, segundo a ordem de Melquisedeque.* Creio que a referência é a isto, porque o versículo 20 do texto diz: *onde Jesus entrou por nós, como precursor, tornando-se sumo sacerdote para sempre, segundo a ordem de Melquisedeque.*

Agora, amados, quero que vocês vejam esta âncora. Aqui está um de seus suportes: Deus prometeu abençoar o fiel; Ele declarou que a semente de Abraão, a saber, os crentes, será abençoada e transformada em bênção. Então vem o outro braço da âncora, igualmente forte para firmar a alma, isto é, o juramento do sacerdócio, pelo qual o Senhor Jesus é declarado sacerdote para sempre em nosso favor: não um sacerdote comum, à maneira de Arão, iniciando e terminando um sacerdócio temporário, mas sem começo de dias ou fim de anos, vivendo para sempre; um sacerdote que terminou a obra sacrificial, entrou no véu e está assentado para sempre à direita de Deus, porque Sua obra está completa e Seu sacerdócio permanece eternamente eficaz . Esta é a bendita âncora da alma: saber que o meu Sacerdote está dentro do véu; meu Rei de justiça e Rei da paz está perante o trono de Deus por mim, me representando, e, portanto, nEle estou seguro para sempre. Que melhor âncora o próprio Consolador poderia inventar para o Seu povo? Que consolação mais forte podem desejar Seus herdeiros?

III. Não temos tempo para nos delongar, embora sejamos tentados a fazê-lo, e por isso peço que avancemos em terceiro lugar para observar NOSSA SUSTENTAÇÃO DA ÂNCORA. Não adiantaria ter uma âncora, por melhor que seja, se não tivéssemos como prendê-la. A âncora pode ser segura e ter firme aderência, mas deve haver um forte cabo para conectá-la ao navio. Antigamente era comum usar um cabo de cânhamo, mas grandes navios não podem correr o risco de quebrar e, portanto, usam um cabo de corrente para a âncora. É muito importante ter uma conexão firme entre sua alma e sua esperança; ter a confiança, que certamente é sua e da qual você nunca será separado.

O nosso texto fala claramente sobre essa firmeza da âncora no versículo 18 — *para que nós, que nos refugiamos no acesso à esperança proposta, tenhamos grande ânimo.* Devemos nos apossar pessoalmente da esperança; a esperança existe, mas devemos agarrá-la com firmeza. Assim como em uma âncora o cabo deve passar pelo anel e, assim, estar ligado a ele, a fé deve se apegar à esperança da vida eterna. O grego original significa "apossar-se pela força principal e, assim, segurar para não perdermos nossa sustentação quando a força maior a puxar de nós". Devemos nos apegar firmemente à verdade. Ah, irmãos, pelo fato de alguns homens terem uma esperança nebulosa, parecem ter uma forma muito duvidosa de se apossar dela: suponho que isso seja natural. De minha parte, desejo aprender alguma coisa certa e depois oro para ter certeza de que a aprendi. Oh, quero ter tal apego à verdade quanto aquele velho guerreiro tinha de sua espada, de modo que, quando ele lutava e vencia, não podia separar a mão de sua espada, pois era como se sua mão estivesse a ela grudada. É algo abençoado apossar-se da doutrina de Cristo de tal forma que você teria de ser desmembrado para que ela pudesse ser tirada de você, uma vez que cresceu em seu próprio ser. Preste atenção para estar seguro de sua âncora certa.

"Bem", disse alguém, "mas *podemos* nos apossar dela?" Minha resposta é o que o texto diz: *Essa esperança é para nós âncora da alma.* Você pode se apossar dela porque ela lhe foi dada. Se algum de vocês estivesse muito enfraquecido e faminto e fosse à casa de alguém, e a pessoa lhe dissesse: "Sente-se", e você se sentasse à mesa, e o dono da casa colocasse diante de você carnes apetitosas e algumas frutas agradáveis, e assim por diante, você não questionaria se poderia comê-las, mas deduziria ter a liberdade de fazê-lo porque a comida foi colocada diante de você! Certamente esta é a recepção do evangelho. A esperança está posta à sua frente. Com qual objetivo isso foi feito? Para que você volte as costas para ela? Certamente não. Tome posse dela, pois, onde quer que a verdade seja encontrada, é nosso dever e privilégio nos apegarmos a ela. Toda garantia que um pecador quer para se apegar a Cristo encontra-se no fato de que Deus mandou Cristo para ser uma propiciação por nossos pecados. Caro cristão, você está em uma tempestade; aqui está uma âncora. Você perguntaria: "Posso usar essa âncora?" Ela está colocada à sua frente exatamente para isso. Garanto que não existe um capitão entre nós, mas, se ele estivesse numa tempestade e visse uma âncora à frente, tal capitão a usaria imediatamente sem fazer perguntas. A âncora pode não ser dele, pode estar a bordo como uma mercadoria, mas ele não se importaria nem um pouco com isso. "O navio precisa ser salvo. Aqui está uma âncora; lá vai ela". Aja assim com a graciosa esperança que Deus lhe concede no evangelho de Jesus Cristo: agarre-a agora e sempre.

Agora, observe que nosso apego à âncora deveria ser algo presente e um assunto consciente, pois lemos: *nós, que nos refugiamos no acesso à esperança.* Estamos conscientes de que a temos. Ninguém entre nós tem o direito de estar em paz se não souber que obteve uma boa esperança através da graça. Todos vocês podem dizer: "cuja esperança nós temos".

Como é bom ter um cabo feito do mesmo metal que a âncora; portanto, é algo abençoado quando a nossa fé tem o mesmo caráter divino que a verdade sobre a qual se apoia: ela precisa de uma esperança dada por Deus de nossa parte para agarrar a promessa dada por Deus, da qual nossa esperança é feita. O modo correto de proceder é agarrar a promessa de Deus com uma confiança criada por Deus: então você vê que, imediatamente do navio até a âncora, o suporte é uma só peça, de modo que, em cada ponto, ela é igualmente adaptada para suportar a tensão. Ó, ter uma fé preciosa em um Cristo precioso! Uma preciosa confiança num sangue precioso. Deus concedeu isso a você, e você pode exercitá-lo neste exato momento.

IV. Em quarto lugar, e muito brevemente, vamos falar sobre o DOMÍNIO DA ÂNCORA SOBRE NÓS. O navio está preso à sua âncora por um cabo de corrente, mas ao mesmo tempo a coisa mais importante é que a âncora fique presa ao navio; e assim, por ter penetrado no chão do fundo do mar, ela segura o navio firmemente. Irmãos, vocês sabem algo sobre a esperança que os firma? Ela os firma se for uma boa esperança; você não será capaz de se afastar dela, mas sob tentação e depressão de espírito, e sob provação e aflição, não apenas manterá sua esperança — esse é seu dever —, mas sua esperança o manterá — esse é seu privilégio. Quando o maligno tenta você a dizer: "Vou desistir de tudo", um poder invisível falará sobre as profundezas infinitas e responderá: "Mas eu não desistirei de você. Eu tenho um domínio sobre você, e ninguém nos separará". Irmãos, nossa segurança depende muito mais de Deus nos segurando do que de nós nos segurando nEle. Nossa esperança de que Deus cumprirá Seu juramento e promessa tem um grande poder sobre nós, muito mais que todos os esforços do mundo, da carne e do diabo para nos arrastar para longe.

Como é que a nossa âncora divina se mantém tão firme? É porque ela em sua própria natureza é *segura* — *Essa esperança é para nós âncora da alma, segura e firme.* É por si só segura quanto à sua natureza. O evangelho não é uma fábula inventada astuciosamente; Deus o falou, é uma massa de fatos, é puro, pura verdade, com o amplo selo do próprio Deus nele depositado. Então, também, esta âncora é *firme* quanto à sua fixação; ela nunca se move do seu lugar. É segura em sua natureza e firme quando em uso, e, portanto, é na prática segura. Se você creu em Cristo para a vida eterna e espera que Deus seja tão bom quanto a Sua Palavra, você não acha que sua esperança o sustenta e o mantém em sua posição?

Irmãos, o resultado do uso desta âncora será muito confortável a você. *Essa esperança é para nós âncora da alma, segura e firme.* Isso não impedirá que você seja arremessado, pois um navio ancorado pode agitar bastante, e os passageiros podem ficar muito enjoados com o mar, mas ele não pode ser afastado de suas amarras. Lá está ele, e seus passageiros podem sofrer desconforto, mas não sofrerão o naufrágio. Uma boa esperança através da graça não o livrará completamente de conflitos internos; pelo contrário, eles o envolverão; não o protegerá das provações externas, e certamente as trará, mas o salvará de todo perigo real. Posso dizer a cada crente em Jesus que sua condição é muito parecida com a do camponês a bordo de um navio, quando o mar ficou um tanto agitado, e ele disse: "Capitão, estamos em grande perigo, não estamos?" Como não houve resposta, ele disse novamente: "Capitão, o senhor não vê nosso grande medo?" Então o velho marujo respondeu asperamente: "Sim, eu vejo muito medo, mas nem um pouquinho de perigo". Frequentemente isso acontece conosco; quando os ventos sopram e as tempestades estão furiosas, há muito medo, mas não perigo. Podemos ser arremessados de um lado para o outro, mas estamos bem seguros porque temos uma âncora da alma segura e firme.

Uma coisa abençoada é que nossa esperança nos prende de tal modo que estamos conscientes da sua existência. Em uma embarcação, você sente a atração da âncora e, quanto mais o vento se enfurece, mais você sente que a âncora o segura. É como um menino com sua pipa: a pipa está nas nuvens, onde ele não pode vê-la, mas ele sabe que ela está lá porque sente que ela o puxa; assim nossa boa esperança foi para o céu, e está nos puxando e nos atraindo para si. Não podemos ver nossa âncora, e seria inútil se pudéssemos vê-la; seu uso começa quando está fora de vista, mas ela puxa, e podemos sentir a pressão celestial.

V. E agora, finalmente, o melhor de tudo: A FIRMEZA INVI-SÍVEL DA ÂNCORA, *que entra no lugar interior, além do véu.* Nossa âncora é como qualquer outra: quando é útil, está fora de vista. Quando a âncora é vista, não está fazendo nada, a menos que seja uma âncora para um pequeno curso d'água ou para águas rasas. Quando a âncora é útil, ela é jogada ao mar e lá embaixo, entre os peixes, fica firme, fora de vista. Onde está a sua esperança, irmão? Você crê porque pode ver? Isso não é crer, de forma alguma. Você crê porque sente? Isso é sentir, não é acreditar. Mas *bem-aventurados os que não viram e creram.* Bem-aventurado aquele que crê contra seus sentimentos, sim, e espera contra a esperança. Isto é uma coisa estranha a fazer, esperar contra a esperança, crer em coisas impossíveis e ver coisas invisíveis; quem pode fazer isso aprendeu a arte da fé. Nossa esperança não é vista, está nas ondas ou, como diz o texto, *além do véu.* Não vou explicar muito a figura, mas um marinheiro pode dizer que sua âncora está além do véu líquido, pois um véu de água está entre ele e ela, e permanece oculta. Tal é a confiança que temos em Deus, a quem, não vendo, nós amamos.

> "Que sopre o vento; rolem as ondas,
> A esperança é a âncora da minha alma.
> Mas posso com um delicado nó,
> Uma esperança invisível, em Deus confiar?
> Firme e segura, não pode falhar,
> Ela entra profunda além do véu,
> Ela prende numa terra desconhecida,
> E me atraca ao trono de meu Pai."

Embora nossa âncora tenha saído do campo visual, graças a Deus ela se agarrou firmemente e entrou *no lugar interior, além do véu.* Que promessa pode se igualar àquela que um homem tem acerca de seu Deus quando pode clamar: "Tu prometeste, portanto faze como disseste"? Que promessa é mais firme que esta: "Senhor, Tu juraste, não podes voltar atrás. Tu disseste que quem crer em Ti é justificado de todo pecado. Senhor, eu creio em Ti, portanto agrada-Te em fazer o

Esperança, o perfume do coração

que disseste. Eu sei que Tu não podes mentir e juraste que Cristo é um sacerdote eterno, e eu estou descansando nEle como seu sacerdote que fez completa expiação por mim. Por isso, compromete-Te com Teu juramento e aceita-me por causa do sacrifício de Jesus. Tu podes rejeitar uma alma por quem seu próprio Filho está implorando? Jesus é capaz de salvar plenamente os que chegam a Deus por meio dEle, visto que Ele vive para fazer minha intercessão: meu Senhor, esta é a posse que tenho em relação a Ti, esta é a âncora que lancei nas profundezas, os atributos misteriosos da Tua natureza maravilhosa. Eu confio em Ti, e Tu não me envergonharás na minha esperança". Oh, irmãos, que poder você tem sobre o Deus vivo quando se apoia em Seu juramento e Sua promessa! Assim você O agarra como Jacó agarrou o anjo, e você certamente ganhará de Suas mãos a recompensa.

Observe em seguida que, quando uma âncora tem uma boa aderência lá embaixo, quanto mais o navio se arrasta, mais preso fica. No começo, quando a âncora desce, talvez ela caia sobre uma rocha dura, e ali não possa se fixar, mas aos poucos desliza da rocha e entra no fundo do mar; ela cava o solo e, à medida que o cabo a puxa, vai cada vez mais fundo, até quase se enterrar, e, quanto mais ela é puxada, mais desce. Por fim, a âncora segura tanto que parece dizer: "Agora, Bóreas,[1] assopre, você deve rasgar o fundo do mar antes que o navio seja solto". Tempos de dificuldade enviam nossa esperança profundamente às verdades fundamentais. Alguns de vocês que nunca conheceram aflições, pessoas ricas que nunca conheceram a escassez, pessoas saudáveis que nunca estiveram doentes durante uma semana, não têm nem metade da esperança gloriosa que os experimentados têm. Grande parte da descrença na igreja cristã provém da vida fácil dos que professam. Quando você se aproxima daqueles que foram provados, precisa de um evangelho sólido. Um homem faminto que trabalha duro não pode viver com suas sopas ralas e seus cremes batidos — ele precisa de algo sólido para nutri-lo; e assim o homem provado sente que deve ter um evangelho verdadeiro, e deve crer que é verdadeiro, ou então sua alma passará fome. Agora, se Deus

[1]Vento forte e imprevisível.

promete e jura, não temos a mais sólida das garantias? A fé mais firme e concebível nada mais é do que o devido ao Deus três vezes santo e fiel. Portanto, irmãos, quando um problema maior vier, acredite mais firmemente, e, quando o seu barco for sacudido em águas profundas, acredite mais confiantemente. Quando a cabeça estiver doendo e o coração estiver palpitando, quando toda a alegria terrena se for e quando a morte se aproximar, acredite mais. Esteja cada vez mais convencido ainda de que seu Pai não pode mentir; sim, *Seja Deus verdadeiro, e todo homem, mentiroso.* Desta forma, você obterá a forte consolação de que o Senhor pretende que você desfrute de todas as bênçãos que Ele preparou para Seus filhos.

O texto conclui com esta reflexão muito doce de que, embora a esperança esteja fora da nossa visão, temos na terra um Amigo invisível em quem a nossa esperança encontrou sua sustentação. Em momentos de ansiedade, o marinheiro pode quase desejar poder seguir sua âncora e se fixar firmemente. Isso ele não pode fazer, mas temos um Amigo que resolveu tudo para nós. Nossa âncora está além do véu, onde não pode ser vista, mas Jesus está lá, e a nossa esperança está inseparavelmente conectada com Sua pessoa e Sua obra. Sabemos com certeza que Jesus de Nazaré, após Sua morte e sepultamento, ressurgiu da sepultura e, quarenta dias depois, na presença de Seus discípulos, subiu aos céus, e uma nuvem O recebeu. Sabemos disso como fato histórico; e também sabemos que Ele subiu aos céus como a abrangente semente de Abraão, na qual se encontram todos os fiéis. Como *Ele* foi para lá, certamente *nós* O seguiremos, pois Ele é as primícias de toda a colheita.

De acordo com o texto, nosso Senhor Jesus foi além do véu como nosso Sumo Sacerdote. Agora, o Sumo Sacerdote além do véu está no lugar de aceitação em nosso favor. Um Sumo Sacerdote da ordem de Melquisedeque é Aquele que tem poder ilimitado para abençoar e salvar ao máximo. Jesus Cristo ofereceu um sacrifício sangrento pelo pecado, a saber, Ele mesmo, e agora Ele está sentado para sempre à direita de Deus, o próprio Pai. Irmãos, Ele reina onde a nossa âncora afundou; descansamos na obra consumada de Cristo, em Seu poder de ressurreição e em Seu reinado eterno. Como podemos duvidar disto?

Em seguida, somos informados de que Jesus foi para além do véu como um *precursor*. O que é um precursor se não houver outros para segui-lo? Ele foi preparar o caminho; é o pioneiro, o líder do grande exército, as primícias dentre os mortos e, se Ele foi para o céu como um precursor, então nós que pertencemos a Ele O seguiremos. Essa reflexão não deveria alegrar nosso coração?

Somos informados em seguida de que nosso Senhor, como precursor, entrou no céu — isto é, entrou para tomar posse em nosso nome. Quando Jesus Cristo entrou no céu, Ele o fez como se olhasse em volta para todos os tronos, todas as palmeiras, todas as harpas e todas as coroas, e dissesse: "Eu tomo posse de tudo isso em nome de meus redimidos. Eu sou seu representante e reivindico os lugares celestiais em nome deles". Tão certo quanto Jesus está lá, como o possuidor de tudo, assim também cada um de nós irá à Sua herança no devido tempo.

Nosso Senhor Jesus, por Sua intercessão, está nos atraindo para o céu, e temos apenas de esperar um pouco e logo estaremos com Ele onde Ele está. Ele apela em nos levar para nossa casa, e isso acontecerá daqui a pouco. Nenhum marinheiro gosta que sua âncora volte para casa, pois, se o fizer em uma tempestade, as coisas parecerão muito feias; nossa âncora jamais voltará, mas Ele está nos levando para casa, não para baixo de ondas devoradoras, mas para cima, para alegrias extáticas. Você não sente isso? Você, que está envelhecendo, não sente os apelos do lar? Muitos cabos nos mantêm aqui, mas eles estão cada vez mais raros — a querida esposa já faleceu, ou o querido marido se foi; muitos de seus filhos também se foram, bem como muitos amigos. Tudo isso ajuda a atrair você para cima. Penso que, neste exato momento, você deve sentir como se seu barco estivesse prestes a mudar, pelo poder mágico, de um navio que flutua nas águas para uma águia que pode voar. Você já deve ter tido o desejo de subir enquanto canta:

> "Oh, que agora possamos entender nosso guia!
> Oh, que a palavra foi dada!
> Vem, Senhor dos exércitos, as ondas atravessa,
> E nos desembarca no céu!"

Meu cabo ficou mais curto ultimamente, muitos de seus elos desapareceram, e estou mais perto da minha esperança do que quando cri a primeira vez. Todos os dias a esperança se aproxima da fruição. Que a nossa alegria nela se torne mais exultante! Mais algumas semanas ou meses, e habitaremos lá em cima. E, embora não precisemos de âncora para nos manter firmes, abençoaremos eternamente a condescendência divina que produziu tanta firmeza para nossa mente instável enquanto era sacudida sobre este mar de cuidados.

O que farão vocês, os que não têm âncora? Pois uma tempestade está vindo. Eu vejo as nuvens baixas e ouço ao longe o furacão. O que você fará? Que o Senhor o ajude a fugir imediatamente em busca de refúgio na esperança colocada diante de você. Amém.

A ESPERANÇA RESERVADA NO CÉU

Sermão ministrado na manhã de domingo, 13 de outubro de 1878, pelo reverendo C. H. Spurgeon, no Tabernáculo Metropolitano de *Newington*.

> *Por causa da esperança que vos está reservada no céu, da qual já ouvistes pela palavra da verdade, o evangelho* (Cl 1.5).

TRÊS GRAÇAS DEVEM SER SEMPRE perceptíveis nos cristãos — fé, amor e esperança. Cada uma delas é mencionada por Paulo nos versículos de abertura da epístola à qual nosso texto pertence. Essas graças encantadoras devem ser tão visíveis em todo crente a ponto de serem mencionadas e, consequentemente, ouvidas até mesmo por aqueles que nunca nos viram. Essas flores devem produzir um perfume tão doce que sua fragrância pode ser percebida pelos que nunca as contemplaram. Assim foi com os santos de Colossos. Paulo diz: *Damos graças a Deus, Pai de nosso Senhor Jesus Cristo, orando sempre por vós, desde que ouvimos falar da vossa fé em Cristo Jesus e do amor que tendes por todos os santos, por causa da esperança que vos está reservada no céu.* Que o nosso caráter seja tal que possa ser relatado sem nos fazer corar! Mas isso jamais acontecerá se essas virtudes essenciais estiverem ausentes. Se estas coisas estiverem em nós e em abundância, não seremos estéreis ou infrutíferos, mas, faltando elas, somos como ramos secos. Devemos, portanto, ser ricos em fé, que é a raiz de toda graça; e, para esse fim, devemos orar diariamente: "Senhor, aumenta a minha fé". Devemos nos esforçar para sermos cheios e até mesmo transbordarmos de amor, que é de Deus e nos torna iguais a Deus. Devemos também ser ricos em esperança, a esperança celestial que faz com que um homem se purifique em prontidão para a herança superior. Cuide para que nenhuma dessas três irmãs divinas seja estranha para sua alma, mas deixe que a fé, a esperança e o amor façam morada em seu coração.

Note, no entanto, o caráter especial de cada uma dessas graças, como existem no cristão. Não é toda fé, amor e esperança que nos servirão, pois de todas as coisas preciosas existem falsificações. Existe um tipo de *fé* em todos os homens, mas a nossa é *fé em Cristo Jesus*, fé nAquele a quem o mundo rejeita, cuja cruz é uma pedra de tropeço e cuja doutrina é uma ofensa. Nós temos fé no Homem de Nazaré, que é também o Filho de Deus, fé nAquele que, tendo feito expiação com Seu próprio sangue, de uma vez por todas, está agora exaltado à direita de Seu Pai. Nossa confiança não está depositada em nós mesmos, nem em algum sacerdote humano, nem nas tradições de nossos pais, nem nos ensinos de sabedoria humana, mas somente em Cristo Jesus. Esta é a fé dos eleitos de Deus.

O *amor* dos cristãos é igualmente especial, pois, ainda que um cristão seja movido por uma benevolência universal e pelo desejo de fazer o bem a todos, mesmo assim ele tem um amor especial *por todos os santos*, e a estes o mundo não ama, porque não ama a seu Senhor. O verdadeiro crente ama o perseguido, o desvirtuado, o desprezado povo de Deus por causa de Cristo. Ele os ama a todos, embora possa pensar que alguns deles estão errados em questões de menor importância; ele ama os neófitos tanto quanto os adultos na fé. Ama até os santos cujas enfermidades são mais manifestas do que suas virtudes. Ele os ama não por sua posição ou por sua amabilidade natural, mas porque Jesus os ama e porque eles amam Jesus. Você vê que a fé está em Cristo Jesus, mas o amor se estende além do próprio Cristo, a todos aqueles que estão em união com Ele, enquanto a esperança faz uma varredura ainda mais ampla e inclui o futuro eterno em seu circuito. Assim, nossas graças aumentam tanto em alcance quanto em número.

Nossa *esperança*, também, sobre a qual vamos falar nesta manhã, é especial, porque é uma esperança a nós *reservada no céu*; uma esperança, portanto, com a qual o mundano não se importa nem um pouco. Ele espera que o amanhã possa ser como este dia e ainda mais abundante, mas não se importa com a terra na qual o tempo cessou de fluir. Ele espera por riquezas, ou por fama, vida longa e prosperidade; ele espera por prazer e paz no lar; toda a gama de sua esperança está no seu campo de visão. Mas a nossa esperança vai além do campo visual; de acordo com a palavra do apóstolo: *Como alguém espera o que está vendo? Mas, se esperamos o que não vemos, com paciência o aguardamos.* A nossa esperança não exige nada do tempo ou da terra, mas busca tudo no mundo por vir. É sobre esta esperança que vamos falar. Que o Espírito Santo nos conduza a uma proveitosa meditação.

A conexão do nosso texto parece ser esta: o apóstolo se alegrou muito ao ver os santos de Colossos tendo fé, amor e esperança, de forma que agradeceu a Deus e orou por eles. Ele viu esses selos de Deus sobre os colossenses, os três sinais de que eles eram um povo realmente convertido e de que seu coração estava feliz. Todos os fiéis ministros de Cristo se regozijam em ver Seu povo adornado com as joias da fé, do amor e da esperança, pois esses são os ornamentos para o presente e a preparação para o futuro. Isto acredito ser a conexão, mas, ainda assim, na forma da linguagem, fica claro que o apóstolo pretendia confirmar que o amor deles pelos santos era produzido pela esperança que estava colocada no céu. Observe a palavra "por" aqui colocada: *o amor que tendes por todos os santos, por conta da* ou *por causa da esperança que vos está reservada no céu.* Não pode haver dúvida de que a esperança do céu tende a promover o amor a todos os santos de Deus. Nós temos uma esperança comum; tenhamos uma afeição comum. Estamos a caminho de Deus; marchemos em companhia amorosa. Seremos um no céu; sejamos um na terra. Um é o nosso Mestre, e um é o nosso serviço; um é o nosso caminho, e um é nosso fim; estejamos unidos como um só ser. Todos nós esperamos ver nosso Bem-amado face a face e ser como Ele; por que não devemos agora amar todos aqueles em quem há algo de Cristo? Irmãos, iremos viver juntos para sempre no céu; é uma pena que tenhamos de brigar. Estaremos para sempre com Jesus Cristo, participantes da mesma alegria, da mesma glória e do mesmo amor; por que devemos ser limitados em nosso amor um pelo outro? A caminho de Canaã temos de enfrentar o mesmo inimigo, publicar o mesmo testemunho, suportar as mesmas provações e buscar o mesmo Ajudador. Portanto, amemos uns aos outros. Não foi difícil mostrar que a esperança que está reservada no céu deve produzir amor entre os santos da terra. Esta conexão do meu texto com a proposição imediatamente anterior não impede que ele seja considerado no sentido que mencionei, a saber, que era motivo de alegria para o apóstolo que os colossenses tivessem fé, amor e esperança. Ele se alegrava, não obstante, porque a fé daqueles irmãos era fomentada por sua esperança. O apóstolo elogia essas doces graças, que são tão maravilhosamente entrelaçadas entre si e dependentes uma da outra. Não haveria amor aos santos se não houvesse fé em Cristo Jesus e, se não houvesse fé em Cristo Jesus, não haveria esperança reservada no céu. Se não tivéssemos fé, seria certo que não teríamos esperança verdadeira e, se não tivéssemos esperança, a fé certamente estaria ausente. Se acolhemos uma das graças, devemos receber suas irmãs, porque elas não podem estar separadas. Aqui estão três brilhantes no mesmo cenário dourado, e ninguém deve quebrar a joia preciosa. *Agora permanecem estes três: a fé, a esperança e o amor,* e bem-aventurado aquele que os tem habitando em seu próprio coração.

Agora vamos deixar a fé e o amor esperando um pouco, e falemos sobre a esperança, a esperança mencionada em nosso texto, a esperança que está reservada a você no céu. Em primeiro lugar, trata-se de uma *maravilhosa esperança*; em segundo lugar, é uma *esperança segura*; e, em terceiro lugar, é uma *esperança poderosamente influente.* Que o Espírito Santo abençoe esses três pensamentos para todos nós.

I. Em primeiro lugar, então, vamos falar da esperança a nós reservada no céu como UMA ESPERANÇA MARAVILHOSA, e ela é assim mesmo, se considerarmos que é um grande ato da graça que os pecadores tenham alguma esperança. É maravilhoso que, quando

A ESPERANÇA RESERVADA NO CÉU

alguém tenha quebrado a lei do Criador, possa lhe restar esperança; este é um pensamento que deveria fazer nosso coração saltar de gratidão. Você não se lembra de quando sentiu isso? Quando o pecado repousou pesadamente sobre sua consciência, Satanás veio e escreveu sobre a verga de sua porta: "Sem esperança", e a sentença sombria teria permanecido ali até hoje se uma mão amorosa não tivesse tomado o hissopo e, com a aspersão do precioso sangue, não tivesse removido a negra inscrição. Por isso, lembre-se de que naquele tempo você estava sem Cristo, sem esperança e sem Deus no mundo. Essa era a nossa condição; e é algo maravilhoso que isso tenha sido completamente mudado, e que a segurança tenha tomado o lugar do desespero. Em nosso estado carnal, muitas falsas esperanças, como o fogo-fátuo, dançaram diante de nós, nos enganaram e nos levaram a pântanos de presunção e erro, mas realmente não tínhamos esperança. Esta é uma terrível condição para alguém estar; é, de fato, a pior de todas quando no uivo dos ventos a pessoa ouve distintamente as palavras "Sem esperança". No entanto, na escuridão espessa de nenhuma esperança, uma vez seguimos nosso curso e, em cada ocasião em que tentamos confiar em boas obras, cerimônias externas e boas resoluções, ficamos novamente desapontados, e as palavras soam em nossa alma com pavorosa monotonia: "Sem esperança, sem esperança", até nos dispormos a deitar e morrer. Agora, embora pecadores, nós temos uma esperança. Desde que pela fé olhamos para Jesus na cruz, uma esperança cheia de glória tomou posse do nosso coração. Isto não é algo maravilhoso?

Mais maravilhoso ainda é que *a nossa esperança se atreva a estar associada ao céu*. Pode haver céu para pessoas como nós? Parece quase presunçoso que um pecador que tanto merece o inferno ao menos possa levantar seus olhos em direção ao céu. Ele poderia ter alguma esperança do purgatório, se houvesse tal região, mas esperança do céu, isso não é demais? Todavia, irmãos, não temos medo do inferno ou do purgatório agora, mas esperamos provar as alegrias reservadas no céu. Não há purgatório para ninguém, e não há inferno para os santos; o céu aguarda os crentes em Jesus. Nossa esperança é futura porque tem a ver com a glória de Cristo, com quem esperamos estar em breve; você espera então, você, que estava sujo com luxúria? "Sim, isso eu espero", diz o crente. Você, que mergulhou em toda forma de impureza, espera ver Deus, pois ninguém, a não ser os puros de coração, podem vê-Lo? "Sim, eu posso", ele diz, "e não apenas vê-Lo, mas ser como Seu Filho, quando vejo como Ele é". Que divina esperança é esta! Não que possamos nos sentar à porta do céu e ouvir notas dispersas dos cânticos lá dentro, mas cantaremos com a feliz orquestra; não que tenhamos um olhar ocasional dentro dos portões de pérolas e sintamos nosso coração ansioso pelas alegrias indescritíveis dentro do recinto sagrado, mas entraremos real e pessoalmente nos corredores do palácio e veremos o Rei em Sua beleza na terra que está muito longe. Esta é uma esperança corajosa, não é? Ora, ela aspira a tudo o que os melhores santos receberam; ela procura a mesma visão de glória, o mesmo êxtase de deleite; ela até deseja sentar-se no trono de Cristo, de acordo com a promessa: *Ao vencedor, eu lhe concederei que se assente comigo no meu trono, assim como eu venci e me assentei com meu Pai no seu trono.* A esperança considera estar entre os vencedores e participar de sua entronização. Esta é a maravilhosa esperança para um crente lutador cogitar; todavia, não é presunção, mas confiança garantida pela Palavra de Deus. Não é um milagre do amor que pobres criaturas como nós possam assim se habilitar a esperar em Deus?

Esta esperança é mais maravilhosa por ser tão *substancial.* Em nosso texto, o apóstolo mal parece estar falando da graça da esperança, uma vez que dificilmente se pode dizer que isso está reservado no céu, mas habita em nosso seio: ele prefere falar sobre o *objeto* da esperança, e é claro que, em sua mente, a graça da esperança e o objeto devem ter sido pretendidos, porque aquilo que está reservado no céu não é uma esperança, exceto para aqueles que a esperam. E é claro que nenhum homem tem uma esperança depositada no céu, a menos que tenha esperança dentro de si. A verdade é que as duas coisas — a graça da esperança e seu objeto — são aqui mencionadas sob um termo que pode ter a intenção de nos ensinar que, quando a esperança é trabalhada no coração pelo Espírito Santo, a coisa pela qual se espera, assim como a fé, é a coisa na qual se acredita, porque

A ESPERANÇA RESERVADA NO CÉU

a realiza e a assegura. Assim como a fé é a substância das coisas esperadas e a evidência das coisas não vistas, a esperança também é a substância daquilo que ela espera, e a evidência daquilo que não pode ser visto.

Paulo, neste caso, como em muitos outros, usa a linguagem mais de acordo com o sentido teológico que ele aceitaria do que com o uso clássico da língua grega. As palavras de um povo pagão devem ser um pouco tensas em relação ao seu uso anterior se quiserem expressar a verdade divina, e Paulo assim as estende ao máximo possível neste caso. A esperança do verdadeiro crente é tão substancial que Paulo fala a respeito dela como se fosse a coisa em si, e ela foi colocada no céu. Muitos homens têm uma esperança de riqueza, mas essa esperança é algo diferente de ser rico. Há muitos deslizes entre o copo e os lábios, diz o velho provérbio, tão verdadeiro! Um homem pode ter uma esperança de velhice, mas talvez nunca alcance nem a meia-idade e, portanto, fica claro que a esperança de uma vida longa não é em si mesma longevidade; mas aquele que tem a esperança divina, que cresce da fé e do amor, nunca se decepcionará, de modo que o apóstolo fala dela como a coisa esperada, e a descreve como algo reservado no céu. Que maravilhosa esperança é esta que nos consola muito antes de sua realização e é mencionada como um tesouro reservado nos cofres do céu!

Um maravilhoso ponto a respeito de nossa esperança é este: ela é o assunto *da revelação divina.* Ninguém poderia jamais ter inventado esta esperança, pois ela é gloriosa demais para confundir a imaginação. O príncipe dos sonhadores jamais poderia ter sonhado com ela, nem o mestre da arte da lógica a teria deduzido pelo raciocínio: imaginação e entendimento são deixados no chão, enquanto a ideia bíblica do céu se eleva como um anjo de asas fortes. A esperança eterna teve de ser revelada a nós; jamais a teríamos conhecido de outra forma, porque o apóstolo diz: *da qual já ouvistes pela palavra da verdade, o evangelho.* Que um pecador tenha a esperança de apreciar a bem-aventurança perfeita do paraíso é algo que não deveria ser cogitado, se o Senhor não o tivesse prometido. Digo novamente: mesmo o maior esforço de imaginação nunca chegou a isso, nem poderíamos ter a presunção de supor que tal felicidade pudesse estar reservada a homens tão indignos e desmerecedores, se não tivéssemos sido assegurados pela Palavra de Deus. Mas agora a Palavra de Deus abriu uma janela no céu e permite-nos dar uma olhada e esperar pelo tempo em que beberemos de Suas fontes de águas vivas e nunca mais sairemos.

Isto é maravilhoso, e mais maravilhoso ainda é pensar que *esta esperança veio a nós simplesmente pelo ouvir. Da qual já ouvistes pela palavra da verdade, o evangelho, que chegou a vós.* E a esperança vem pela fé; assim, a divina esperança de estar no céu veio a nós pelo ouvir — não pelas obras, não pelo merecimento, não por penitência e sacrifício, mas simplesmente por ouvir diligentemente a Palavra divina e crer na vida. Ouvimos que a mão traspassada de Jesus abriu o reino dos céus a todos os crentes, e nós cremos, e vimos o caminho de entrada para o santo dos santos por Seu sangue. Ouvimos que Deus preparou, para aqueles que O amam, alegrias indescritíveis, e nós cremos na mensagem, confiando em Seu Filho. Nossa confiança está na palavra que ouvimos, porque está escrito: *Ouvi, e a vossa alma viverá*; e nós descobrimos que, pelo ouvir, nossa confiança é fortalecida, e nosso coração se enche de segurança interior e alegre expectativa; portanto, nós amamos a Palavra cada vez mais. Não apreciaríamos ao máximo a Palavra sagrada que nos trouxe tanta esperança? Sim, apreciaremos. Até trocarmos o ouvir pelo ver, e a mensagem de Jesus pelo próprio Jesus, sempre teremos ouvidos dispostos ao testemunho de Jesus.

Esta esperança é maravilhosa, mais uma vez, porque *a substância dela é mais extraordinária.* Irmãos, qual é a esperança a nós reservada no céu? Seriam necessários muitos sermões para apresentar todas as fases do prazer pertencente a essa esperança. É a esperança de vitória porque venceremos cada adversário, e Satanás será calcado sob nossos pés. Uma palma da vitória está preparada para nossas mãos e uma coroa para nossa cabeça. Nossa luta pela vida não terminará em derrota, mas em completo e eterno triunfo, pois venceremos pelo sangue do Cordeiro. Não esperamos apenas a vitória, mas possuiremos a *perfeição* pessoalmente. Um dia vamos abandonar o lamaçal do pecado e seremos vistos na beleza da nossa vida recém-nascida.

Verdadeiramente, não parece ainda o que será, mas, quando pensamos no incomparável caráter de nosso Senhor Jesus, ficamos radiantes pela certeza de que *seremos como Ele*. Que honra e felicidade para os irmãos mais novos serem como o Primogênito! A que honra mais alta poderia Deus nos exaltar? Não sei de nada que possa superar isso. Oh, alegria inigualável por ser tão santo, inocente e imaculado como nosso próprio amado Senhor! Quão delicioso é não ter propensão para pecar, não permanecendo em nós nenhum vestígio de alguma vez termos estado lá! Quão feliz é perceber que nossos desejos e aspirações sagrados não têm fraqueza ou defeito. Nossa natureza será perfeita e totalmente desenvolvida, em toda a sua excelência, sem pecado. Amaremos a Deus, como fazemos agora, mas, oh, com mais intensidade! Nós nos regozijaremos em Deus, como fazemos agora, mas, oh, que profundidade haverá nessa alegria! Teremos prazer em servi-Lo, como fazemos agora, mas não haverá frieza de coração, nem lentidão de espírito, nem tentação de nos afastarmos. Nosso culto será tão perfeito quanto o dos anjos. Então devemos dizer a nós mesmos sem medo de alguma falha interior: Ó minha alma, bendize o Senhor, e todo o meu ser bendiga seu santo nome. Não haverá afeto desleal; nenhum julgamento errôneo, nenhuma paixão perdida, nenhuma luxúria rebelde. Nada restará que possa contaminar, enfraquecer ou distrair. Seremos perfeitos, totalmente perfeitos. Esta é a nossa esperança — a vitória sobre o mal e a perfeição em tudo que é bom. Se isso tudo fosse nossa esperança, seria maravilhoso, porém há mais a ser desenvolvido.

Também esperamos desfrutar *segurança* de todos os perigos. Como não haverá mal em nós, de igual modo não haverá ninguém ao nosso redor ou sobre nós para nos alarmar. Nenhum mal temporal, como dor, luto, tristeza, trabalho ou censura, se aproximará de nós. Todos teremos segurança, paz, descanso e prazer. Nenhum mal mental nos invadirá no céu: sem dúvidas, sem dificuldades surpreendentes, sem medos, sem perplexidades causando-nos angústia. Aqui vemos através de um espelho embaçado e conhecemos em parte, mas ali veremos frente a frente e conheceremos como somos conhecidos. Oh, ser livre de problemas mentais! Que alívio será para muitos Tomés duvidosos! Esta é uma esperança maravilhosa. E então nenhum inimigo espiritual nos atacará, nenhum mundo, nenhuma carne, nenhum demônio, estragará nosso descanso lá em cima.

O que vocês, os experimentados, farão com isso? Seus sábados[1] são muito tranquilos agora na terra, mas, quando terminarem, vocês deverão retornar ao seu mundo frio novamente; mas lá o seu sábado nunca terá fim, e a sua separação do perverso será completa. Será uma sensação estranha não encontrar manhã de domingo, nenhum cuidado a renovar, nenhum trabalho a fazer, nenhum arreio a ser afivelado novamente; acima de tudo, nenhum pecado a ser temido, nenhuma tentação da qual escapar. O céu é tão sereno que as tempestades da terra são lá desconhecidas, as agitações da carne nunca são sentidas, e os uivos do cão do inferno nunca são ouvidos. Tudo lá é paz e pureza, perfeição e segurança para sempre.

Com esta segurança, virá o *descanso* perfeito: *Sim, diz o Espírito, para que descansem de seus trabalhos*. O descanso celestial é bastante consistente com o *culto contínuo*, pois, como os anjos, descansaremos nas asas do Senhor e encontraremos descanso para servir a Deus dia e noite, mas ali "não labutarás até que o suor encha teu rosto, nem o sol te ferirá, nem o calor". Nenhum membro cansado ou cérebro febril acompanhará o serviço abençoado da terra da glória. É um paraíso de prazer e um palácio de glória; é um jardim de delícias supremas e uma mansão de amor permanente; é um eterno descanso sabático, que nunca pode ser quebrado, que permanece para o povo de Deus; é um reino no qual todos são reis, uma herança na qual todos são herdeiros. Minha alma anseia por isso. Esta não é uma esperança encantadora? Eu não descrevi bem quando declarei que ela é maravilhosa?

E isso não é tudo, irmãos, pois esperamos desfrutar no céu de uma *felicidade* incomparável. Olhos não viram, nem ouvidos ouviram, nem penetrou o coração humano; ela ultrapassa toda a alegria carnal. Pouco sabemos dela, pois o Senhor a revelou a nós pelo Espírito que examina todas as coisas, até mesmo as mais profundas;

---

[1]Dias de descanso.

mas o que sabemos é apenas um mero gosto do banquete do casamento: o suficiente para nos fazer desejar mais, só que de maneira alguma o suficiente para nos dar uma ideia completa de todo o banquete. Se é tão bom pregar sobre Cristo, o que deve ser vê-Lo e estar com Ele? Se é tão agradável ser arrebatado pela música de Seu nome, o que deve ser estar em Seu seio? Ora, se os cachos de uvas de Escol de vez em quando trazidos até nós são tão doces, como será estar na vinha onde crescem todos os cachos de uvas? Se aquele balde de água do poço de Belém tinha um sabor tão doce que quase não ousaríamos bebê-lo, mas o derramaríamos diante do Senhor como um agradecimento, que alegria seria beber direto do poço para sempre? Oh, estar eternamente à direita de Deus, onde há prazeres para sempre!

Esta é a nossa esperança, e ainda há mais, porque temos a esperança da eterna *comunhão* com Cristo. Eu daria dez mil mundos, se os tivesse, em troca de um relance daquela querida face que foi desfigurado pela dor por minha causa. Sentar-me aos pés do meu Senhor e olhar para o rosto dEle e ouvir Sua voz e nunca, nunca entristecê-Lo, mas participar de todos os Seus triunfos e glórias para sempre e sempre — como será este céu? Ali teremos comunhão com todos os Seus santos, em quem Ele é glorificado e por quem Sua imagem é refletida; e assim veremos novas demonstrações de Seu poder e irradiações de Seu amor. Não é essa felicidade inigualável? Eu não disse bem quando declarei que a nossa esperança é maravilhosa? Se eu tivesse eloquência e pudesse acumular boas palavras, e um poeta pudesse me ajudar com sua canção mais doce, para falar da bem-aventurança e alegria do mundo eterno, ainda assim o pregador e o poeta deveriam confessar sua incapacidade de descrever a glória a ser em nós revelada. O intelecto mais nobre e o discurso mais doce não poderiam transmitir a você nem a milésima parte da bem-aventurança do céu.

Aí eu deixo a primeira divisão. É uma esperança maravilhosa.

II. Em segundo lugar, observemos que é UMA ESPERANÇA MUITO SEGURA. Isso de acordo com o texto, segundo o qual ela está *reservada* ou garantida. As recentes calamidades que ocorreram

ESPERANÇA, O PERFUME DO CORAÇÃO

em conexão com o *City Bank de Glasgow* deixaram os homens de negócios muito cuidadosos sobre onde depositar seus tesouros, mas ninguém pode ter medo da segurança daquilo que o próprio Deus assume sob Sua responsabilidade. Se a sua esperança está depositada nEle, é pecaminoso duvidar de sua segurança. Ela está *reservada*, diz o texto, e isto significa que está escondida num lugar seguro como um tesouro bem guardado. Achamos difícil guardar nossos valores em segurança neste mundo porque os ladrões arrombam e furtam; o cofre de ferro, a caixa-forte e todos os tipos de invenções são empregados para evitar a posse criminosa; mas, quando Deus se torna o guardião do nosso tesouro, Ele o guarda onde ninguém pode tocar, nem homem ou demônio pode roubar. Nossa esperança é depositada assim como as coroas e grinaldas eram guardadas nos jogos gregos para quem as ganhasse: ninguém poderia arrancá-las de seus legítimos donos, mas as recompensas eram preservadas para os vencedores, e eram distribuídas quando a competição acabava. Você ainda não vê sua esperança, amado, mas ela está reservada: está oculta com Cristo em Deus e mantida tão segura quanto o trono do próprio Deus.

Observe a próxima palavra: ela está reservada *para vós*. É muito bom ter a sua esperança reservada, mas é ainda melhor tê-la reservada *para você*. Isto é, esperança reservada para aqueles cuja fé está em Cristo Jesus e que têm amor por todos os santos. Há uma coroa no céu que jamais será usada por qualquer outra cabeça que não seja a sua; existe uma harpa na glória que nunca será tocada por qualquer outro dedo que não seja o seu. Não se engane: a esperança está reservada no céu *para você*, e é mantida pelo poder de Deus, pela fé na salvação. Para você. *Não temas, ó pequeno rebanho, porque é do agrado do vosso Pai dar-vos o reino.* Deixe o estresse lá e deleite-se no mel da esperança reservada *para você*.

Onde a esperança está reservada? A palavra seguinte nos diz: *vos está reservada no céu, onde*, diz o Salvador como se estivesse expondo o texto, *nem traça nem ferrugem os consomem.* Isto significa que nenhum processo de declínio fará com que o seu tesouro se torne obsoleto ou desgastado; nenhuma traça comerá os trajes dos cortesãos celestiais; e nenhuma ferrugem manchará o brilho de suas coroas. Nosso Senhor acrescenta: *e os ladrões não invadem nem roubam.* Não podemos imaginar um ladrão arrombando os muros do céu. Não podemos imaginar o próprio Satanás minando os baluartes da nova Jerusalém ou saltando sobre os bastiões que guardam a cidade do grande Rei. Se sua esperança está depositada no céu, deve ser perfeitamente segura. Se sua esperança estiver em um banco, poderá se quebrar; se estiver em um império, pode derreter; se estiver em uma propriedade, as escrituras podem ser questionadas; se estiver em alguma criatura humana, a morte pode tirá-la de você; se estiver em você, é enganosa por completo. Mas, se sua esperança estiver no céu, está absolutamente segura. Alegre-se e bendiga ao Senhor.

Para mostrar quão segura é a nossa esperança, o apóstolo diz que temos um inquestionável certificado de garantia para ela: *da qual já ouvistes pela palavra da verdade, o evangelho.* Observe estas três palavras enfáticas — *palavra, verdade, evangelho.*

Primeiro, *a palavra.* Que palavra é essa? Palavra de homem? As palavras dos homens são muito vazias. Mas esta é a Palavra de Deus, a mesma palavra que fez o céu e a terra, uma palavra de poder que não pode falhar nem mentir. Esta bendita esperança é ouvida primeiro através da Palavra de Deus, e essa palavra é a melhor evidência. Você sabe como é quando uma pessoa diz: "Acredite em mim". Aqui você tem o "Acredite em mim" de Deus. Aceitamos espontaneamente a palavra de um homem bom, e não vamos aceitar a Palavra de Deus muito mais prontamente? Você tem a Palavra de Deus para a esperança certa de que os crentes em Cristo Jesus serão abençoados para sempre. Não é suficiente esta segurança?

Nosso texto continua: *a palavra da verdade.* Assim, então, não se trata de uma palavra de suposição, conjectura ou provável inferência, mas de verdade infalível. Meus irmãos da escola moderna, meus sábios irmãos, tenham uma palavra de excogitação, resultado e desenvolvimento; mas a palavra do apóstolo foi a palavra *da verdade* — algo positivo, dogmático, certo. Por mais feia que a palavra possa parecer, o Senhor conceda que nunca tenhamos vergonha da coisa chamada dogmatismo hoje em dia, que não é outra senão a fé na verdade de Deus. Cremos na Palavra de Deus não apenas por ser verdade, mas por ser *a palavra da verdade. Seja Deus verdadeiro, e todo homem, mentiroso.* Pode haver outras coisas verdadeiras no mundo, mas a Palavra de Deus é a essência da verdade, *a* verdade além de todas as coisas que possam ser verdadeiras, porque Ele disse: *Céu e terra passarão, mas nunca as minhas palavras.* E o apóstolo disse em outro lugar: *Porque toda pessoa é como a relva, e toda sua glória, como a flor da relva. Seca-se a relva, e cai a sua flor, mas a palavra do Senhor permanece para sempre. E essa é a palavra que vos foi evangelizada.*

Note a próxima palavra: a palavra da verdade, *o evangelho*, ou as boas-novas. Isto quer dizer que a soma e a substância das boas-novas são encontradas nesta esperança gloriosa. Se você extrair a essência do evangelho e obtiver *a* verdade que é o germe central das boas-novas, alcançará a esperança abençoada mais segura e firme que entra além do véu.

Agora, então, antes que sua esperança criada por Deus possa falhar, a Palavra de Deus terá de ser quebrada, mas a Palavra de Deus não pode ser quebrada; a verdade terá de falhar, mas a verdade permanece para sempre e é pela força de sua própria eterna natureza; e o evangelho terá de ser refutado, mas isso não pode acontecer, uma vez que a glória de Deus nele se sustenta. Você já ouviu isso, então, na *palavra da verdade, o evangelho.* De que outra segurança você precisa? Agarre-se a ela e alegre-se nela, e você nunca se envergonhará de sua esperança.

III. Encerro dizendo que é UMA ESPERANÇA MAIS PODEROSAMENTE INFLUENTE. Irmãos, eu já lhes disse que esta esperança é *o pai e a enfermeira do amor*, porque o texto afirma: o *amor que tendes por todos os santos, por causa da esperança que vos está reservada no céu.* Essa não é uma fonte insignificante de ação que leva os corações crentes ao amor, pois o amor é sempre uma graça que trabalha. Oh, que haja mais amor neste mundo enlouquecido. Qualquer coisa que neste mundo promova o amor cristão deve ser admirada e, como a esperança de estarmos juntos para sempre diante do trono de Deus nos eleva acima das pequenas divergências da sociedade e nos torna afetuosos um com o outro, isto é algo a cultivar com cuidado.

O amor é uma parte da poderosa operação da esperança sobre nós mesmos, mas *a esperança afeta os outros também*. Onde a esperança dos santos é evidente, ela leva ministros e pessoas amáveis a dar graças a Deus. Paulo diz: *Damos graças a Deus, Pai de nosso Senhor Jesus Cristo, orando sempre por vós, desde que ouvimos falar... da esperança*. Não conheço alegria maior que um pastor pode ter do que a ideia de seu povo entrar na felicidade do céu e de encontrá-los todos lá. Mal temos tempo de conhecer um ao outro aqui; amamo-nos mutuamente no Senhor e temos nos esforçado juntos na obra de Deus, e alguns de nós somos velhos soldados agora, após muitos anos de guerra; quão agradável será estarmos juntos no mundo eterno! Alguns foram para casa, pessoas a quem amamos ternamente, e os teríamos retido conosco se pudéssemos; e há outros entre nós que, pela ordem da natureza, logo serão trasladados. Felizes somos nós que não podemos ficar separados por muito tempo. A idade de alguns de nós profetiza sua rápida partida e prenuncia que eles logo passarão para a maioria; mas é algo muito abençoado saber que todos nós que estamos em Cristo nos encontraremos lá em cima. Teremos amplo espaço e nos aproximaremos o bastante da comunhão quando alcançarmos a eternidade, e qual será nossa alegria então! Talvez alguns de vocês me digam quando conversarmos em linguagem celestial: "Você se recorda de nos ter falado a respeito da bendita esperança naquela linda manhã de domingo, mas você não sabia muito a respeito... Dissemos então: 'A metade não nos foi dita'; mas agora percebemos que você não nos disse nem a centésima parte. Ainda assim, ficamos felizes em compartilhar a alegria do pouco que sabíamos e a esperança abençoada de saber muito mais". Oh, sim, queridos amigos, porque a esperança do céu nos ajuda a fazer com que outras pessoas agradeçam a Deus por nossa conta; é uma graça doce e poderosamente influente e, quanto mais dela tivermos, melhor.

Além disso, ouvir sobre *a esperança deles levou o apóstolo a orar* e, se você me seguir lendo as palavras que vêm no texto, verá o que ele desejava para seus amigos em Colossos. No versículo 9, você verá pelo que ele orou: *Portanto, desde o dia em que soubemos disso, nós também não cessamos de orar por vós e de pedir que sejais cheios do pleno conhecimento da sua vontade, em toda sabedoria e entendimento espiritual.* Tendo crido em Jesus e amando Seu povo, você vai para o céu; e assim Paulo diz: "Eu desejo que vocês sejam cheios do conhecimento de Sua vontade", e ele pode bem desejá-lo, visto que fazer esta vontade é a alegria e o objetivo do céu. A nossa oração não é: *Seja feita a tua vontade, assim na terra como no céu?* Irmãos, aprendamos qual é a vontade do Senhor e, assim, seremos instruídos para o céu. Aqui devemos passar por nosso aprendizado, para que possamos assumir nossa liberdade como cidadãos da nova Jerusalém. Aqui estamos na escola, preparando-nos para obter nosso diploma entre os santos instruídos de Deus. Devemos entrar no céu ignorando qual é a vontade do Senhor? Certamente devemos saber algo sobre os caminhos do lugar, sobre as regras do tribunal. Esta parte de nossa vida aqui embaixo é um prelúdio para nossa vida lá em cima, uma preparação para a perfeição. Aqui embaixo estamos sob a afinação dos instrumentos. No céu não deve haver notas dissonantes. Não, vamos fazer tudo isso aqui. Vamos afinar nossas harpas aqui embaixo, para que, quando chegarmos à orquestra dos céus, possamos tomar o lugar certo e tocar diretamente a nota certa. Uma boa esperança deve deixar você ansioso para conhecer a vontade do Senhor. Isso deve purificá-lo tanto quanto Cristo é puro, e deixá-lo ansioso para começar o serviço perfeito do céu enquanto ainda está aqui embaixo.

Então o apóstolo ora para que *possais viver de maneira digna do Senhor, agradando-lhe em tudo.* Não é adequado que você que deverá subir ao céu de Enoque ande como ele o fez e tenha este testemunho para que agrade a Deus? Você habitará à direita de Deus, onde há delícias perpétuas; não gostaria de fazer tudo o que pudesse para agradar o seu Senhor antes de vê-Lo? Você é filho de um Rei e ainda não colocou sua vestimenta brilhante, sua coroa ainda não está em sua cabeça, mas certamente você deseja se comportar como alguém que é predestinado para tanta honra e glória. Se um filho está num país distante, ao voltar para casa, começa a pensar: "O que devo levar

A ESPERANÇA RESERVADA NO CÉU

para casa? O que posso fazer para agradar meu amado pai, a quem logo verei?" Comece, amado, a ver o que você pode fazer para agradar a Deus, porque logo você entrará em Seu prazer e habitará com aqueles que usam vestes brancas, pois são dignos.

Em seguida, o apóstolo diz: *frutificando em toda boa obra.* Ora, se há uma recompensa tão rica da graça, vamos produzir todo fruto gracioso que pudermos, e, se o tempo de trabalho termina tão cedo, estejamos prontos em todas as obras sagradas enquanto temos tempo. Quem quer ir para o céu de mãos vazias? Quem deseja passar o tempo de sua permanência aqui na ociosidade? Oh, não! Procuremos ser frutíferos para a glória de Deus, de modo que possamos ter uma entrada abundante no reino.

O apóstolo acrescenta: *e crescendo no conhecimento de Deus.* Se vou habitar com Deus, permita-me conhecer um pouco mais a respeito dEle; permita-me examinar Sua Palavra e ver como Ele se revelou; permita-me me esforçar a ter comunhão com Ele e Seu Filho Jesus para que eu possa conhecê-Lo. Como posso entrar no céu como um completo estranho a Ele, o Rei do céu? O conhecimento de Deus não é tão necessário quanto desejável? Os que têm uma boa esperança do céu, do menor até o maior deles, não descansarão sem conhecer o Senhor. Se alguém lhe desse de presente uma grande propriedade, não importando em que país ela estivesse situada, você teria interesse na terra e nos arredores e, antes do anoitecer, seria encontrado perguntando sobre o local. Não importa quão rústico seja o bairro ou quão remota seja a localidade, você pensaria nisso se soubesse que a propriedade é sua. Como de costume, um dos documentos mais áridos do mundo é o testamento de um homem rico. Se você já ouviu uma leitura de testamento, saberá como ela é processada de maneira rígida pelos advogados. Mas, se você tiver oportunidade de testemunhar a leitura do testamento para uma família, observe como os olhos de "meu filho John" brilham quando se trata da cláusula que se refere a ele e como até o semblante envelhecido de "minha fiel serva Jane" se ilumina quando seu pequeno legado é mencionado. Todo mundo está em alerta quando seus próprios interesses são afetados. Assim, aquele que tem esperança no céu e interesse no grande testamento de Cristo, esse imediatamente se interessará pelas coisas divinas e desejará aumentar o conhecimento de Deus.

Mais uma vez, o apóstolo diz: *fortalecidos com todo o vigor, segundo o poder da sua glória, para que, com alegria, tenhais toda perseverança e paciência.* A esperança do céu é um poderoso fortalecedor para suportar os males da vida e as perseguições do adversário. "Logo terminará", diz um homem que procura o céu e, portanto, não está sobrecarregado de pesar. "É um alojamento ruim", disse o viajante, "mas estarei fora de manhã". Podemos ser fortalecidos com todo o poder pela esperança do céu: não é mais do que razão que o peso excessivo da glória lance à sombra essa leve aflição, que é apenas momentânea?

Talvez venha à sua mente a pergunta: "Mas você não inseriu esta parte do capítulo em seu discurso sem nenhuma garantia?" Não. A minha justificativa está no versículo seguinte: *Dando graças ao Pai, que vos capacitou a participar da herança dos santos na luz.* Eu segui a trilha evidente do pensamento do apóstolo. O Senhor nos dá uma esperança de glória, e então nos dá uma satisfação por isso, e essa satisfação é amplamente realizada em nós pelo Espírito Santo através da instrumentalidade de nossa esperança. Cultivem, então, sua esperança, queridos irmãos. Façam com que ela brilhe tão claramente em vocês que seu pastor possa ver sua esperança e alegria; façam com que os observadores observem, porque vocês falam do céu e agem como se realmente esperassem ir para lá. Façam o mundo saber que vocês têm uma esperança do céu; façam os mundanos sentir que vocês são crentes na glória eterna e que esperam estar onde Jesus está. Surpreendam-nos sempre ao verem o que chamam de simplicidade em vocês, mas que na verdade é a sua sinceridade ao tratar como realidade a esperança que lhes está reservada no céu. Que o Senhor lhes conceda isso, em nome de Jesus Cristo. Amém.

Os três quais

Sermão ministrado pelo reverendo C. H. Spurgeon
no Tabernáculo Metropolitano de *Newington*,
numa noite em que o Tabernáculo foi aberto a todos
os que chegavam, os ouvintes comuns desocupavam
seus lugares para a ocasião.

*Iluminados os olhos do vosso coração, para que
saibais qual é a esperança do chamado que ele
vos fez, quais são as riquezas da glória da sua
herança nos santos e qual é a suprema grandeza
do seu poder para conosco, os que cremos, segundo
a atuação da força do seu poder, que atuou em
Cristo, ressuscitando-o dentre os mortos e fazendo-o
sentar-se à sua direita nos céus* (Ef 1.18-20).

VEJA QUE O TEXTO COMEÇA com uma experiência pessoal
na mente e no julgamento — *iluminados os olhos do vosso coração*.
Tudo depende do olho aberto: a cena pode ser clara, e a luz pode ser
brilhante, mas, se a visão tiver sido perdida, tudo é em vão. Zedequias
teve os olhos furados pelo rei da Babilônia e depois foi levado para a
cidade imperial, mas, mesmo que pudesse desfrutar de todo o esplendor daquele local, teria sido melhor se estivesse num deserto. Havia
vastos salões e palácios, jardins suspensos e uma muralha da cidade
que era a maravilha do mundo, de modo que a Babilônia é chamada
pelo profeta de *a joia dos reinos, o esplendor e o orgulho dos babilô-
nios*. O monarca cego nada viu, porém, de toda a grandeza da cidade
de ouro, e para ele era como se toda essa riqueza não tivesse existido.

Assim acontece conosco: por natureza, não temos apreensão das coisas espirituais, nem poder para discernir o bem eterno, pois nosso coração tolo é obscurecido. Portanto, o Senhor deve primeiro iluminar os olhos do nosso entendimento, ou então, por mais preciosa e clara que seja a verdade, nunca seremos capazes de aprendê-la.

Esta tradução do texto diz assim: *iluminados os olhos do vosso coração,* e me parece que esta versão é a correta, porque as coisas divinas são geralmente mais bem compreendidas pelo coração do que pela razão. Existem milhares de coisas reveladas por Deus que nunca entenderemos, e ainda assim podemos conhecê-las por uma experiência amorosa e confiável. Nosso Salvador diz: *Bem-aventurados os limpos de coração, pois verão a Deus.* A purificação do coração é a iluminação dos olhos espirituais. Por mais estranho que possa parecer, o verdadeiro olho do homem renovado está mais estabelecido no coração do que na cabeça; afeições santas nos possibilitam ver e, tanto quanto possível, compreender as coisas divinas. Oro para que em cada um de nós os olhos do nosso coração sejam iluminados e possamos conhecer as coisas espirituais como são mais bem conhecidas.

Ora, a oração do nosso texto foi feita por cristãos — por pessoas convertidas, por aqueles que tinham fé em Cristo Jesus e amavam todos os santos; todavia Paulo diz que ele nunca cessava de orar para que os olhos deles pudessem ser iluminados. Sim, irmãos, quem enxerga precisa ter os olhos iluminados para ver ainda mais, pois quão pouco alguns de nós vimos de Sua glória! Até mesmo aquele peregrino que foi conduzido pelos pastores ao topo da montanha para ver de lá, com óculos telescópicos, as glórias da terra de Emanuel, esse também apenas começou a perceber as coisas que Deus preparou para aqueles que O amam. Oro a Deus para que, se já vemos, possamos ver mais, até que nossos olhos sejam tão fortalecidos que o brilho da nova Jerusalém não seja forte demais para nós, porém, em meio ao esplendor de Deus que ofusca o sol, que nos encontremos em casa.

Mas, se os crentes precisam ter os olhos iluminados, quanto mais os não convertidos! Eles estão cegos e, consequentemente, sua necessidade de iluminação é muito maior. Eles nasceram cegos, e o deus deste mundo cuida para tornar a mente deles ainda mais escura. Ao redor deles, há uma meia-noite multiplicada por sete, a escuridão da morte espiritual. *Andamos apalpando como os que não têm visão; tropeçamos ao meio-dia como no crepúsculo.* Ó cego, que Jesus toque em você! Que o Espírito traga seu sagrado colírio para os olhos e o faça ver, que o Senhor, durante este sermão, possa lhe dar olhos para entender nossa pregação. Talvez até o relato dessas coisas possa fazê-lo ansiar por elas e, quando você tiver apenas esse desejo, Deus o ouvirá. Se esse desejo se transformar em oração, e a oração for acesa por uma centelha de fé, esse desejo será o começo de luz para a sua alma, e você verá a salvação de Deus.

Esta noite, então, há dois pontos que analisaremos aqui, primeiro *o que deve ser visto e conhecido de acordo com o texto* e, então, *por que é o nosso desejo que todos aqui vejam e conheçam essas coisas.*

I. Primeiro, O QUE DEVE SER VISTO E CONHECIDO DE ACORDO COM O TEXTO? Quando você me ouviu ler o texto, deve ter observado que ele contém três "quais" (ou "qual"): *sendo iluminados os olhos do vosso coração, para que saibais* qual *é a esperança do chamado que ele vos fez,* quais *são as riquezas da glória da sua herança nos santos e* qual *é a suprema grandeza do seu poder para conosco, os que cremos.* Desses três "quais" tentarei tratar esta noite, e que o Espírito Santo fale por meu intermédio a todos vocês.

Nosso primeiro ponto é: *Qual é a esperança do seu chamado?* Muitas pessoas nunca pensam a respeito de religião por não acreditarem que existe muita coisa nela. Se tivessem a mínima ideia do que seria ganho agora e da indescritível bênção que virá dela por toda a eternidade, certamente seu próprio desejo de se beneficiar as inclinaria diligentemente a considerá-la, mesmo que não fossem além disso. Valeria a pena pelo menos investigar assunto tão promissor, pois seria uma grande pena perder a felicidade presente e eterna se isso pudesse ser evitado. Mas não, elas supõem ser algo muito pequeno e insignificante, adequado apenas à mente de sacerdotes, mulheres e pessoas fracas, e assim a negligenciam, desprezam-na e procuram outras ocupações.

Esta noite, tentarei dizer qual é a esperança do chamado do cristão e, corajosamente, peço sua melhor consideração. Se o pregador não pode pedi-la por sua própria conta, certamente pode pedir com o argumento de que seu tema merece isso. Enquanto estamos tratando do valor desta esperança, e você está ouvindo atentamente, que o Senhor possa levá-lo a buscar Sua face. Não está escrito: *Inclinai os ouvidos e vinde a mim; ouvi, e a vossa alma viverá*? Muitos homens têm sido tentados a iniciar uma viagem ouvindo falar sobre a terra para a qual navegam. Elogie seus produtos, e você encontrará os compradores. Esse é o nosso desejo agora: gostaríamos de falar da esperança de nosso chamado para atrair aqueles que estão ansiosos por provar e ver que o Senhor é bom.

A ideia do texto me parece bem ilustrada pelo patriarca Abraão. Ele vivia na casa de seu pai em Ur dos caldeus quando um chamado lhe foi feito. Esse chamado veio de Deus. Abraão devia separar-se completamente e ir para uma terra que nunca havia visto. Qual foi a esperança desse chamado? Foi a esperança de que Deus lhe daria uma descendência, e daria a essa descendência uma terra na qual habitar. Então o Senhor lhe disse: *E farei de ti uma grande nação, te abençoarei e engrandecerei o teu nome; e tu serás uma bênção. Abençoarei os que te abençoarem e amaldiçoarei quem te amaldiçoar; e todas as famílias da terra serão abençoadas por meio de ti.* A grande nação que dele brotaria possuiria a terra na qual ele estava vagando como peregrino e estrangeiro, de acordo com a palavra do Senhor — *porque darei para sempre, a ti e à tua descendência, toda esta terra que vês.* Por causa dessa esperança, ele abandonou tudo e habitou em tendas, como um peregrino e viajante com Deus, vivendo inteiramente pela fé; mas grandiosa e sublimemente, tornou-se, assim, pai de todos os crentes em todas as épocas, maior que um príncipe entre os filhos dos homens.

Agora, chega a todo homem que é um verdadeiro cristão um chamado de Deus. Nós nos referimos a isso pelo nome de "chamado eficaz". O Espírito de Deus aplica pessoalmente a verdade das

Escrituras ao coração e faz com que o escolhido sinta que pertence a Ele. O crente percebe que é separado dos outros pela soberana graça de Deus, e que, portanto, precisa sair do mundo e não mais viver de acordo com o que vê e ouve, mas deve viver pela fé em Deus, como se visse o que é invisível. Isto torna o crente muito diferente do restante da humanidade. Os que andam pela vista não compreendem isto. Eles geralmente o deturpam e frequentemente o odeiam, mas ele se contenta em ser desconhecido, pois lembra que está escrito: *pois morrestes, e a vossa vida está escondida com Cristo em Deus.* Portanto, o mundo não nos conhece porque não O conhecia.

Mas qual é a perspectiva que leva o crente a esta vida? Qual é a esperança de seu chamado? Irmãos, permitam-me descrever a esperança daqueles que saíram para andar pela fé em Cristo Jesus. Já obtivemos abundância suficiente para nos recompensar pela obediência ao chamado, e, mesmo que nada houvesse na mão fechada da Esperança, sua mão aberta nos enriqueceu grandemente. Homem cristão, você já está de posse do perdão do seu pecado, da aceitação em Cristo, da adoção na divina família e da natureza, da posição e dos direitos de um filho de Deus. Você já possui o que o torna um dos mais felizes seres humanos e, com frequência, sente que, se não houver nada mais no futuro e se você morrer como um cachorro, sua fé em Deus ainda lhe dará tal consolo e tamanha força, tal paz e tanta alegria que você abençoaria a Deus por tê-la tido. Nossa esperança não nos prejudicou nem quanto ao caráter nem quanto à felicidade, e, mesmo que isso se mostre falso ao final, estamos pelo menos tão bem quanto os incrédulos. Ainda nossa principal promessa está na esperança. Carregamos uma bolsa de dinheiro para gastar, mas a maior parte da nossa riqueza está depositada no Banco da Esperança. Qual é então a esperança do cristão?

Bem, primeiro ele espera e crê que estará sob a proteção divina para todo o sempre e que será o objeto do amor divino, no descanso da alma e quando o tempo não mais existir. Ele espera que tudo concorra para o seu bem no futuro da mesma forma que vê como foi no passado e está persuadido de que ocorre agora. Ele espera uma viagem turbulenta, mas, porque Cristo está no controle do leme, espera chegar finalmente a refúgios seguros. Ele espera ser tentado, mas aguarda ser apoiado; espera ser caluniado, mas aguarda ser inocentado; espera ser provado, mas aguarda o triunfo. Sustentado por esta esperança, ele não teme o trabalho nem as dificuldades.

> "Ele não dialoga com medos covardes,
> em que o dever condescende,
> com confiança conduz,
> enfrenta mil perigos ao seu chamado,
> e, esperando em seu Deus, a eles todos supera."

Sua esperança é que, durante toda a vida, seja longa ou curta (e ele não se importa muito com o número de anos), embaixo dele estarão os braços eternos. Ele espera que o Senhor venha a ser seu pastor e que nada lhe falte. Ele espera que a bondade e a misericórdia o sigam todos os dias de sua vida. Por isso, ele não tem medo de morrer, pois espera então entrar na posse real de sua melhor herança. Ele procura as melhores coisas por último. Ele crê que, quando for o momento de sua partida, Jesus virá recebê-lo, e o pensamento desse encontro afasta toda ideia dos terrores sombrios da sepultura. Sua esperança salta sobre o túmulo e o leva a uma ressurreição gloriosa. A esperança do nosso chamado não se estende grandemente?

Nós também esperamos, e temos bom fundamento para isso, que, após a morte, no dia do julgamento, teremos, como acreditamos ter agora, uma justificação perfeita. Um terrível julgamento será realizado. Sobre um grande trono branco refletindo todas as coisas, e brilhante com Sua pureza, Jesus, o Juiz de todos, sentará e separará a humanidade em duas partes, como um pastor divide as ovelhas das cabras. Sabemos que nesse dia Ele discernirá aqueles que creram nEle, confiaram nEle e Lhe obedeceram, e procuraram ser como Ele, e esperamos ser desse número abençoado. Para nós não haverá sentença de condenação, pois está escrito: *agora já não há condenação alguma para os que estão em Cristo Jesus.* Nós esperamos uma sentença de absolvição e, portanto, enfrentamos o julgamento que outros temem. Vestidos com a justiça divina, aguardamos com expectativa o dia em que o ímpio desejaria nunca ter nascido. A esperança leva em consideração o mais temido de todos os eventos, e o transforma em sua música. O fim de todas as coisas não é o fim da esperança. Não é esta uma espera corajosa? A esperança de alguém que canta para sempre — vivendo no círculo do amor divino, morrendo sob a proteção do poder divino e permanecendo no julgamento justificado pela justiça divina: aceito no Amado e amado do Pai.

O que mais esperamos? Esperamos por absoluta perfeição. O Deus que mudou o nosso coração continuará a boa obra de santificação até ter tirado de nós todo pecado, todo desejo pelo pecado e toda possibilidade de pecado. Esperamos que Ele renove nossa mente e nos impeça de cometer tantos erros de julgamento. Esperamos que Ele renove nosso coração para que se torne totalmente dedicado às coisas divinas e celestiais. Esperamos que Ele renove todo o nosso espírito para que, quando o príncipe deste mundo chegar, não encontre nada em nós — nenhum pavio para suas faíscas, nenhuma corrupção para semear sua semente maligna. Esperamos ser perfeitos como Deus é perfeito; como Adão, quando saiu das mãos de seu Criador, assim seremos, e algo mais, pois teremos uma vida em Cristo que nosso progenitor não conheceu antes da queda no paraíso.

Esperamos também que este nosso corpo seja aperfeiçoado. Ele ficará na sepultura e se transformará em pó, a menos que nosso Senhor Jesus venha antes da hora da nossa morte. Nisso prestamos pouca atenção, não tendo o desejo intenso de evitar a sepultura onde jaz o nosso glorioso Redentor. Não temos nada a perder, mas muito a ganhar pela morte, pois nela adiamos nossa mortalidade para que, na ressurreição, possamos assumir a imortalidade.

> "A corrupção, a terra e os vermes
> purificarão esta carne,
> Até que, quando o Senhor, nosso Salvador vier,
> a coloquemos de novo."

Esperamos que este nosso corpo seja elevado — mudado, mas ainda o mesmo quanto à identidade. Para nós é a promessa das

Escrituras: *Eu os redimirei do poder do Sheol e os resgatarei da morte.* Quando o nosso corpo despertar, embora semeado em corrupção, será ressuscitado em incorrupção; embora semeado em fraqueza, será ressuscitado em poder; embora semeado como corpo adequado apenas para a alma, será ressuscitado um corpo para a nossa natureza mais elevada, para o nosso espírito. Ao carregarmos a imagem do terreno, também carregaremos a imagem do celestial. Nosso corpo será formado como o corpo do próprio Jesus Cristo. Estamos ansiosos por um momento em que teremos terminado com dores e sofrimentos, com cansaço e decadência, com a velhice e suas enfermidades, e com toda deficiência, até a morte. Esperamos a juventude perpétua ser a nossa herança, e a alegria vibrar através de todos os nervos e tendões de nossa estrutura, a qual agora, infelizmente, muitas vezes se torna o teatro da agonia. Sim, esta é a nossa esperança, a perfeição do espírito, da alma e do corpo; pois Cristo redimiu o todo, e Ele terá o todo para ser Sua herança, e na totalidade de nossa humanidade Sua gloriosa imagem será eternamente refletida.

O que mais pode ser a esperança do nosso chamado? Ora, sendo assim inocentados no julgamento e tornados absolutamente perfeitos, desfrutaremos para sempre — pois a duração da glória da nossa herança é eterna — e eternamente de infinita felicidade. Não sabemos que forma assumirão as alegrias da eternidade, mas sabemos que essa forma nos tornará as mais felizes das criaturas. Teremos o melhor do céu, sim, o melhor de Deus, e o que alguém entre nós pode imaginar, mesmo usando todo o seu conhecimento e dando asas à imaginação? *As coisas que olhos não viram, nem ouvidos ouviram, nem penetraram o coração humano, são as que Deus preparou para os que o amam. Deus, porém, revelou-as a nós pelo seu Espírito.* E até onde compreendemos essa revelação, somos ensinados por ela que entraremos em um estado de completo descanso e perfeita paz; um estado de santo deleite e atividade serena e feliz; um estado de perfeito louvor; um estado de satisfação; um estado, provavelmente, de progresso, mas ainda de plenitude em cada polegada da estrada; um estado em que seremos tão felizes quanto somos capazes de ser, no qual todo recipiente, pequeno ou grande, é preenchido até a borda.

Seremos supremamente abençoados, pois à mão direita de Deus há prazeres eternos. Esta é a esperança do nosso chamado.

Ainda não chegamos ao fim, pois resta algo mais. Você diz: "Pode haver mais?" Sim, esperamos estar sempre em uma condição de poder, honra e relacionamento com Deus. Esperamos estar tão perto de Deus que todo o universo verá claramente que somos cortesãos do palácio do grande Rei, sim, príncipes de sangue real dos céus. Estaremos muito perto de Deus, pois estaremos com Jesus onde Ele está e nos sentaremos em Seu trono. Serviremos ao nosso Deus e veremos Sua face enquanto O servirmos; Sua glória será refletida em nós e de nós, e seremos Seus queridos filhos e filhas em Cristo Jesus para sempre e sempre. Não existe um anjo no céu com quem o pior santo deseje trocar de lugar, pois, embora os anjos nos superem agora, certamente os superaremos no mundo vindouro. Estaremos mais perto do trono eterno do que qualquer um deles, na medida em que Cristo Jesus é nosso irmão, e não irmão dos anjos. Ele é Deus e homem em uma pessoa, e nunca houve Deus e anjo na mesma união. Estaremos próximos ao Criador — vamos falar com respiração suspensa, mas com o coração saltitante. Estaremos ao lado do Deus eterno, um com o Seu Filho unigênito, que é um com Ele mesmo. Essa é a esperança do nosso chamado.

Oh, senhores, não vale a pena ter isso? Não vale a pena lutar por isso? Quando você calcula o custo, que custo vale a pena calcular? Não pode alguém dar por isso tudo o que tem, sim, e também sua vida, a fim de manter esta pérola de alto preço? E se você perdesse isso? O quê? Perder isso? Se pudesse ser provado, como nunca será, que não há sofrimento do inferno nem ira eterna, ainda assim valeria a pena perder essa imortalidade de glória, honra e semelhança com Deus? Que nenhum de nós jamais experimente a dor dessa perda, pois é um inferno perder o céu, é uma miséria infinita perder a felicidade infinita. Estar a uma polegada de uma imortalidade de bem-aventurança e honra, e deixá-la escapar, não será isso um tormento sem fim para a alma? Para agarrar os prazeres do momento, por mais impregnados que estejam do mundo terreno, renunciaremos aos êxtases da eternidade? Para pegar as bolhas que se partem antes de podermos agarrá-las, devemos perder as glórias sem fim? Por uma simples questão de escapar desse pensamento, deixaremos passar bênçãos sem limites, considerando-nos indignos delas? Oro para que você saiba "qual é a esperança do seu chamado" e que, quando souber, possa gritar: "Eu a quero. Se ela pode ser tida, pela graça de Deus, eu a quero agora". Assim seja, pelo amor de Cristo.

E agora vou para o segundo "qual" do texto, e este é ainda mais maravilhoso. Tenho certeza de que não posso pregar o texto todo — é grande demais para mim; mas aqui está — *para que saibais qual é a esperança do chamado que ele vos fez, quais são as riquezas da glória da sua herança nos santos.*

Atente bem para o fato de que o povo de Deus é, pela graça, feito para ser Seu povo santo, Seu povo escolhido e, por isso, é visto como Sua herança. O mundo todo é de Deus. O gado em milhares de montes e todas as terras e todos os mares são dEle, e mundos além estrelados, que em profusão são semeados no espaço, são todos Seus, mas Ele concede chamar homens e mulheres santificados de Sua herança num sentido especial. Eles são Seu tesouro peculiar, as joias da Sua coroa, queridas e preciosas para Ele. *Porque a porção do Senhor é o seu povo; Jacó é a sua herança.* Quero que você pense nesta grande verdade, porque dela fluem resultados práticos. Se você e eu somos crentes em Jesus, somos a herança de Deus, e o Senhor tem o que o apóstolo chama de *riquezas da glória da sua herança nos santos.* Mas como Deus pode fazer riquezas a partir de pobres homens e mulheres? Eles são crentes em Jesus, mas o que existe neles que Deus considera ser riquezas — riquezas de glória?

Nós respondemos, primeiro, que Ele gastou uma riqueza de amor sobre eles porque os ama, pobres como são, doentes e desolados como geralmente estão. Ele os amou desde antes da fundação do mundo, e você sabe quanto uma coisa se torna preciosa quando é amada. Dessa lembrança você não se separaria nem por um montão de ouro. Ela pode ter pouco valor intrínseco, mas, se você há tanto tempo dedica seu coração a isso, quão caro se torna para você! Deus ama Seu povo há tanto tempo e com tanta intensidade, com um amor tão ilimitado, que há neles uma riqueza em Seu coração. Oh, se soubéssemos algo das *riquezas da glória da sua herança nos santos* medidas pelo Aferidor do amor!

Além disso, o Senhor gastou uma riqueza de sabedoria com Seus santos. Um material pode ser a princípio quase sem valor, mas, quando um homem sábio exerce seu pensamento e habilidade sobre ele, o valor pode aumentar mil vezes. Mas Deus pensou em Seus santos para sempre. A sabedoria eterna encontrou prazer nos filhos dos homens e ocupou-se em favorecê-los antes da fundação do mundo. *Ó Deus, como são preciosos para mim os teus pensamentos! Como é grande a soma deles!* A sabedoria de Deus se exibiu em Sua descida no plano da redenção. Mal ouço falar dEle deliberando para algum fim, exceto para a salvação de Seu povo, mas nesse assunto lemos continuamente sobre "o conselho de Sua vontade", para nos mostrar que, falando à maneira humana, o Senhor lutou consigo mesmo sobre como salvar Seu próprio povo. Seus pensamentos de sabedoria e prudência foram exercidos sobre Seus santos e por isso há uma riqueza de glória sobre eles.

E mais, quando as riquezas de Seu amor e de Sua sabedoria foram dadas, foi necessário que Ele entregasse uma vida de sofrimento por elas. Olhe para as gloriosas paisagens de rochas e colinas, vales e montanhas; desvie o olhar da encosta gramada para o cume nevado, brilhando ao sol e, enquanto admira todas as coisas, lembre-se de que Deus tem obras mais caras do que essas. Nada disso custou ao Senhor uma encarnação e uma morte. Olhe, se quiser, para os majestosos salões do céu, onde as lâmpadas da glória estão acesas com esplendor supremo, mas nem anjo, nem querubim, nem serafim custou ao Senhor um suor sangrento. Depois olhe para este povo; veja *sua herança nos santos*, pois é lá que o Filho de Deus, assumindo a natureza humana, suspirou e gemeu e suou grandes gotas de sangue sentindo as agonias da morte. Quando o Senhor olha para tudo o que fez, nada vê que Lhe tenha custado sofrimento e morte até chegar a Seu povo. Jesus sabe o que os santos Lhe custaram. Ele os estima pela medida usual entre os homens, que dizem: "O preço é o que for conseguido", e Jesus sabe o que Seu povo conseguiu ao redimi-los entregando-se por eles. Medido por esse padrão, Deus tem de fato riquezas de glória em Sua herança nos santos.

Esperança, o perfume do coração

E então há grande glória a Deus da obra que Ele coloca em Seu povo. Quando Deus fez o mundo, foi com uma voz. Ele falou, e foi feito. Quando Ele fez as coisas que são, apenas quis, e elas se manifestaram, mas, na formação de um cristão, é preciso o trabalho da Divindade: Pai, Filho e Espírito Santo devem todos trabalhar para criar uma nova criatura em Cristo Jesus. O Pai deve gerar, o Filho deve redimir, o Espírito deve regenerar; e, quando isso é feito, a onipotência da Divindade deve ser apresentada para manter o cristão vivo, aperfeiçoá-lo e apresentá-lo *imaculado e com grande júbilo diante da sua glória.*

Um artesão pode colocar em um pequeno pedaço de ferro, sem valor algum, tanto trabalho que será avaliado em dezenas de libras esterlinas, e o Deus trino pode colocar tanto trabalho em nossa natureza pobre que um homem será mais precioso do que o ouro de Ofir. Considerando toda essa valorização, o Senhor pode muito bem falar de *riquezas da glória da sua herança nos santos.*

Agora, quero levá-lo a um senso dessa glória por um minuto, enquanto falo com algum cuidado, e muito entusiasmo, sobre aquilo que o cristão se torna quando Deus aperfeiçoa Sua obra sobre ele.

Observe, então, que, quando finalmente o crente tiver sido aperfeiçoado pela obra do Espírito, como realmente será, o homem será uma criatura extraordinária. Olhe. Deus criou a matéria, e sobre a matéria imprimiu Sua vontade, e, desde a menor partícula ao mais portentoso planeta, a matéria nunca desobedece à lei que Deus impõe sobre ela. Este é um grande triunfo. Chame-o de "lei da gravitação", ou o que você quiser, o certo é que toda a natureza inanimada se submete à lei do Altíssimo e nunca se rebela. Enorme como esse grande universo é, Deus tem poder completo sobre ele, assim como você tem poder sobre a bola que você joga na sua mão. Isso é glorioso, mas ainda assim é uma pequena glória em comparação com a que Deus obtém de Seu povo quando eles chegam ao céu, pois eles não serão apenas mortos, matéria inerte governada por leis, mas estarão cheios de vida e liberdade moral e, no entanto, estarão tão completamente sujeitos à mente divina quanto os átomos da matéria. Esta será de fato uma conquista — ter produzido agentes livres que não estarão sob controle da força, mas perfeitamente em liberdade, e que serão para sempre absolutamente obedientes à vontade divina.

Ouça novamente. Os santos aperfeiçoados serão criaturas de uma forma muito peculiar, pois não serão puro espírito, dissociados da matéria. Entendo os espíritos que estão diante do trono em obediência, porque eles não têm materialismo para estorvá-los e puxá-los para baixo. Anjos são espíritos sem corpo material, e eles obedecem a Deus, ouvindo Seus mandamentos; mas um santo aperfeiçoado é uma criatura na qual o material está ligado ao espiritual. Agora somos assim, e suponho que, em certa medida, devemos permanecer assim, e ainda assim não haverá pecado em nós, nem violação do mandamento divino. O homem é uma mistura estranha. Ele é próximo da Divindade, e ainda assim é irmão do verme. Somos participantes da natureza divina e filhos de Deus; no entanto, quanto ao nosso corpo, estamos ligados a rochas, pedras e coisas mais grosseiras. O homem renovado pela graça toca o centro em Cristo Jesus, mas, sendo ainda homem, varre o limite da criatura e inclui dentro de si um resumo de toda a criação. Ele foi chamado de microcosmo, ou pequeno mundo, e de fato ele o é. Deus agora está aperfeiçoando essa criatura. Um ser no qual o pó e a Divindade têm parentesco. Tal ser, purificado da mácula, glorificará grandemente a Deus.

Pensem, novamente, queridos amigos. Certa vez, havia um espírito brilhante no céu, líder dos anjos, mas o lugar era alto demais para ele, e o filho da manhã caiu do céu e arrastou outros consigo. Deus está criando, por Sua graça, seres que permanecerão ao lado de Seu trono, mas reverentemente leais para sempre. Eles serão colegas em Seu reino, mas nunca serão orgulhosos ou ambiciosos. Nós, meus irmãos, embora em plena posse de nosso livre-arbítrio, nunca cairemos de nossa glória eterna, mas seremos fiéis para sempre. Teremos passado por tal experiência de pecado, sentiremos tão intensamente nossa dívida com a graça, amaremos com tanto fervor o querido Redentor, que lançaremos nossas coroas a Seus pés e atribuiremos nossa alegria somente a Ele, e assim nunca sonharemos em nos revoltar. Deus está assim fazendo seres a quem será seguro exaltar honras tão próximas das Suas: não será este um triunfo do poder e da bondade?

Você pode imaginar isto: ser uma das criaturas favorecidas, se você de fato é um crente?

Esses seres terão conhecido o mal. Pense nisso. Os anjos não caídos nunca conheceram o mal, mas no homem restaurado será cumprida a mentira do diabo feita na verdade de Deus: *sereis como Deus, conhecendo o bem e o mal.* Eles odiarão o mal, como a criança queimada teme o fogo, e amarão a justiça, porque pela justiça foram salvos e na justiça foram criados de novo. Quão maravilhosa será aquela criatura que conheceu o pecado e permanece um agente livre, e ainda assim nunca cederá à loucura, mas permanecerá para sempre em santidade, mantida por laços de amor. Oh, quando penso no destino de um filho de Deus, meus olhos brilham, mas minha língua se recusa a pronunciar o que penso. Que homem és, ó homem! Quem és para que Deus se lembre de ti? Ele te fez *um pouco menor que os anjos*, mas em Cristo Jesus Ele te coroou com glória e honra, e te deu domínio sobre todas as obras de tuas mãos; sim, em Cristo Ele te levantou e te fez sentar com Ele nos lugares celestiais, bem acima dos principados e poderes, e teu tempo para reinar e triunfar para sempre está próximo. Como Deus é glorioso em Seu povo! Deus em Cristo Jesus, visto na igreja, quem é semelhante a Ti?

Agora, o ponto é que, se essa é a riqueza da glória de Deus em Sua herança nos santos, você pode compreendê-la de outra maneira e dizer: Esta também é a riqueza da nossa herança, pois o que seremos se Deus nos tiver por herança?

Você vai perder isso? Se isso é um sonho, eu gostaria de morrer, em vez de ter a ilusão dissipada. Mas é um fato, assim como a Palavra de Deus é verdadeira. Você vai perder isso, então? Oh, se houvesse coroas para serem distribuídas, a maioria dos homens é ambiciosa o suficiente para procurar uma, embora isso pudesse ser uma maldição para eles. Se houver ouro, ou se houver fama, basta aos homens ouvir o tilintar do metal ou o toque da trombeta, e muitos se esforçarão para a conquista; mas aqui há honra, glória e imortalidade em Cristo, e isto é conseguido simplesmente crendo e confiando em Jesus Cristo. Você não o terá? Oh, mão encolhida que não está estendida para receber a herança! Oh, coração fingido que não ora por isso! Deus permita que você saiba quais são as *riquezas da sua herança nos santos*, para que possa fazer parte dessa herança e possa buscá-la agora.

Agora, o terceiro "qual": *qual é a suprema grandeza do seu poder para conosco, os que cremos, segundo a atuação da força do seu poder, que atuou em Cristo, ressuscitando-o dentre os mortos e fazendo-o sentar-se à sua direita nos céus*. Penso ter ouvido alguém dizer: "Ai de mim! Ai de mim! Ouço o que o homem pode ser, ouço o que Deus pode fazer dele, mas ai de mim; isso nunca me atingirá. Sou tão fraco, tão inconstante, tão irresoluto, tão frágil. Ai de mim! Estou perdido. Não tenho forças". Agora, o terceiro "qual" é este: *qual é a suprema grandeza do seu poder para conosco, os que cremos*.

Agora, aprenda uma coisa: na conversão, preservação e salvação de qualquer pessoa, Deus exibe o maior poder que Ele manifestou quando ressuscitou Jesus Cristo dentre os mortos e O colocou à Sua mão direita nos lugares celestiais. Ninguém no mundo é salvo por suas próprias forças. É pelo poder de Deus, pois *fomos feitos por Ele*. Este fato deveria aliviar muito a você que está desencorajado: para você, isso é impossível, mas não é impossível, nem mesmo é difícil, para Deus. Quem nos fez idênticos foi Deus, que é capaz de trabalhar em você, meu querido ouvinte, como trabalhou na vida do apóstolo Paulo. Deus pode fazer tudo. Agora, quando nosso Senhor Jesus desceu ao sepulcro, Ele estava morto, mas Deus O ressuscitou. Jesus esteve preso na tumba, e a pedra coloca à entrada foi lacrada e guardada; mas a pedra foi rolada, os guardas ficaram assustados, e o Senhor da vida ressuscitou dentre os mortos. Todo pecador é encerrado no túmulo do pecado por maus hábitos, mas Cristo pode rolar a pedra, e o pecador pode sair como um homem vivo. Nosso Senhor continuou na terra entre os homens durante vários dias; mas, apesar da inimizade humana, ninguém O feriu, pois Ele havia recebido uma vida e uma glória da qual eles não podiam se aproximar. Os santos também habitam aqui entre os homens e muitos procuram destruí-los, mas Deus lhes deu uma nova vida que jamais pode ser destruída, porque Ele a protegeu de todos os Seus adversários. Todos os poderes das trevas lutaram contra o Senhor Jesus

Cristo, no entanto, pelo poder de Deus, Ele venceu todos eles. Acho que agora O vejo subindo para o alto e levando consigo o cativeiro no poder de Deus. Então, meu irmão, você terá oposição dos poderes das trevas e do seu próprio coração maligno; mas você vencerá, pois Deus exercerá em você o mesmo poder que Ele manifestou em Seu querido Filho, e você também levará cativo o cativeiro. Vejo o Senhor Jesus entrando pelas portas de pérola, subindo ao Seu trono e sentando-se lá, de onde ninguém pode tirá-Lo. E você também, crente em Jesus, terá o mesmo poder para pisar todos os seus inimigos, seus pecados, suas tentações, até que se levante e se sente onde Jesus está sentado, à direita de Deus. O mesmo poder que ressuscitou Cristo está esperando para erguer o bêbado de sua embriaguez, tirar o ladrão de sua desonestidade, elevar o fariseu de sua justiça própria e livrar o saduceu de sua incredulidade. Deus tem poder entre os filhos dos homens, e esse poder Ele estende para torná-los um povo que mostrará Seu louvor. Ó, que vocês conheçam a suprema grandeza do Seu poder para conosco, os que cremos, porque então fugirão do desespero. Não lhes resta nada neste caso a não ser submeter-se ao poder divino. Deus trabalhará em vocês; estejam dispostos a serem trabalhados. Ó, Espírito do Senhor, opera em nós esta boa vontade. Prostre-se como argila maleável aos pés do oleiro, e Ele o colocará na roda e o moldará a Seu prazer. Esteja disposto, é tudo o que Ele lhe pede; seja confiante, é tudo o que o evangelho requer de você e, de fato, tanto o querer quanto o confiar, Ele lhe dará. *Se estiverdes prontos a ouvir, comereis o melhor desta terra.* Esteja disposto a deixar o pecado que o arruína; esteja disposto a aprender a verdade que o renovará; esteja disposto a sentar-se aos pés de Jesus; esteja disposto a aceitar uma salvação definitiva em Suas mãos; e todo o poder que deseja elevar você deste lugar para os portões estrelados do céu está esperando para ser derramado sobre você. Deus lhe permitiu saber isso e assim descansar em Jesus e ser salvo.

II. A última palavra deve estar no segundo título: POR QUE DESEJAMOS VER E SABER TUDO ISSO. Na verdade, venho aplicando o tempo todo este segundo título no desenvolvimento do

Os três quais

sermão e, portanto, não precisarei deter-me nele por muito tempo, exceto com uma recapitulação prática.

Queremos que você conheça a *esperança do seu chamado* e não a negligencie, nem ponha nada em competição com ela. Tentei com minhas pobres palavras dizer que esperança o chamado de Deus dá ao cristão. Eu insisto. Não a deixe passar. Provavelmente nunca mais encontrarei a maioria de vocês e, se alguém lhes perguntar depois: "Bem, o que disse o homem?", gostaria que vocês fossem compelidos a dizer: "Ele disse que existe um futuro diante de nós de uma glória tal que ele nos responsabilizou por não a perder. Há possibilidades de um deleite tão intenso para todo o sempre, que ele nos pediu para garantir esse deleite ao aceitar Cristo e Seu caminho de salvação".

A seguir queremos que você creia nas *riquezas da glória da sua herança nos santos* para que possa ver onde está sua esperança. Sua esperança reside em não ser mais seu, mas em ser do Senhor e, assim, realizar as riquezas da glória da herança de Deus nos santos. Os santos pertencem ao Senhor: sua salvação será encontrada em saber experimentalmente que você não é seu, por ter sido comprado por um preço; sim, está em admitir neste momento que sua honra e sua felicidade residem no fato de você ser do Senhor. Se você for seu, você se gastará e será arruinado, mas se você for de Cristo, Ele cuidará de você. Oh, se eu pensasse que o cabelo desta cabeça pertence apenas a mim, eu o arrancaria; mas pertencer a Jesus completamente, espírito, alma e corpo, ser homem de Cristo na totalidade do meu ser, isto é glória, imortalidade e vida eterna. Seja de você mesmo, e estará perdido; seja de Cristo, e estará salvo.

O pensamento final é este. Queremos que você conheça a *suprema grandeza do poder de Deus*, que não duvide, não desanime nem desespere, mas venha agora e se lance sobre o Deus encarnado e deixe que Ele o salve. Entregue-se a Ele, para que a grande glória de Seu poder se manifeste em você e no resto de Seu povo. Estou ansioso para que você avance até ter realmente escondido essas coisas em seu coração para continuar ponderando nelas por dias. Coloco o pão diante de você, não apenas olhe para ele, mas coma uma porção agora e leve o restante para casa a fim de comer em segredo.

Nossa pregação costuma ser muito parecida com a de um violinista. As pessoas vêm para ver como isso é feito e depois esquecem. Não me importo com o que você pensa de *mim*, mas me importo muito com o que você pensa de Cristo, de si mesmo e do seu estado futuro. Oro para que você esqueça a maneira como eu coloco as coisas, pois posso ser desastrado e defeituoso; mas, se houver algo nas coisas, considere-as com cuidado. Se você julga que a Bíblia é uma fraude e que não há céu a ser desfrutado, então vá, pratique esportes e ria como quiser, pois você só age de forma consistente com sua imaginação errônea; mas, se você acredita que a Palavra de Deus é verdadeira e que existe uma esperança gloriosa relacionada ao alto chamado do cristão, em nome da prudência e do bom senso, por que você não a procura? Não adormeça nem ceda ao torpor até encontrá-la. Peço ao povo de Deus aqui presente — e sei que existem muitos no auditório esta noite — que orem para que este apelo possa ter um efeito sobre muitos nesta grande multidão, para que eles busquem o Senhor imediatamente com todo propósito de coração. Ó Espírito de Deus, faz isto, em nome de Jesus Cristo. Amém.

Salvos na esperança

Sermão ministrado na manhã de domingo, 28 de agosto de 1881, pelo reverendo C. H. Spurgeon, no Tabernáculo Metropolitano de *Newington*.

Porque fomos salvos na esperança. Mas a esperança que se vê não é esperança; pois como alguém espera o que está vendo? Mas, se esperamos o que não vemos, com paciência o aguardamos (Rm 8.24,25).

De acordo com a nossa versão bíblica, somos *salvos pela esperança*, mas isso dificilmente está de acordo com outras partes da Sagrada Escritura. Em toda parte na Palavra de Deus temos a informação de que somos salvos pela fé. Veja o primeiro versículo do quinto capítulo de Romanos: *Portanto, justificados pela fé.* Fé é a graça salvadora, e não a esperança. E o original deveria ser traduzido como: *fomos salvos na esperança.*[1] Isso impediria a má compreensão se a passagem fosse assim traduzida; pois como o eminente crítico Bengel bem diz: "As palavras não descrevem os meios, mas a maneira da salvação; estamos tão salvos que ainda resta algo que podemos esperar, tanto de salvação quanto de glória". Os crentes recebem a salvação de sua alma como fim de sua fé, e é da fé que pode ser a graça. Eles são salvos pela fé e na esperança.

No presente momento, os crentes são salvos e, em certo sentido, completamente salvos; são completamente salvos da culpa do pecado.

---

[1] A maioria das versões em Língua Portuguesa traz esta tradução.

O Senhor Jesus tomou o pecado deles e o carregou em Seu próprio corpo no madeiro, e ofereceu uma expiação aceitável pela qual a iniquidade de todo o Seu povo é descartada de uma vez e para sempre. Pela fé, somos imediatamente salvos da corrupção do mal e temos livre acesso a Deus, nosso Pai. Pela fé, somos salvos do poder reinante do pecado em nossos membros. Como diz a Escritura: *o pecado não terá domínio sobre vós, pois não estais debaixo da lei, mas debaixo da graça.* A coroa é tirada da cabeça do pecado, e o braço de sua força é quebrado no coração de cada cristão pelo poder da fé. O pecado se esforça para obter o domínio, mas não pode vencer o dia, pois aquele que é nascido de Deus não comete pecado com deleite ou como hábito diário, mas se mantém separado para que o mal não o toque. Quanto à penalidade do pecado, ela foi suportada pelo nosso grande Substituto, e pela fé nós aceitamos o Seu sacrifício, e *quem nele crê não é condenado.* Nós nos regozijamos, pois, neste momento, na salvação já obtida e desfrutada pela fé em Cristo Jesus. No entanto, estamos conscientes de que há algo mais do que isso. Há salvação num sentido mais amplo que ainda não vemos; pois no presente momento nos encontramos neste tabernáculo, gemendo porque estamos sobrecarregados. Ao nosso redor, a criação está evidentemente em trabalho de parto; há sinais disso numa certa inquietação, agitação e angústia da criação. As coisas não estão como Deus originalmente as fez. Os espinhos estão nos sulcos da terra, uma praga caiu em suas flores, um bolor em seus grãos. Os céus choram e saturam nossas colheitas, as entranhas da terra se movem e abalam nossas cidades. Calamidades e desastres frequentes são presságios de um grande futuro que nascerá desse presente trabalho de parto. Em nenhum lugar da terra pode ser encontrado um paraíso perfeito. Nossas melhores coisas esperam algo melhor. Toda a criação geme e sofre dores conosco. Mesmo nós, que recebemos as primícias do Espírito, e por isso somos abençoados e salvos, ainda assim gememos, esperando por algo mais, uma glória ainda não vista. Ainda não alcançamos, mas seguimos em frente. Nossa primeira sede de alma como pecadores foi saciada; mas há dentro de nós anseios maiores e insaciáveis, pelos quais temos fome e sede de justiça. Antes de comermos o pão do céu, tínhamos fome de meras cascas; mas agora nossa natureza recém-nascida nos trouxe um novo apetite, que o mundo inteiro não pode satisfazer.

Qual é a causa dessa fome? Não temos nenhuma dificuldade em responder a essa pergunta. Nossas tristezas, anseios e desejos insatisfeitos estão reunidos principalmente em duas coisas. Primeiro, desejamos estar totalmente livres do pecado em todas as formas. O mal que existe no mundo é nosso fardo; ficamos aborrecidos com a conversa maléfica dos ímpios e entristecidos por suas tentações e perseguições. O fato de o mundo repousar no ímpio e de os homens rejeitarem a Cristo e perecerem na incredulidade é fonte de muita aflição para o nosso coração. Dizemos com Davi: *Ai de mim, que vivo em Meseque e habito entre as tendas de Quedar!* Poderíamos desejar um alojamento num deserto, longe das assombrações dos homens, para que pudéssemos, em paz, ter comunhão com Deus e não ouvir mais blasfêmias, murmurações, devassidão e crimes. Este não é o nosso descanso, pois está poluído, e até agora buscamos uma grande libertação, quando seremos tirados deste mundo para habitar em perfeita companhia. No entanto, mesmo a presença dos ímpios seria uma questão pequena se pudéssemos ser completamente libertados do pecado dentro de nós mesmos. Isso está entre as coisas ainda não vistas. Se um homem estivesse livre de toda tendência a pecar, não seria mais suscetível à tentação, nem precisaria estar vigilante contra ela. Aquilo que não pode ser queimado ou enegrecido não precisa temer o fogo. Sentimos que devemos evitar a tentação, porque estamos conscientes de que há material dentro de nós que em breve poderá pegar fogo. *O príncipe deste mundo está chegando*, disse nosso Senhor, *e ele nada tem em comum comigo*; mas, quando ele vem até nós, não encontra uma coisa qualquer, mas algo muito agradável ao seu propósito. Nosso coração muito facilmente ecoa à voz de Satanás. Quando ele semeia o joio, os sulcos da natureza antiga logo produzem uma colheita. O mal permanece mesmo no regenerado e infecta todos os poderes da mente. Oh, que possamos nos livrar da memória do pecado! Que tormento é para nós lembrarmos trechos de canções e palavras de mau gosto. Oh, se nos livrássemos da imaginação do pecado! Lamentamos o suficiente pelos pecados do pensamento e da fantasia? Um homem pode pecar, e pecar horrivelmente, em pensamento, e ainda assim pode não ter pecado em ato. Muitos homens cometeram fornicação, adultério, roubo e até assassinato em sua imaginação, encontrando prazer em seus pensamentos, e, no entanto, podem nunca ter caído em nenhum dos atos manifestos. Oh, que a nossa imaginação, e todas as nossas partes internas, sejam purgadas da matéria corrupta que há nelas e que fermenta em direção à sujeira! Existe em nós o que nos faz gritar dia após dia: *Desgraçado homem que sou! Quem me livrará do corpo desta morte?* Se alguém aqui disser: "Eu não sinto tais emoções", oro para que Deus logo possa fazê-lo sentir. Os que estão contentes consigo mesmos sabem bem pouco da verdadeira perfeição espiritual. Um filho perfeito cresce, e da mesma forma ocorre com um perfeito filho de Deus. Quanto mais próximos estivermos da perfeita pureza do coração, mais lamentaremos o menor ponto de pecado, e mais veremos que esse é o pecado que uma vez desculpamos. Quem mais se parece com Cristo é mais consciente da imperfeição, e mais fatigado é de que a menor iniquidade paire sobre ele. Quando alguém diz: "Atingi a meta", receio que ele não tenha começado a correr. Quanto a mim, sofro as dores do crescimento e me sinto muito menos satisfeito comigo mesmo do que costumava me sentir. Tenho a firme esperança de algo melhor, mas, se não fosse pela esperança, eu deveria me considerar verdadeiramente infeliz por estar tão consciente da necessidade e tão atormentado pelos desejos. Esta é a grande fonte de nosso lamento. Estamos salvos, mas não completamente libertos das tendências do pecado, nem alcançamos a plenitude de santidade, *e ainda há muitíssima terra para conquistar.*

Outra causa deste inverno do nosso descontentamento é o nosso corpo. Paulo o chama de *o corpo da nossa humilhação*, e de fato ele o é quando comparado ao que será quando formado à imagem de Cristo Jesus. Não é humilhante por si só visto como a criatura de Deus, pois é maravilhosamente feita; e há algo muito nobre no corpo de um homem, feito para andar ereto, olhar para cima e fitar o céu. Um corpo tão maravilhosamente preparado para ser a habitação da mente e obedecer às ordens da alma não deve ser desprezado. Um corpo que pode ser o templo do Espírito Santo não é uma estrutura mesquinha; portanto, não o desprezemos. Devemos ser eternamente gratos por termos sido feitos homens, se também fomos feitos homens novos em Cristo Jesus. O corpo ficou sob o poder da morte através da queda, e aí continua; e, permanecendo assim, seu destino é morrer mais cedo ou mais tarde, a menos que o Senhor apareça repentinamente. E, mesmo assim, o corpo precisa ser mudado, pois carne e sangue, como são, não podem herdar o reino de Deus. E assim, pobre corpo, você não está bem combinado com a alma recém-nascida, pois você não nasceu de novo. É uma habitação um tanto enfadonha e triste para um espírito nascido no céu! Com dores e sofrimentos, cansaço e enfermidade, sua necessidade de sono, comida e roupas, sua susce-tibilidade ao frio, calor, acidente, decadência, bem como ao trabalho excessivo e exaustivo, você é um servo lamentável da alma santifi-cada. Você arrasta e atrapalha um espírito que pode pairar mais no alto. Quantas vezes uma carência de saúde reprime a nobre chama da alta resolução e da santa aspiração! Quantas vezes a dor e a fraqueza congelam a corrente genial da alma! Quando seremos emancipados das algemas deste corpo natural e colocaremos o vestido de noiva do corpo espiritual? Com o pecado que habita em nosso peito e esta vestimenta de argila mortal, estamos contentes de que a nossa salva-ção esteja agora mais próxima do que quando cremos, e desejamos entrar em pleno gozo dela.

Aqui, o texto nos dá um bom ânimo. Das fontes de nosso presente gemido, há uma libertação completa, uma salvação tão ampla, que cobre toda a área de nossas carências, sim, de nossos desejos. Uma salvação nos espera, e sua varredura é a eternidade e a imensidão. Tudo o que a nossa capacidade mental pode desejar está ali contido, e sobre isso o texto diz: *Fomos salvos na esperança.* Aquela maior e mais ampla salvação, nós a conquistamos pela esperança. Glória a Deus por isso.

Este, então, é o assunto de nossa presente meditação: a esperança que abrange a maior salvação pela qual ansiamos.

I. Comecemos recapitulando o primeiro título, O OBJETIVO DESTA ESPERANÇA. Já examinamos os principais pontos. A esperança, em primeiro lugar, abrange *nossa absoluta perfeição.* Voltamos o rosto em direção à santidade e, pela graça de Deus, não descansaremos até alcançá-la. Todo pecado em nós está condenado não apenas a ser vencido, mas a ser morto. A graça de Deus não nos ajuda a esconder nossas fraquezas, mas a destruí-las. Lidamos com o pecado, como Josué fez com os cinco reis quando eles entraram na caverna em Maqueda. Enquanto estava ocupado na batalha, ele disse: *Arrastai grandes pedras para a boca da caverna.* Nossos pecados, por um tempo, são calados pela graça contida, como em uma caverna, e grandes pedras são roladas na boca da caverna; pois eles escapariam se pudessem e mais uma vez arrebatariam as rédeas. Mas, no poder do Espírito Santo, pretendemos lidar com eles de maneira mais eficaz, pouco a pouco. *Trazei-me aqueles cinco reis*, disse Josué, *depois disto Josué os feriu e os matou, e os pendurou em cinco madeiros.* Pela graça de Deus nunca estaremos satisfeitos até que nossas inclinações naturais pelo pecado sejam totalmente destruídas, execradas e abominadas. Esperamos um dia em que não restará em nós uma mancha do pecado passado ou uma inclinação para o futuro de pecado. Ainda teremos vontade e liberdade de escolha, mas escolheremos apenas o bem. Os santos no céu não são seres passivos, guiados pelo caminho da obediência por um poder ao qual não podem resistir, mas, como agentes inteligentes, elegem livremente ser santidade ao Senhor. Desfrutaremos para sempre da gloriosa liberdade dos filhos de Deus, que reside na constante escolha voluntária daquilo que deve ser escolhido, e em uma consequente felicidade ininterrupta. A ignorância também terá passado, pois todos seremos ensinados pelo Senhor e conheceremos tanto quanto somos conhecidos. Perfeitos no serviço e limpos de toda vontade própria e desejo carnal, estaremos perto de nosso Deus e nos agradaremos dEle. Como Watts diz:

> "O pecado, antes meu pior inimigo,
> não importunará meus olhos e ouvidos;
> Todos os meus inimigos internos serão mortos.
> Nem Satanás quebra minha paz novamente."

Que céu isso será! Penso que, se eu pudesse me libertar de toda sujeição ao pecado, não teria escolha sobre onde morar, seja na terra ou no céu, no fundo do mar com Jonas ou na masmorra com Jeremias. Pureza é paz, e santidade é felicidade. Quem é santo como Deus é santo, por conseguinte, será feliz como Deus é feliz. Este é o principal objetivo da nossa esperança.

O outro objetivo do nosso desejo é *a redenção do corpo*. Leiamos os versículos nos quais Paulo nos ensina essa verdade: *Se Cristo está em vós, embora o vosso corpo seja mortal por causa do pecado, o Espírito é vida por causa da justiça. E, se o Espírito daquele que ressuscitou Jesus dentre os mortos habita em vós, aquele que ressuscitou Cristo Jesus dentre os mortos há de dar vida também aos vossos corpos mortais, pelo seu Espírito, que em vós habita.* Ao morrer, deixamos nosso corpo para trás por um tempo. Não seremos, portanto, quanto a toda a nossa humanidade, perfeitos no céu até a ressurreição. Seremos moralmente perfeitos, mas, como um homem completo é feito de corpo e alma, não seremos fisicamente perfeitos enquanto uma parte de nossa pessoa permanecer no sepulcro. Quando a trombeta da ressurreição soar, este corpo se levantará, mas o fará redimido; e, como nossa alma regenerada é muito diferente de nossa alma sob a servidão do pecado, assim o corpo, quando for levantado, será muito diferente do corpo como é agora. As debilidades causadas pela doença e pela idade serão desconhecidas entre os glorificados, pois são como os anjos de Deus. Ninguém entrará na glória coxo ou mutilado, decrépito ou malformado. Você não terá olhos cegos lá, minha irmã; nenhum ouvido surdo lá, meu irmão; não deve haver tremores de paralisia ou órgãos gastos pelo uso. Ali possuiremos a juventude eterna; o corpo que é semeado em fraqueza será elevado em poder e imediatamente voará às ordens de seu Senhor. Paulo diz: *Semeia-se um corpo natural* (ou com alma) adequado para a alma; *e ressuscita um corpo espiritual*, adequado para o espírito, a mais alta natureza do homem. Suponho que habitaremos um corpo que os querubins usam quando voam sobre as asas do vento; ou o que pode ser adequado para um serafim, quando, como uma chama de fogo, ele brilha conforme a ordem de Jeová. Seja o que for, você será muito diferente do que é agora. Você é a lâmpada murcha que será lançada na terra, mas se levantará uma flor gloriosa, um cálice de ouro para segurar a luz do sol no rosto de Jeová. Você ainda não conhece a grandeza da sua glória, exceto que será formado como o corpo glorioso do Senhor Jesus. Este é o segundo objetivo de nossa esperança, um corpo glorificado para se associar a nosso espírito purificado.

Visto sob outra luz, o objetivo de nossa esperança é este: que *entremos em nossa herança*. Paulo diz: *Se somos filhos, também somos herdeiros, herdeiros de Deus e coerdeiros de Cristo.* Se temos pouco ou muito nesta vida, nossa propriedade não é nada quando comparada com a que temos em troca, garantida a nós no dia em que chegarmos à maioridade. A plenitude de Deus é a herança dos santos: tudo o que pode tornar um homem abençoado, nobre e completo está reservado para nós. Meça, se puder, a herança de Cristo, que é herdeiro de todas as coisas! Qual deve ser a porção do bem-amado Filho do Altíssimo? Seja o que for, é nosso, pois somos herdeiros junto com Cristo. Estaremos com Ele e contemplaremos Sua glória; vestiremos Sua imagem e nos sentaremos em Seu trono. Não posso lhe dizer mais, pois minhas palavras são atingidas pela pobreza. Eu gostaria que todos meditássemos no que as Escrituras revelam sobre esse assunto, até que soubéssemos tudo o que pode ser conhecido. Nossa esperança procura muitas coisas, sim, todas as coisas. Rios de prazer estão fluindo eternamente para nós à direita de Deus.

Paulo fala sobre *a glória que será revelada em nós* e nos diz em outro lugar que ela é *incomparável, de valor eterno.* Que palavra é esta: Glória! Glória que deve ser nossa. De nós mesmos, pobres pecadores. A graça é doce, mas o que deve ser a glória? E deve ser revelada em nós, a respeito de nós e através de nós por toda a eternidade.

Paulo fala também sobre a *liberdade da glória dos filhos de Deus.* Ó palavra encantadora: liberdade! Adoramos ouvir o toque das cornetas de prata daqueles que lutam com tiranos, mas o que será quando as trombetas do céu proclamarem o jubileu eterno a todo escravo espiritual! A liberdade dos filhos de Deus! Liberdade para entrar no santo dos santos, habitar na presença de Deus e contemplar Sua face para sempre e sempre.

O apóstolo fala ainda sobre a *revelação dos filhos de Deus.* Aqui estamos escondidos em Cristo como pedras preciosas em um estojo;

aos poucos devemos ser revelados como joias numa coroa. Como Cristo teve Seu tempo de manifestação aos gentios depois de permanecer algum tempo oculto, também nós, que agora somos desconhecidos, devemos ter uma manifestação diante dos homens e dos anjos. Então os justos brilharão como o sol no reino de seu Pai. Qual será a nossa manifestação, ó irmãos e irmãs, não posso lhes dizer; olhos não viram, nem ouvidos ouviram, nem penetrou o coração do homem; e, embora Deus nos tenha revelado isso por Seu Espírito, ainda pequena parte dessa revelação nosso espírito é capaz de receber. Suponho que apenas aquele que viu o lar dos perfeitos possa nos dizer como é, e imagino que nem ele poderia fazê-lo, pois a linguagem não poderia defini-lo. Quando subiu ao paraíso, Paulo ouviu palavras, mas ele não nos diz quais foram elas, pois informa não ser permitido ao homem mencioná-las; eram divinas demais para a língua mortal. Não ainda, mas aos poucos o objetivo de nossa esperança será claro para nós. Não pense menos porque dizemos "aos poucos", pois o intervalo de tempo é uma questão insignificante. Logo desaparecerá. O que são alguns meses ou anos? E se algumas centenas de anos se interpuserem antes da ressurreição? Em breve eles serão varridos por nós como a asa de um pássaro, e então! Ah, então! O invisível será visto, o indizível será ouvido, o eterno será nosso para todo o sempre. Essa é a nossa esperança.

II. Vamos agora refletir SOBRE A NATUREZA DESSA ESPERANÇA. Somos salvos na esperança. Que tipo de esperança é essa na qual somos salvos?

Primeiro, nossa esperança consiste em três coisas — crença, desejo e expectativa. A esperança de sermos limpos do pecado quanto à nossa alma e resgatados de toda enfermidade quanto ao nosso corpo surge de uma garantia solene de que assim será. A revelação dAquele que trouxe a vida e a imortalidade à luz testifica-nos que também obteremos glória e imortalidade. Seremos criados à imagem de Cristo e participaremos de Sua glória. Esta é a nossa crença, porque Cristo ressuscitou, está glorificado e somos um com Ele. Isso também desejamos e quão ardentemente! Desejamos tanto que às vezes queremos morrer para que possamos nela entrar. Em todos os momentos, mas especialmente quando temos um vislumbre de Cristo, nossa alma anseia por estar com Ele. Este desejo é acompanhado de expectativa confiante. Esperamos tanto ver a glória de Cristo e compartilhá-la, como esperamos ver amanhã de manhã; ou, melhor, talvez não vejamos o sol de amanhã, mas certamente veremos o Rei em Sua beleza no céu e na terra que está muito longe. Nós cremos nisso, nós o desejamos e o esperamos. Esta é a natureza da nossa esperança. Não é um desejo indefinido, nebuloso e sem fim de que dê tudo certo, como aqueles que dizem "Espero que tudo corra bem comigo", embora vivam descuidadamente e não busquem a Deus; mas é uma esperança feita de conhecimento, crença firme, desejo espiritual e expectativa garantida.

Esta esperança é fundamentada na Palavra de Deus. Deus nos prometeu isto; portanto, nós cremos, desejamos e esperamos. Ele disse: *Quem crer e for batizado será salvo,* e o sentido mais amplo que podemos dar à palavra "salvo" deve ser o sentido de Deus para ela, visto que os pensamentos dEle são sempre superiores aos nossos. Esperamos que Deus faça o que Ele disse no mais amplo sentido de Sua promessa, porque Ele nunca volta atrás em Sua palavra, nem falha em Seu compromisso. Comprometemos nossa alma com o Salvador, que declarou que salvará Seu povo de seus pecados. Confiamos em nosso Redentor, e nossa crença é que Ele vive e que, quando Ele permanecer nos últimos dias na terra, embora depois que os vermes tenham destruído este corpo, ainda em nossa carne veremos a Deus. Muitas e preciosas são as palavras de Deus para o mesmo resultado, e nós nos apegamos a elas, tendo certeza de que o que Ele prometeu é também capaz de realizar.

Morreremos sem a dúvida de ressuscitar novamente, assim como já entregamos ao pó muitos de nossos entes queridos na esperança certa e segura de sua ressurreição para a vida eterna. Assim como o lavrador lança seu grão na terra e não duvida de vê-lo novamente se levantar, nós também enterramos o corpo dos santos, e assim renunciaremos a nosso próprio corpo, na expectativa certa de que ele viverá novamente. Esta é uma esperança que vale a pena ter, pois está fundamentada na Palavra de Deus, na fidelidade de Deus e em Seu poder de cumprir Sua própria promessa; é, portanto, uma esperança segura e firme, que não envergonha ninguém que a tenha.

Essa esperança é produzida em nós pelo Espírito de Deus. Jamais deveríamos ter conhecido essa esperança se o Espírito Santo não a tivesse acendido em nosso peito. Homens ímpios não têm essa esperança, e nunca terão. Somente quando os homens são renovados é que essa esperança entra neles, com o Espírito Santo habitando neles. E aqui existo com alegria indizível, pois, se minha esperança de perfeição e imortalidade foi exercida em mim por Deus, então ela deve ser cumprida, pois o Senhor nunca poderia inspirar uma esperança que envergonharia Seu povo. O Deus verdadeiro nunca deu aos homens uma falsa esperança. Isso não pode ser. O Deus da esperança, que o ensinou, meu irmão, a esperar a salvação do pecado e de todos os seus efeitos, fará a você de acordo com a expectativa que Ele próprio despertou; portanto, confie e espere pacientemente o dia alegre do aparecimento do Senhor.

Essa esperança opera em nós de maneira santa, como toda coisa graciosa e santa que vem de Deus deve fazer. Purifica-nos, como diz João: *E todo o que tem nele essa esperança purifica a si mesmo, assim como ele é puro.* Temos tanta certeza dessa herança que nos preparamos para ela, adiando todas as coisas contrárias e assumindo todas as coisas que lhe convêm. Nós nos esforçamos para viver na perspectiva da glória. Quantas vezes me ocorreu, e não duvido que a vocês também, meus irmãos, perguntar: "Como será isso no dia do julgamento?" E fizemos esse ato de generosidade ou de consagração não porque nos importamos com o que o homem pensaria disso, mas porque o olhamos à luz da glória vindoura. Para nós, o maior estímulo é que está posta uma coroa da vida que não perece.

Esta bendita esperança nos faz sentir ser uma vergonha para nós pecar, uma vergonha que faria os príncipes de sangue imperial dos céus se revolver na lama como filhos da sarjeta. Teríamos de viver como aqueles que estão destinados a habitar sob as labaredas da luz inefável. Não podemos andar nas trevas, pois devemos habitar em um esplendor diante do qual o sol empalidece; devemos nos batizar na comunhão da própria Divindade. Devemos, portanto, ser escravos de Satanás, ou servos do pecado? Deus nos livre! Esta bendita esperança nos atrai para Deus e nos tira da cova do pecado.

III. Tendo descrito o objetivo e a natureza desta bendita esperança, aproximo-me mais ainda do texto para observar o antecipado PODER DESTA ESPERANÇA, pois o apóstolo diz: *Porque fomos salvos na esperança*; isto é, conseguimos a maior salvação, a respeito da qual estamos agora falando, quando fomos ensinados a conhecer essa esperança. Obtivemos a primeira parte da salvação, o perdão do pecado e a justificação, *pela fé,* e temos comunhão com Deus e acesso às incontáveis bênçãos, *pela fé.* Alguns de nós estamos tão conscientes disto quanto comemos e bebemos. Mas, além de tudo isso, temos *na esperança* uma gama mais completa de salvação, libertação total da alma do pecado e redenção plena do corpo da dor e da morte. Temos esta salvação *na esperança* e nos regozijamos *na esperança* da glória de Deus. Como isto se explica?

Primeiro, *a esperança viu tudo garantido pela promessa da graça.* Assim que cremos em Cristo, nossa fé garantiu perdão, e nós exclamamos: "Ainda não estou livre das tendências do pecado, mas, na medida em que eu crer em Cristo para a salvação, certamente serei aperfeiçoado, pois Cristo não teria vindo para me dar uma salvação parcial e imperfeita. Ele aperfeiçoará o que me diz respeito". Assim, a esperança viu na promessa de salvação muita coisa que ainda não foi experimentada. Sabendo que toda a promessa é de igual certeza, a esperança aguarda a misericórdia futura tão seguramente quanto a fé desfruta a presente bênção.

Além disso, *a esperança viu a colheita completa nas primícias.* Quando o pecado foi subjugado pela graça, a esperança pensava vê-lo totalmente exterminado. Quando o Espírito Santo veio habitar no corpo, a esperança concluiu que o corpo seria entregue tão seguramente quanto a alma. No momento em que a fé introduziu a esperança no coração, ela cantou: "Eu tenho a salvação completa — não em gozo real, mas em segura reversão em Cristo Jesus". A esperança acenou para o primeiro feixe e, assim, tomou posse da colheita. Pergunte a qualquer lavrador que segura um punhado de espigas de trigo maduras se ele tem trigo maduro, e ele lhe diz que sim. "Mas você ainda não o colheu". "Não, ainda não, mas é meu, e no devido tempo eu o colherei; estas espigas cheias são uma garantia total da existência do trigo e do fato de ele estar amadurecendo". Então, quando Deus deu a você e a mim amor a Jesus e libertação do domínio do mal, essas primícias representaram uma salvação perfeita a ser em nós revelada. Nossa primeira alegria foi afinar nossas harpas para uma música eterna. Nossa primeira paz foi a luz da manhã de um dia sem fim. Quando vimos Cristo pela primeira vez e O adoramos, nossa adoração foi a primeira reverência diante do trono de Deus e do Cordeiro. Assim, na esperança fomos salvos; ela nos trouxe o princípio da perfeição, a garantia da imortalidade, o começo da glorificação.

Além disso, a esperança é tão segura quanto a esse favor próximo que *ela o considera obtido*. Você recebe o aviso de um comerciante com quem negociou além-mar. Ele diz: "Procurei as mercadorias que você encomendou e as mandarei pelo próximo navio, que provavelmente chegará no tempo determinado". Outro comerciante entra em contato e pergunta se você quer comprar tais e tais mercadorias, e você responde: "Não, eu as tenho". Você disse a verdade? Certamente! Porque, embora não as tenha em seu estoque, elas já estão faturadas; você sabe que elas estão a caminho; está tão acostumado a confiar em seu correspondente estrangeiro que considera suas as mercadorias. O ato feito é que as torna suas. É assim com o céu, com a perfeição, com a imortalidade: a ação está feita, o que a torna a herança dos santos. Eu tenho as notificações de Alguém de quem não posso duvidar, exatamente do meu Senhor, de que Ele foi para o céu preparar um lugar para mim e voltará e me receberá para si mesmo. Tão certa é a esperança deste fato, que ela permite comparações e conclusões práticas. Um bom e velho provérbio nos diz: "Não conte com o ovo na dentro da galinha", mas aqui está um caso no qual você pode fazer isso, pois o apóstolo diz: *Considero que os sofrimentos do presente não se podem comparar com a glória que será revelada em nós*. Ele tem tanta certeza disso que mantém uma conta de débito e crédito: anota os sofrimentos deste tempo presente em suas despesas e a glória que será revelada entre seus bens, e declara que aquela é tão vasta, enquanto os outros são tão absolutamente insignificantes que não são dignos de nota.

Não, o apóstolo não apenas tem certeza de avaliá-lo, mas suspira por isso. Nós, que estamos neste corpo, suspiramos pela adoção completa. Nossos gemidos não surgem da dúvida, mas da ansiedade; somos impelidos por nossa expectativa confiante à veemência do desejo. É inútil chorar por aquilo que você nunca terá. A criança que chora pela lua é tola. Mas suspirar pelo que tenho certeza de que é adequado e apropriado mostra a força da minha fé.

O apóstolo tem tanta certeza disso que até *triunfa* nela. Ele diz que somos mais que vencedores, por meio dAquele que nos amou — ou seja, embora ainda não sejamos perfeitos e nosso corpo ainda não esteja livre da dor, temos tanta certeza da perfeição e libertação completa que suportamos com alegria todas as coisas, triunfando sobre todas as dificuldades. Amigo, você não ficará pobre por muitas semanas: habitará onde as ruas são pavimentadas com ouro. Sua cabeça não doerá por muitos meses, pois será cercada por uma coroa de glória e bem-aventurança. Não importa a vergonha, os outros não poderão rir de você por muito tempo: você estará à destra de Deus, o próprio Pai, e a glória de Cristo o revestirá para sempre. Ó, é uma bênção infinita ter essa esperança e a certeza de que Ele antecipará suas alegrias antes que elas realmente cheguem até nós. Fomos salvos na esperança.

IV. Vamos observar por um momento A ESFERA APROPRIADA DA ESPERANÇA. A esfera da esperança são "coisas não vistas". Esperança que é vista não é esperança, pois, se o homem vê, por que ainda espera? Portanto, irmãos, a promessa real do cristão não é o que ele vê. Suponha que Deus o faça prosperar neste mundo e ele tenha riquezas; ele é grato, mas confessa que esse não é o seu tesouro. Uma hora com o Senhor Jesus Cristo trará mais satisfação ao crente do que a maior medida de riqueza. Embora ele possa ter prosperado neste mundo, o santo ridicularizará a ideia de fazer do mundo sua porção. Mil mundos com toda a alegria que eles poderiam produzir são como nada comparados à nossa herança designada. Nossa esperança não lida com ninharias; ela deixa os ratos do celeiro para as corujas e voa nas asas da águia, onde alegrias mais nobres a esperam.

> "Além, além deste céu,
> onde há eternidade;
> Onde prazeres estáveis nunca morrem
> E frutos imortais banqueteiam a alma."

Mas é claro que no presente não desfrutamos essas coisas gloriosas pelas quais esperamos. O mundano clama: "Onde está a sua esperança?", e nós confessamos que não vemos os objetos da nossa esperança. Por exemplo, não podemos alegar já sermos perfeitos, nem esperamos ser enquanto estivermos neste corpo, mas cremos que seremos aperfeiçoados à imagem de Cristo no tempo designado pelo Pai. De maneira alguma o nosso corpo está livre de enfermidades neste momento; dores, sofrimentos e cansaço nos lembram de que o nosso corpo está sob a morte por causa do pecado. Todavia, nossa firme convicção é que teremos a imagem do celeste, assim como agora temos a imagem do terreno. Esses são assuntos da esperança e, portanto, estão fora da experiência atual. Não sejamos abatidos por ser assim: devemos ter algo reservado para que a esperança se alimente. Não podemos ter todo o céu e ainda assim permanecer na terra. Amado, se você se sentir atormentado pelo pecado que habita em você, e sua santidade parecer desgastada e manchada, fique completamente convencido de que Aquele que prometeu é capaz de realizar.

Deixe, então, de julgar pelo que você faz, vê, sente ou é. Suba à esfera das coisas que serão. Você não pode fazer isso? Quando não há alegria no presente, há uma alegria infinita no futuro. Não diga: "Oh, mas está muito longe". Não é assim. Muitos de vocês têm 60, 70 ou 80 anos de idade; seu tempo para a visão de Cristo em seu estado desencarnado não pode estar longe, pois o fio da vida está se rompendo. Alguns de nós estamos na meia-idade e somos obrigados a considerar que a concessão que nos foi dada está terminando; e, como muitos são arrebatados no auge, podemos a qualquer momento chegar à terra pela qual esperamos. Não devemos nos preocupar com o que faremos daqui a dez anos, pois é provável que, naquele tempo, tenhamos entrado no descanso prometido e estejamos servindo ao Senhor dia e noite em Seu templo e contemplando Seu rosto com alegria indizível. Mesmo supondo que qualquer um de nós esteja condenado a se exilar do céu por mais cinquenta anos, o tempo de nossa permanência logo desaparecerá. Vamos trabalhar ao máximo para a glória de Deus enquanto estamos aqui, pois os momentos desaparecem. Você não se lembra dessa época do ano passado, quando o outono estava em pleno desenvolvimento? Parece que foi ontem. Vocês, meninos e meninas, pensam num longo ano, mas os velhos têm outra opinião. Não temos longos anos agora que estamos ficando grisalhos. Para mim, o tempo passa tão rápido que os ponteiros do relógio ficam quentes com a velocidade. O medo grita: "Ah, um pouco de espaço para respirar!" Mas a esperança responde: "Não, deixe que os anos voem, logo estaremos em casa". Há apenas um passo entre nós e o céu; não nos preocupemos com as coisas aqui embaixo. Somos como pessoas num trem expresso que veem uma paisagem desagradável nos campos, mas ela passa antes que tenham tempo de pensar nela. Se houver algum desconforto no transporte, se elas tiverem sido colocadas em um compartimento de terceira classe quando receberam um bilhete de primeira classe, não terão problemas se for uma viagem curta. "Veja", diz alguém, "acabamos de passar a última estação e logo estaremos no terminal; não importa". Vamos nos projetar para o futuro. Não precisaremos de muito esforço de imaginação para nos elevar: podemos saltar essa pequena distância pela esperança e nos sentar entre os tronos acima. Decidam, meus irmãos, que, pelo menos hoje, vocês não ficarão neste tempo nublado e terrestre, mas estarão na eternidade brilhante e sem nuvens. É preciso deixar essas correntes turvas e se banhar no rio da esperança cujas correntes cristalinas fluem da fonte pura da alegria divina.

SALVOS NA ESPERANÇA

V. Nosso tempo se esgotou, e devemos fechar este sermão observando o EFEITO DESTA ESPERANÇA, que é assim descrito: *com paciência o aguardamos.* Nós aguardamos, e devemos aguardar, mas não como criminosos pela execução; nossa espera é mais como a da noiva pelo casamento. Esperamos com paciência, lealdade, aspiração e submissão. É certo que a alegria virá, não temos dúvida disso; por isso não nos queixamos nem murmuramos, como se Deus tivesse esquecido Seu compromisso e nos fizesse esperar desnecessariamente. Não, o tempo que Deus determinou é o melhor, e estamos contentes com ele. Não desejaríamos ficar aqui nem partir a qualquer momento, a não ser no momento do Senhor. Diz-se que o querido Rowland Hill procurou um amigo idoso que estava morrendo, para que este pudesse enviar uma mensagem ao céu, a John Berridge e a outros amados Johns que o precederam, e ele brincou acrescentando uma palavra de esperança de que o Mestre não havia esquecido a velha Rowland e o deixaria voltar para casa no devido tempo; no entanto, ele nunca sonhou que poderia ser preterido. Entre as últimas expressões do famoso John Donne estava esta: "Eu seria infeliz se não morresse". Este seria um mundo horrível, de fato, se fôssemos condenados a viver nele para sempre. É uma certeza extravagante diante de nós. Há algum tempo um cavalheiro me disse que nunca morreria, mas, em certos intervalos, eliminaria os efeitos da idade e começaria um novo período de vida. Ele gentilmente veio me dizer como eu poderia desfrutar do mesmo favor; mas, como não sou ambicioso em relação à imortalidade terrena, essa oferta não me tentou. Ele me disse que eu poderia me tornar jovem novamente pelo espaço de centenas de anos, mas recusei suas condições e o benefício a qualquer preço. Não desejo nada disso; minha perspectiva mais confortável sobre esta vida é que ela se dissipará na vida eterna. Parece-me que a coisa mais alegre da vida é que ela leva a outra e a um estado melhor. Não estou infeliz ou descontente, mas, como tenho uma boa esperança de perfeição para minha alma e corpo, e uma perspectiva segura de comunhão face a face com Deus, como posso falar bem de qualquer coisa que me separe da minha alegria? Sim, Ele virá, certamente virá; portanto, esperemos pacientemente por isso.

Quando Satanás nos atacar, quando a tentação nos vencer, quando a aflição nos derrotar, quando a dúvida nos atormentar, vamos suportar a provação temporária com constância, pois em breve estaremos fora do alcance dos tiros. A consumação virá e, quando vier, não nos lembraremos mais de nossas dores pela alegria de que nosso céu nasceu para nós e nós para ele.

Agora, então, você que não acredita em Deus, diga-me qual é a sua esperança. Publique-a no mundo e deixe que todos os homens a avaliem. Qual é a sua esperança? Viver por muito tempo? Sim, e depois? Criar uma família? Sim, e depois? Vê-los confortavelmente instalados na vida? Sim, e depois? Ser avô de uma descendência numerosa? Sim, e depois? Alcançar a velhice extrema em aposentadoria tranquila? Sim, e depois? A cortina cai. Deixe-me levantá-la. O cemitério. O trono de Deus. A sentença em sua alma. A trombeta da ressurreição. A destruição final. Corpo e alma no inferno para sempre. Você não tem melhor perspectiva. Olhe pela janela e veja o que deve ser visto. O Senhor tem piedade de você e lhe dá uma esperança maior. Quanto a você, crente em Cristo, exijo que você comece a cantar hoje os sonetos do futuro. Encante sua vida de peregrino com a poesia da esperança.

Cordões e cordas de carroças

Sermão destinado à leitura no Dia do Senhor,
8 de fevereiro de 1885, ministrado pelo reverendo
C. H. Spurgeon, no Tabernáculo Metropolitano de
Newington, em 14 de dezembro de 1884.

Ai dos que puxam o mal com cordas de falsidade,
e o pecado, com cordas de carros (Is 5.18).

O TEXTO COMEÇA COM "AI"; mas, quando temos um "ai" nesse livro de bênçãos, ele começa uma advertência para que possamos escapar da angústia. Os "ais" de Deus são melhores do que as congratulações do diabo. Deus tem sempre como propósito o bem do homem, e somente coloca o mal diante dele para que possa se desviar dos perigos de um caminho errado e, assim, escapar do mal que está no fim do percurso. Não pense que sou cruel neste momento por minha mensagem soar severa e conter uma nota de pesar em vez de alegria. Pode ser muito benéfico para as próximas gerações, queridos amigos, ficar um pouco descontentes. Pode fazer os sinos tocarem nos seus ouvidos para sempre, se esta noite, em vez do som doce da harpa, você ouvir o clarim estridente surpreendendo-o com a reflexão. Talvez os "Ai, ai, ai", embora possam soar como um barulho terrível em seus ouvidos, sejam o meio de levá-lo a procurar e encontrar seu Salvador, e então, por toda a eternidade, nenhum "ai" jamais chegará perto de você. Que o bom Espírito de toda graça traga poder à minha advertência para que você aproveite este sermão.

Esse é um texto singular. Não é fácil entendê-lo à primeira vista. Aqui estão alguns que dizem retratar o pecado com cordões de falsidade, que são suficientemente finos, mas ainda assim o retratam como uma corda de carro, que é suficientemente grossa. Eles são aparelhados para pecar, e os traços parecem frágeis, insignificantes e quebradiços. Você mal pode tocá-los, pois eles são uma farsa, uma ficção, mera vaidade. O que pode ser mais fino e fraco do que os fios de vaidade da teia de aranha? No entanto, quando você tenta quebrá-los ou removê-los, eles acabam sendo cordas de carro ou de carroça, adaptadas para suportar a força de um cavalo ou boi. Motivos que não têm força lógica e que não amarrariam um homem razoável por um momento são, no entanto, suficientes para manter o máximo de homens em cativeiro. Esse homem é escravo da iniquidade que, por motivos indignos e razões indefensáveis que não parecem mais fortes do que pequenos cordões, o prende como laços de aço, e ele fica atrelado à carroça carregada de sua iniquidade, como um cavalo é preso por uma corda à carroça. Este é o nosso tema neste momento, e que Deus o torne útil para muitos. Acima de tudo, eu gostaria de vê-lo salvo, você que está puxando o peso do pecado. Que Deus lhe conceda essa graça e que o Espírito o liberte.

Primeiro, vou *explicar a descrição simples* — ampliando-a e citando exemplos da vida cotidiana. Em segundo lugar, ampliarei o *sofrimento que certamente se relaciona ao fato de estar preso ao pecado*. E então, em terceiro lugar, com a ajuda de Deus, *eu o encorajarei a sair das pegadas*. Oro para que você tenha essas cordas cortadas, para que não fique mais atrás da iniquidade e do pecado. Oh, que esta possa ser a hora da salvação para muitos de vocês, que, como Sansão, possam quebrar os cordões e as cordas com os quais foram amarrados!

I. Em primeiro lugar, deixem-me dar a EXPLICAÇÃO SIMPLES. Aqui há pessoas atreladas à carroça do pecado — presas a ele por muitas cordas, todas elas leves como a vaidade e, no entanto, fortes como cordas de carroças.

Deixe-me trazer uma ilustração. Aqui está um homem que, sendo jovem, ouviu o evangelho e cresceu sob a influência dele. É alguém inteligente, um leitor da Bíblia e até um certo teólogo. Ele frequentou a Escola Dominical, foi um aluno aplicado e podia explicar muito da Escritura, mas *era dado à superficialidade*. Ele se divertia com a religião e brincava com coisas sérias. Prestava atenção nos sermões para poder falar sobre eles e dizer que ouvira o pregador. Após o sermão, enquanto os outros ficavam impressionados, ele se divertia. Ele tinha ouvido algum erro do pregador, em sua pronúncia, na construção gramatical de uma sentença ou na citação incorreta de um poeta, e mencionava isso com gosto, omitindo tudo de bom que havia sido falado. Esse era o jeito dele. Não queria magoar ninguém; pelo menos ele teria alegado isso se alguém o tivesse reprovado seriamente.

Ele ficou sob a amarra dessa frivolidade religiosa, mas que era uma pequena corda de falsidade como um fio forte. Anos antes ele começou a se prender a este pecado frívolo, e no momento presente não tenho certeza se ele ao menos se importa em ir ouvir o evangelho ou ler a Palavra de Deus, porque ele passou a desprezar aquilo com o que se divertia. A brincadeira devassa degenerou em um escárnio malicioso; seu cordão tornou-se uma corda de carroça. Sua vida é agora toda insignificante. Você não poderia levá-lo a sério. Ele passa o tempo em uma risada perpétua. Toda coisa santa é agora objeto de comédia. Como Belsazar, ele bebe seu vinho nos vasos sagrados do templo. A sinceridade tem um prazer próprio, e um espírito ousado sujeita a alegria e o riso à sua carroça, e subjuga todas as faculdades da mente a Deus, até mesmo o humor; mas este homem não possui o Senhor em seu coração, porque ri das verdades mais solenes e não parece capaz de nada mais elevado ou superior. Sua vida é um escárnio. Ele puxaria uma pena da asa de um anjo e a usaria em seu boné. No solene dia de Pentecostes, ele desenharia uma língua fendida na unha do polegar para mostrá-la como curiosidade. Não há nada sagrado para ele agora, nem haverá até que esteja no inferno, e então terminarão suas piadas e zombarias. O hábito de ser desdenhoso se tornou uma corda de carroça que o detém da maneira mais sarcástica. Eu digo: "Jovem, rompa essas desgraçadas cordas de falsidade antes que elas se fortaleçam e se tornem cordas de carroça. Enquanto ainda há apenas um fio fino, separe-o, antes que o fio se junte a outro fio, e aquele a outro, e aquele a outro, até que se torne um cabo que nem mesmo um gigante possa separar. Há muitos exemplos lamentáveis de gracejadores que se transformam em escarnecedores, e seria uma pena que você se tornasse um deles. Evite gracejar com religião como você evitaria palavrões ou blasfêmias, pois em sua essência eles são irreverentes e perniciosos".

Tenho visto a mesma coisa tomar outra forma, e então esse pareceu *um questionamento capcioso*. Não temos medo de ser examinados sobre qualquer coisa na Palavra de Deus, mas tememos um espírito caviloso. Eu, por exemplo, acredito que, quanto mais a Palavra de Deus tiver sido peneirada, mais completamente será confirmada. O resultado é a melhor compreensão de seu ensino. O ouro puro brilha ainda mais após ser colocado no crisol. Mas há um hábito que começa assim: "Eu não vejo *isto*; eu não entendo *assim*; eu não aprovo *isto*; eu questiono *aquilo*". Isso faz da vida um emaranhado de espinhos e sarças, onde dez mil pontos de dúvida estão sempre rasgando a mente. Esse estado de dúvida lembra a velha frase da serpente: *Foi assim que Deus disse*? Se a afirmação feita fosse oposta, o cavalheiro a teria questionado, pois ele é obrigado a duvidar de tudo. Ele é alguém que pode tomar um dos lados e refutar, ou nenhum dos lados e defender. Ele poderia agir como o eminente advogado, que, ao cometer um erro quanto ao seu lado do caso, levantou-se e apresentou todos os argumentos de maneira reveladora, até o advogado de seu cliente sussurrar: "Você o fez por nós, você usou todos os argumentos contra seu próprio cliente". O advogado parou e disse: "Meu senhor, eu já lhe disse tudo o que pode ser dito contra meu cliente por aqueles do outro lado, e agora vou mostrar que não há nada nessas alegações"; e, com a mesma esperteza, ele continuou contestando o que havia provado antes. Existem mentes construídas de tal maneira que podem agir de todas as formas, exceto da forma correta. Seu maquinário é excêntrico, e um enigma da língua seria mais capaz de descrevê-las. Gosto das consciências antiquadas que sobem e descem, sim e não, certo e errado, verdadeiro e falso — do tipo simples e sem grande intelecto

CORDÕES E CORDAS DE CARROÇAS

para entender seus métodos. Estamos crescendo tão cultos agora que muitos se tornaram como a velha serpente: *o mais astuto de todos os animais do campo.* As consciências da nova moda agem de acordo com o princípio da transigência e da política, que não tem nenhum princípio. A cada pergunta respondem: "Sim e não. Qual é a hora do dia?", pois é sim ou não de acordo com o relógio, ou de acordo com o clima, ou de acordo com o bolso das calças. Muitos estão dizendo: "De que lado do pão está a manteiga? Digam-nos, e então diremos em que nós cremos". Pessoas desse tipo começam com um espírito indagador, depois passam a um espírito contestador, depois a um espírito presunçoso, e depois a um espírito perpetuamente esquivo. No caso a que me refiro, não há nada sério; pois, quando um homem é um interrogador sincero e está disposto a receber uma resposta, está no caminho da verdade; mas, quando apenas faz perguntas, perguntas e perguntas, e nunca para a fim de obter uma resposta, tudo não passa de um monte de cavilações e não vale a pena ele vencer. A última coisa que ele quer é uma resposta, e o que teme além de tudo é que venha a ser obrigado a acreditar em qualquer coisa. Por fim, tal pessoa fica presa como se atada a uma corda de carroça; torna-se um ateu ou pior, pois toda a faculdade da fé parte dele. Ele é tão frívolo como Voltaire, cujo ponto forte parecia estar ridicularizando tudo. Você não pode salvá-lo. Como pode a fé o alcançar? Como acreditar em quem deve ter tudo explicado? Como ele pode acreditar no próprio Cristo quando exige que, antes de tudo, seja submetido a um catecismo e obrigado a responder a cavilações? Ó, evite amarrar sua alma com as cordas de carroça do ceticismo; tome cuidado com o espírito de negação da verdade. Deus ajude você a romper as amarras. Investigue, mas creia. Pergunte, mas aceite a verdade e seja sincero em sua decisão de que, se provar todas as coisas, também manterá firme o que é bom. Usar sempre a peneira, mas nunca o moinho, é trabalho inútil; estar sempre à procura de adulterações, mas nunca beber o leite genuíno, é um hábito tolo. Argumentar com sofismas é uma maldição, e censurar é um crime. Fuja disso enquanto não passa de uma corda de vaidade, para que não se torne uma corda de carro que o prenda firmemente.

Ouvi alguém dizer: "Isto não me importa. Não caí em gracejos banais nem em questionamentos vãos". Não, mas talvez você possa ser um prisioneiro amarrado com outras cordas. Alguns têm uma *antipatia natural pelas coisas religiosas* e não podem ser convencidos a aceitá-las. Deixe-me qualificar a afirmação e me explicar. Eles estão preparados para frequentar um local de culto e ouvir sermões, e ocasionalmente ler as Escrituras, e dar seu dinheiro para ajudar alguma causa beneficente; mas este é o ponto em que eles traçam a linha — eles não querem pensar, orar, se arrepender, acreditar ou fazer com que o coração se debruce no assunto. Pensar, você sabe, é uma coisa incômoda, e para eles é um trabalho desconfortável porque não há muito em sua vida que os alegraria se eles pensassem nisso. Eles preferem não ver a nudez da terra. Existe algo feio do qual eles querem distância — o arrependimento: disso eles exigem muito, mas a isso são avessos. Quanto mais as crianças não gostam de remédio, mais precisam dele; e acontece o mesmo com o arrependimento. Essas pessoas preferem fechar os olhos e ir para a destruição a parar, ver o perigo e voltar atrás. Pensar no passado — ora, eles talvez precisem lamentá-lo, e quem está ansioso pela tristeza? Então há uma mudança de coração, e eles são um pouco tímidos quanto a *isso*, porque são quase sem coração e não gostam de bisbilhotar. Se houvesse algo a ser feito que pudesse ser administrado em um dia ou dois, se houvesse alguma peregrinação a fazer, alguma penitência a suportar, alguma roupa a ser usada, eles não se importariam; mas pensamento, arrependimento, oração e busca de Deus — eles não podem suportar tais exigências espirituais. Se houvesse algum sacrifício a ser feito, eles o fariam; mas isto de estar em paz com Deus, isto de procurar ser renovado no espírito de sua mente — bem, eles não têm cabeça para isso. O mundo está no coração deles, e eles não têm vontade de sair dessa condição. Eles ouviram algumas pessoas dizer que toda conversa sobre Deus, a alma e a eternidade é um discurso puritano entediante; então, como os papagaios costumam fazer, dizem: "Não, não queremos ser puritanos. Não queremos ser mais precisos e justos". Que miséria é haver pessoas ligadas a cordões de vaidade como esses! São sentimentos irracionais, aversões insanas, preconceitos injustificáveis; o Senhor os salva deles e dá-lhes uma mente para conhecê-Lo e um coração para procurá-Lo. Quando menino, comecei a sentir uma sensação de pecado dentro de mim e resolvi que, se houvesse algo como nascer de novo, eu nunca descansaria até que o encontrasse. Meu coração parecia decidido a saber o que significava arrependimento e fé, e a conseguir ser completamente salvo; mas agora percebo que um grande número de meus ouvintes recusa todos os tratamentos sérios consigo mesmos e com Deus; eles agem como se não desejassem ser felizes pela eternidade. Eles pensam mal do bom caminho. Você vê que é um trabalho radical: a regeneração é tão profunda e deixa um homem tão pensativo. Quem sabe o que pode ter de ser abandonado? Quem sabe o que pode ser feito? Ó, meu ouvinte, se você se entregar a essas objeções, protelações e preconceitos nos primeiros dias de sua persuasão, pode chegar o momento em que esses pequenos novelos ficarão tão entrelaçados que farão uma grande corda de carroça, e você se tornará um opositor de tudo o que é bom, determinado a ficar para sempre atrelado ao grande carro de suas iniquidades, e assim perecer. Deus o livre disso.

Sei que algumas pessoas estão presas a esse carro de outra maneira, por *deferência aos companheiros*. O jovem gostava de tudo o que é bom, mas não suportava que alguém dissesse na segunda-feira de manhã: "Então você estava em um local de culto no domingo". Ele não gostava de dizer abertamente: "É claro que eu estava; onde *você* estava?", mas preferia dizer: "Bem, dei uma passada na Catedral de São Paulo ou na Abadia para ouvir a música". Sim, ele deu uma passada lá por curiosidade, apenas para ver o lugar e a multidão. É como se ele estivesse envergonhado de adorar seu Criador e ser visto guardando o dia de sábado. Ó, pobre covarde! Aquele jovem, em outra época, foi acusado de ter sido visto chorando diante de um sermão solene. Ele confessou que foi bastante comovente, e que ficou empolgado e bastante convencido, mas pediu desculpas ao diabo e implorou que não ouvisse mais nada daquilo. Ele começou a dar lugar a seus amigos ímpios e logo se tornou o alvo deles. Um companheiro puxou sua orelha dessa maneira, e outro puxou sua orelha de outra maneira, e assim ele desenvolveu orelhas muito compridas. Ele não errou muito no começo; mas, tendo permitido que homens pecadores o guiassem, eles cuidaram de dominá-lo cada vez mais com o passar dos dias. Foi algo que o levou a pecar por uma espécie de cortesia perversa; mas, depois de um tempo, ele se tornou obsequioso com seus iguais e bajulou seus superiores, cumprindo suas ordens, mesmo que isso lhe custasse a alma. Ele estava muito mais atento à vontade e ao sorriso de algum camarada francamente cruel — muito mais atento à opinião de um tolo — do que ao prazer de Deus. É algo chocante, mas não há dúvida de que muitas pessoas vão para o inferno pelo desejo de serem respeitáveis. Não há dúvida de que multidões penhoram sua alma e perdem seu Deus e o céu meramente para permanecerem bem na avaliação de um depravado. As moças perderam a alma por muita vaidade, pecando na esperança de garantir o amor de uma juventude sem cérebro e sem coração. Os jovens jogaram fora toda esperança de salvação para que pudessem ser considerados homens de cultura; eles abjuraram a fé para serem considerados "livres pensadores" por aqueles cujas opiniões não valem a cabeça de um alfinete. Querido amigo, se você está começando a ser escravo de outras pessoas, exijo que quebre esses laços miseráveis e degradantes. Eu desprezo a escravidão mental em que muitos se gloriam. O que importa para mim hoje o que os outros pensam de mim? A esse respeito, sou o mais livre dos homens. No entanto, ainda me lembro de quando, se eu tivesse cedido ao grupo, logo teria sentido a corda da carroça. Quem peca para agradar ao amigo está armando para si mesmo uma escravidão mais cruel do que o negro jamais conheceu. Aquele que deveria estar livre para sempre deve quebrar os cordões antes que eles se transformem em correntes.

Algumas pessoas estão entrando em escravidão de outra forma; elas *estão gradualmente formando hábitos do mal*. Quantos jovens nascidos e criados no meio de associações cristãs estão fazendo isso! É um pequeno gole, e bem pouco. "Eu só bebo meio copo." Então, por que correr riscos tão grandes por uma satisfação tão pequena? "O médico diz que devo tomar um pouco, e eu faço isso." Pouco a pouco, o pequeno fio se torna uma corda de carroça. Ele dirá:

Cordões e cordas de carroças

"O médico diz que eu deveria" quando voltar para casa à noite e mal encontrar o caminho para a cama e acordar com dor de cabeça pela manhã? Teria feito melhor se houvesse pedido a graça de Deus para escapar, embora tivesse um pequeno prazer na fascinante aguardente e fosse o senhor de seu apetite. É difícil romper a corda da carroça, como muitos descobriram, embora eu os encoraje pela graça de Deus a lutar pela liberdade.

"Bem", diz o jovem, "esse não é o meu pecado". Fico contente que não seja; mas qualquer outro pecado, se você insistir nele, irá destruí-lo. Não tentarei descrever o seu pecado. Descreva-o você mesmo, e pense nele; mas, por favor, lembre-se do engano do pecado — a maneira como ele chega aos homens, como a geada da tarde ainda nos meses de inverno chega ao lago. A lagoa está tranquila, e a geada pede apenas um leve brilho à superfície. O revestimento é tão fino que você dificilmente poderia chamá-lo de gelo; mas, depois de cobrir a superfície com uma película, a camada de gelo se instalou; logo tem uma polegada de espessura e, em poucas horas, uma carroça carregada poderá passar por ela sem quebrar, pois toda a lagoa parece transformada em mármore. Assim, os homens dão lugar a uma ou outra paixão maligna — este ou aquele mau hábito; e o hábito passa de mal a pior, até que os fios da vaidade se ampliam em laços de carroça, e eles não podem escapar da carga à qual estão atrelados.

Receio que alguns tenham a noção ilusória de que estão seguros como estão. A *segurança carnal* é composta de cordões de vaidade. Como um pecador pode estar seguro enquanto não é perdoado? Como pode estar em paz enquanto é escravo do mal e inimigo de Deus? No entanto, muitos imaginam que são tão bons quanto precisam e muito melhores que seus vizinhos. Certamente, devem estar seguros, uma vez que são tão respeitáveis, tão dispostos e tão considerados. Um homem pode se acostumar ao perigo a ponto de não o perceber, e uma alma pode se acostumar com sua condição a ponto de não ver nenhum perigo na impenitência e na descrença. Assim como o cão do ferreiro se deita e dorme enquanto as faíscas voam sobre ele, o pecador endurecido pelo evangelho dorme sob advertências e apelos.

No começo, o portador teve de fazer violência à sua consciência para escapar da força da verdade, mas finalmente ele está envolto em aço, e nenhuma flecha da Palavra pode feri-lo. A vocês que estão à vontade em Sião, peço que ouçam minha advertência e fujam da segurança carnal. Ó Senhor, desperta-os de sua condição adormecida!

Esta é uma palavra de advertência. Não tenho tempo esta noite para entrar em detalhes. Gostaria de ter. Cuidado com os ovos da serpente. Lembre-se de como as gotas desgastam as pedras, e como pequenos golpes de machado derrubam grandes carvalhos. Não brinque com uma cobra, mesmo que ela tenha apenas 30 centímetros de comprimento. Mantenha-se longe da beira do precipício. Fuja do leão antes que ele salte sobre você. Não forje para si uma rede de ferro nem se torne o construtor de sua própria prisão. Que o Espírito Santo o livre. Que você toque a cruz e encontre nela o poder que o deixará livre.

II. Mas, ó, como eu gostaria que todos aqui que ainda não encontraram a liberdade, porque estão presos ao pecado, pudessem escapar esta noite, pois — e este é o meu segundo ponto — EXISTE UMA AFLIÇÃO POR PERMANECER ATRELADO AO CARRO DO PECADO, e essa angústia é expressa em nosso texto.

Já foi um trabalho árduo puxar a carga do pecado. Se eu estiver me dirigindo a alguém aqui que caiu em grande pecado, sei que você mergulhou em imensa tristeza. Sei que você caiu. Grande parte da história é felizmente coberta com um véu, para que suas mágoas secretas não se transformem em misérias abertas; caso contrário, o mundo seria miserável demais para um coração terno nele viver. Se pudéssemos levantar o telhado das casas, se pudéssemos mostrar os esqueletos escondidos nos armários, se pudéssemos tirar as cortinas dos seios humanos — que tristeza veríamos; e a massa dessas tristezas — não o conjunto delas, mas a massa — seria encontrada vinda do pecado. Quando o jovem se volta para os caminhos da falta de castidade ou da desonestidade, que sofrimento ele sente por si mesmo: que aflição, que miséria! Sua doença corporal, sua angústia mental, não temos ânimo para descrever. Ah, sim, "O caminho dos transgressores é difícil". Eles sorriem; eles até dão grandes gargalhadas, mas um verme está roendo seu coração. Infelizmente, são pobres escravos! Fazem barulho enquanto tentam afogar seus sentimentos; mas, como o crepitar de espinhos embaixo de uma panela, tal é a alegria dos ímpios — apressada, barulhenta, momentânea; acaba e nada deixa além de cinzas.

Eu não gostaria que você seguisse o caminho do pecado se não houvesse nada pior do que o que já aconteceu com você. Certamente o tempo passado pode ser suficiente para a loucura: você colheu feixes suficientes sem prosseguir com a colheita. Como irmão, exortaria você a fugir da sua escravidão presente.

Mas lembre-se: se você permanecer atrelado a esse carro de pecado, *o peso aumenta.* Você é como um cavalo que tem de fazer uma viagem e pegar pacotes em cada trecho do caminho; você está aumentando a pesada bagagem que tem de arrastar atrás de si. No começo da vida, o homem é um pouco parecido com um cavalo, mas com uma carga leve na carroça. Porém, à medida que passa da juventude à vida adulta, e da vida adulta aos anos mais maduros, ele é carregado com mais pecado; e que peso há atrás dele agora! Os demônios sorridentes, quando trazem os pacotes pesados e os amontoam uns sobre os outros, devem se perguntar se os homens são tolos a ponto de continuar arreados e arrastar a carga terrível como se fosse um bom esporte. Infelizmente, esses homens pecam com tanta leveza, como se a autodestruição fosse um jogo divertido que eles estão praticando, enquanto é uma pilha de ira para si em comparação ao dia da ira e da perdição de homens ímpios.

Além disso, observe que, à medida que a carga aumenta, *a estrada fica pior*, as trilhas são mais profundas, as colinas são mais íngremes e os pântanos ficam mais cheios de lama. No auge da juventude, o homem vê gotas atraentes sobre a borda do cálice do pecado, o vinho se move corretamente e dá sua cor no cálice; mas, à medida que você envelhece e bebe mais, aproxima-se da borra, e esses resíduos são como fel e absinto. Um velho com os ossos cheios do pecado de sua juventude é uma visão terrível de se encarar; é uma maldição para os outros e um fardo para si mesmo. Um homem que tem cinquenta anos de pecado atrás de si é como um viajante perseguido por cinquenta lobos uivantes. Você ouve deles o uivo profundo enquanto perseguem o infeliz? Você vê seus olhos brilhando no escuro e flamejando como brasas de fogo? Esse homem é, de fato, digno de dó; para onde ele deve fugir ou como ele deve enfrentar seus perseguidores? Quem continua descuidado sabendo qual destino o espera é um tolo que merece um pouco de dó quando chegar o dia do mal. Você, que está puxando a carroça do pecado, imploro que pare antes de alcançar os caminhos pantanosos da enfermidade, os tremendos pântanos da velhice!

Lembrem-se, amigos, se algum de vocês ainda está atrelado aos seus pecados e permanece assim durante anos, virá o dia em que *a carga esmagará o cavalo.* É terrível quando os pecados que foram puxados finalmente conduzem o condutor à frente deles. Na cidade onde fui criado há uma colina muito íngreme. É difícil sair da cidade sem descer uma ladeira, mas uma é especialmente escarpada, e me lembro certa vez de ter ouvido um grito nas ruas, porque uma enorme carroça havia rolado sobre os cavalos que estavam descendo a colina com ela. A carga havia esmagado as criaturas que deveriam puxá-la. Chega um momento na vida de uma pessoa em que não é mais ela que consome a bebida, mas a bebida que a consome; a pessoa se afoga em suas taças, sugada por aquilo que ela próprio sugou. Um homem foi voraz, talvez, em comer e, finalmente, sua gula o engoliu; num pedaço sombrio, ele desceu pela garganta do velho dragão da ganância egoísta. Ou o homem era lascivo e, finalmente, seu vício o devorou. É horrível quando não é o homem que segue o diabo, mas o diabo que leva o homem diante dele, como se fosse seu asno carregado. O pior ego do homem, que havia sido mantido na retaguarda e colocado sob restrição, finalmente se levanta e chega à frente, e o melhor ego, se é que ele já o teve, é arrastado por um cativo relutante nas rodas da carroça de seu destruidor.

Estou certo de que não há ninguém aqui que deseje ser eternamente pecador. Tenha cuidado, pois *cada hora de pecado traz sua dureza e dificuldade de mudança.* Ninguém aqui quer entrar em tal condição de não poder mais deixar de pecar. Não seja tão imprudente a ponto de brincar com o pecado. Quando os freios morais não estão funcionando e o motor está avariado e deve continuar a uma velocidade perpetuamente acelerada, então a alma está realmente perdida. Estou certo de que não há um homem aqui que queira se comprometer com uma eternidade de ódio a Deus, uma eternidade de luxúria, uma eternidade de maldade e consequente miséria. Por que então você continua endurecendo seu coração? Se você não quiser acelerar o declínio, pise no freio esta noite. Deus o ajude nisso ou, voltando ao texto, quebre os feixes de fios da falsidade e os jogue de lado; antes que a corda do carro o prenda para sempre ao carro da força esmagadora do seu pecado e da sua destruição.

III. Agora quero oferecer algum INCENTIVO PARA LIBERTAÇÃO. Está na hora de fazê-lo. Não quero pregar um sermão infeliz esta noite, mas desejo ver todos aqui salvos do pecado. Meu coração clama a Deus para que eu não pregue em vão. Deus sabe que nunca me esquivei de falar o que penso e de falar de maneira muito clara e muito familiar para vocês. Nunca subo a este púlpito com a ideia de que não deva dizer algo ácido para que ninguém se ofenda, e que não deva lidar com pecados comuns, para que ninguém diga que sou grosseiro. Não me importo com a rapidez com que você fala sobre mim, se você abandonar o pecado e se reconciliar com Deus pela morte de Seu Filho. Essa é a única coisa que meu coração anseia e, para esse fim, fiz sinceras advertências neste momento. Não posso mais deixar de falar com você e, portanto, sou diligente em impressioná-lo enquanto posso. Ajuda-me, ó Espírito de Deus!

Ouça agora. *Há esperança para todo escravo preso por Satanás.* Há esperança para aqueles que estão mais firmemente amarrados. "Ó", você diz, "receio ter entrado no estágio da corda do carro, pois pareço perecer no meu pecado e não poder me libertar dele". Ouça. Jesus veio ao mundo para resgatar aqueles que estão presos com correntes. Isto é, Deus mesmo tomou sobre Si a natureza humana com este propósito — libertar os homens de seus pecados. Àquele bebê abençoado e perfeito, como nenhuma mãe jamais havia visto — o Filho da virgem — *darás o nome de Jesus; porque ele salvará seu povo dos*

ESPERANÇA, O PERFUME DO CORAÇÃO

seus pecados. Ele veio a este mundo na nossa natureza com o objetivo de salvar os homens de seus pecados. Ele pode cortar as cordas que prendem você à carroça de Satanás. Ele pode tirá-lo dos cabos; pode libertá-lo esta noite. Você vem se arrastando há anos e pensa não existir mais chance para você; mas existe mais que uma chance, há a certeza da salvação se você confiar em Jesus. Lembro-me de ter lido a descrição feita por um famoso escritor a respeito de um miserável cavalo de aluguel, velho e desgastado e, no entanto, mantido em sua rotina regular de labuta. Eles nunca o tiraram do arreio por medo de que nunca mais pudessem colocar sua pobre e velha carcaça nele. O animal estava arreado havia tantos anos que eles temiam que, se o tirassem, ele cairia em pedaços, e então o deixaram ficar como estava. Alguns homens são assim. Eles estão presos ao pecado por tantos anos que imaginam que, se mudassem, cairiam em pedaços. Mas não é assim, velho amigo. Estamos convencidos de coisas melhores para você e de coisas que acompanham a salvação. O Senhor fará de você uma nova criatura. Quando Ele cortar os laços e o tirar de entre aquelas cordas que tanto tempo o prenderam, você não se reconhecerá. Quando as coisas antigas tiverem passado, você será uma maravilha para muitos. Não se diz de Agostinho que, após a conversão, ele foi encontrado por uma mulher devassa que o conhecera em seu pecado, e ele a ignorou? Ela disse: "Agostinho, sou eu", e ele se virou e disse: "Mas eu não sou Agostinho. Eu não sou o homem que você certa vez conheceu, pois me tornei uma nova criatura em Cristo Jesus". Isso é o que o Senhor Jesus Cristo pode fazer por você. Você não crê nisso? Mas isso é verdade, creia você ou não. Ah, que você olhe para Jesus e comece a viver! É a hora de fazer uma mudança. E quem pode mudar você, a não ser o Senhor Jesus?

Deixe-me dizer outra coisa que deve animá-lo. Você está preso aos cordões do pecado e, para que todo esse seu pecado possa ser efetivamente eliminado, *o Senhor Jesus, o Filho do Altíssimo, Ele mesmo foi preso.* Eles O prenderam no jardim do Getsêmani, amarraram Suas mãos e O levaram a Pilatos e Herodes. Eles O levaram amarrado diante do governador romano. Ele estava amarrado quando O açoitaram. Ele estava amarrado quando O fizeram carregar Sua cruz. Ele foi preso

CORDÕES E CORDAS DE CARROÇAS

com as mãos e os pés atados enquanto O pregaram com os cravos à cruz. Ali Ele foi pendurado, amarrado ao cruel madeiro, por pecadores como você. Se você confiar nEle esta noite, descobrirá que por você Ele suportou a ira de Deus, por você Ele pagou a punição da morte, para que pudesse libertá-lo. Ele sofreu tudo para que você não sofresse; Ele morreu para que você não morresse. A substituição dEle será a sua libertação. Ó, venha, todo amarrado e culpado como você está e é, e olhe para a Sua querida cruz, confie nEle, e você será livre.

Deus conceda que isso possa ser feito agora mesmo.

Eu lhe mostrarei outro fato auspicioso para ajudá-lo a vencer seu pecado e romper as cordas da carroça que agora o prendem: — *Há neste mundo um Ser misterioso a quem você não conhece, mas que alguns de nós conhecemos, o qual é capaz de operar sua liberdade.* Habita nesta terra um Ser misterioso cuja função é reavivar o caído e restaurar o errante. Não podemos vê-Lo nem ouvi-Lo, todavia Ele habita em alguns de nós, como Senhor de nossa natureza. Sua residência escolhida é um coração quebrantado e um espírito contrito. Esse Ser muito poderoso é Deus, a terceira Pessoa da bendita Trindade, o Espírito Santo, que foi dado no Pentecoste e nunca foi revogado, mas permanece na terra para abençoar o povo de Deus. Ele ainda está aqui; e, onde quer que exista uma alma que deseje ser livre do pecado, este Espírito livre espera para ajudá-la. Onde quer que exista um espírito que deteste sua própria falta de santidade, esse Espírito Santo espera para purificá-lo. Onde quer que haja alguém que suplique para ser purificado, esse Espírito puro está pronto para vir e habitar nele, e torná-lo puro como Deus é puro. Ó, meu ouvinte, Ele espera abençoar você agora; Ele está abençoando você enquanto eu falo. Sinto como se a energia divina acompanhasse esta palavra e entrasse em sua alma enquanto você está ouvindo. Tenho certeza de que não estou enganado. Se você crê em Jesus Cristo, o Filho de Deus, também acredita no poder do Espírito Santo para tornar você uma nova criatura, para purificá-lo e livrá-lo de todos os grilhões e fazer de você o homem livre do Senhor.

Vou lhe dizer mais uma coisa, e terminamos. *Nossa experiência deve ser um grande incentivo para você.* Eu tentei pregar para você

ESPERANÇA, O PERFUME DO CORAÇÃO

que está preso no laço; pobre cavalo de aluguel desgastado pelo diabo, cavalo de Satanás que parece nunca ter um feriado, arrastando sua carroça de pecados atrás de si através da lama da imunda cidade da Vaidade. A misericórdia é que você não é um cavalo, mas um homem nascido para propósitos mais nobres. Você pode ser livre, pois alguns de nós somos livres. Ó, que carga tive atrás de mim certa vez; minha carroça de pecado imundo era realmente pesada. Não fosse pela graça de Deus, eu teria perecido na impossível tentativa de movê-la. Não creio que minha carga de pecado manifesto seja como a que alguns de vocês estão arrastando, pois eu era apenas uma criança e ainda não havia mergulhado nas loucuras do mundo; mas eu tinha uma vontade obstinada, um espírito altivo, uma atividade intensa e uma mente ousada, e tudo isso me levaria à perdição se o Espírito de Deus não tivesse trabalhado em mim para me sujeitar à vontade do Senhor. Eu sentia dentro do meu espírito a fervura daquele caldeirão secreto de corrupção que está em todo seio humano; e sentia que estava arruinado diante de Deus, pois não havia esperança para mim. Meu fardo do pecado interior aos 15 anos de idade era tal que eu não sabia o que fazer. Vimos fotos dos árabes arrastando aqueles grandes touros de Nínive para o sr. Layard, centenas deles puxando para longe; e imaginei como os súditos do faraó, os egípcios, devem ter suado e sofrido quando precisaram arrastar alguns dos imensos blocos dos quais seus obeliscos foram compostos — milhares de homens arrastando um bloco de alvenaria; e eu parecia ter uma carga dessas atrás de mim, a qual não se movia. Eu parecia preso na lama, e nenhuma luta moveria o peso terrível. As rodas estavam em sulcos profundos. Minha carga não seria movida, e eu não sabia o que fazer. Clamei a Deus em minha agonia e pensei que morreria se não fosse libertado do meu monstruoso empecilho. Não tenho entrave atrás de mim agora. Glória a Deus, não estou amarrado com uma corda à velha carroça. Não tenho nenhum obstáculo atrás de mim e, quando olho para trás, para as velhas barrancas onde fiquei estancado por tanto tempo, nem consigo ver os vestígios. O enorme peso não está lá! Desapareceu completamente! Veio Aquele que usava uma coroa de espinhos. Eu O reconheci pelas marcas nas mãos e nos pés, e Ele disse: "Confie em Mim, e Eu o libertarei". Eu confiei nEle, e o enorme peso atrás de mim desapareceu. Como me foi dito, Ele o afundou em Seu sepulcro, e lá está enterrado para nunca mais sair. A corda da minha carroça se rompeu, meus fios de falsidade derreteram, eu estava sem arreios. Então eu disse: "A armadilha está quebrada, e minha alma escapou como um pássaro da armadilha do passarinheiro. Contarei a história da minha libertação enquanto viver". E posso dizer esta noite:

> "Desde que pela fé o riacho eu vi
> Suas feridas fluindo suprir,
> Amor que resgata é meu tema,
> E até morrer há de ser."

Ó, meus queridos ouvintes, creiam em Cristo como eu o fiz. O evangelho chega a cada triste pecador e diz: "Confie no Salvador, e há alegria para você. Há apenas um véu de gaze entre você e a paz; mova a mão da fé, e esse véu será rasgado em pedaços. Há apenas um passo entre sua miséria e a música e a dança, e uma vida de eternas delícias; dê esse passo para fora de si e entre em Cristo, e tudo mudará para sempre. Peça a Jesus que quebre seus laços e, com um toque de Sua mão perfurada, Ele o libertará como a andorinha em voo que nenhuma gaiola pode segurar. Você O verá, e nunca mais verá o seu pecado para todo sempre".

Deus abençoe você, rompa as cordas e remova os fios da falsidade, pelo amor de Jesus, amém.

> "Ouça agora! O Senhor fez isso!
> Pois Ele nos amou até a morte;
> Está consumado ! Ele nos salvou!
> Confie apenas no que Ele diz.
> Ele fez isso! Venha e abençoe-O.
> Gaste em louvor seu hálito resgatado
> Sempre e sempre.

ESPERANÇA, O PERFUME DO CORAÇÃO

"Ó, acredite que o Senhor fez isso!
Por que protelar? Por que duvidar?
Ele mesmo apagou toda a nuvem negra de transgressão
Ele fez isso! Venha bendizê-Lo,
Dê o grande brado de ação de graças,
sempre e sempre."

O PENTECOSTES PESSOAL E A GLORIOSA ESPERANÇA

Sermão ministrado na manhã de domingo,
13 de junho de 1886, pelo reverendo C. H. Spurgeon,
no Tabernáculo Metropolitano de *Newington*.

> *E a esperança não causa decepção, visto que o amor de Deus foi derramado em nosso coração pelo Espírito Santo que nos foi dado* (Rm 5.5).

O PENTECOSTES É REPETIDO no coração de cada crente. Permitam-me trazer uma breve *analogia histórica* para ilustrar o texto. Os discípulos do Senhor foram levados à tristeza em Sua cruz. A dor foi a tribulação que os atingiu quando eles pensaram em Sua morte e Seu enterro no sepulcro de José. Mas, após uma dose de resignação e experiência, a esperança deles reviveu; porque seu Senhor ressuscitou dos mortos, e eles O viram subir ao céu. Suas esperanças eram brilhantes em relação ao Senhor, que havia sido glorificado e lhes havia prometido voltar e fazê-los participantes de Sua vitória. Depois que essa esperança foi gerada, eles se tornaram participantes do Espírito Santo, cuja influência divina foi derramada sobre eles, de modo que foram preenchidos com o Seu poder. Então eles se tornaram ousados. Não se envergonharam de sua esperança, mas a proclamaram pela pregação de Pedro e dos demais entre eles. O Espírito Santo os visitou e, assim,

ESPERANÇA, O PERFUME DO CORAÇÃO

sem medo, eles proclamaram ao mundo o Senhor Jesus, sua esperança de glória.

A história se repete. A história de nosso Senhor é o prenúncio da experiência de todo o Seu povo; o que aconteceu ao Primogênito cabe de certa forma a todos os irmãos. Temos diante de nós, em nosso texto, um exemplo admirável. Primeiro vem nossa tribulação, nossa agonia, nosso levar da cruz. Da nossa paciência e experiência, surge no devido tempo uma bendita esperança: somos vivificados pela vida ressurreta de nosso Senhor e saímos da nossa tristeza: Ele nos levanta da sepultura da nossa angústia. Depois vem a visita divina do Espírito Santo, e desfrutamos nosso pentecostes: *o amor de Deus foi derramado em nosso coração pelo Espírito Santo que nos foi dado.* Confio que sabemos o que isso significa e disso desfrutamos. Em consequência dessa visitação, nossa esperança torna-se clara e segura, e somos levados a dar franco e completo testemunho no que se refere à nossa esperança e ao Bendito, que é a substância dela. Espero que muitos de nós já tenhamos provado que não nos envergonhamos, e que outros de vocês ainda venham a fazê-lo. Nosso Deus nos visitou com misericórdia e nos dotou com o Espírito Santo, que é o Seu presente escolhido para os Seus filhos. O Espírito Santo que habita em nós nos fez conhecer e sentir o amor de Deus, e agora não podemos deixar de falar e contar aos outros o que o Senhor nos deu a conhecer. Assim, em pequena escala, repetimos parte da história da igreja primitiva em nossa própria história pessoal. Você descobrirá que não apenas neste caso, mas em todos os casos, a vida do crente é em miniatura a vida de Cristo. Aquele que originalmente disse: *Façamos o homem à nossa imagem* ainda segue o modelo de Cristo na nova criação de homens escolhidos.

Agora, deixe-me destacar uma pequena passagem do *mistério experimental.* Temos aqui um pequeno mapa da vida interior: *A tribulação produz perseverança, e a perseverança, a aprovação, e a aprovação, a esperança; e a esperança não causa decepção visto que o amor de Deus foi derramado em nosso coração pelo Espírito Santo que nos foi dado.* Esta passagem só pode ser completamente entendida pelo povo de Deus que a teve escrita com letras maiúsculas em seu

O PENTECOSTES PESSOAL E A GLORIOSA ESPERANÇA

próprio coração. *A tribulação produz perseverança*, diz o apóstolo. De forma natural, não é assim. A tribulação produz impaciência, e a impaciência priva-se do fruto da experiência e desanda na desesperança. Pergunte a muitos que enterraram um filho querido, ou que perderam sua riqueza, ou que sofreram dor física, e eles lhe dirão que o resultado natural da aflição é produzir irritação contra a Providência, rebelião contra Deus, questionamento, descrença, impertinência e todos os tipos de males. Mas que alteração maravilhosa acontece quando o coração é renovado pelo Espírito Santo! Então, mas não até então, a tribulação produz perseverança. Aquele que nunca é afligido não pode exercer perseverança. Os anjos não podem demonstrar perseverança pessoalmente, pois não são capazes de sofrer. É necessário termos e exercitarmos a perseverança para sermos provados; e um grande grau de perseverança só pode advir de um grande grau de provação. Ouvistes da perseverança de Jó: ele aprendeu isso entre seus rebanhos, ou com seus camelos, ou com seus filhos quando eles estavam festejando? Em verdade, ele aprendeu isso quando se sentou entre as cinzas, e se raspou com um caco, e seu coração estava pesado por causa da morte de seus filhos. Perseverança é uma pérola que só é encontrada nos mares profundos da aflição; e somente a graça pode encontrá-la ali, trazê-la à superfície e adornar o pescoço da fé.

Acontece que esta perseverança produz em nós experiência: ou seja, quanto mais suportamos, mais testamos a fidelidade de Deus, mais provamos Seu amor e mais percebemos Sua sabedoria. Aquele que nunca suportou pode acreditar no poder sustentador da graça, mas nunca teve experiência com isso. Você deve ir ao mar para conhecer a habilidade do divino Piloto, e deve ser golpeado pela tempestade para poder conhecer Seu poder sobre ventos e ondas. Como podemos ver Jesus em toda a Sua plenitude de poder, a menos que haja uma tempestade para que Ele a acalme? Nossa perseverança trabalha em nós um conhecimento experimental da verdade, da fidelidade, do amor e do poder do nosso Deus. Curvamo-nos em perseverança e depois nos elevamos na experiência feliz do apoio celestial. Que melhor riqueza um homem pode ter do que ser rico em experiência? A experiência ensina. Esta é a verdadeira escola para os

ESPERANÇA, O PERFUME DO CORAÇÃO

filhos de Deus. Acho que dificilmente aprendemos algo de verdade sem a vara da aflição. Certamente conhecemos melhor aquilo que foi para nós uma questão de experiência pessoal. Precisamos que essa verdade queime dentro de nós com o ferro quente da aflição para que a conheçamos efetivamente. Depois disso ninguém pode nos incomodar, pois nosso coração carrega a marca do Senhor Jesus. Assim a perseverança produz experiência.

É bastante singular que se deva dizer então: "e a experiência produz esperança". Não é singular no sentido de ser questionável, pois não há esperança tão brilhante quanto a do homem que conhece por experiência a fidelidade e o amor de Deus. Mas não parece singular que essa pesada tribulação, essa atroz aflição, esse doloroso castigo, deva nos trazer essa luz particularmente brilhante, essa estrela da esperança da manhã, este arauto do eterno dia de glória? Irmãos, quão maravilhosamente a alquimia divina obtém ouro fino de um metal que pensamos ser inútil! O Senhor, em Sua graça, estende um sofá para nós na eira da tribulação, e ali, como Boaz, descansamos. Ele define como música o rugido das inundações de problemas. Da espuma do mar da tristeza, Ele faz surgir o espírito brilhante da *esperança que não causa decepção*.

Esta passagem da qual extraímos nosso texto é um extrato escolhido da vida interior de um homem espiritual, um fragmento do enigma do crente; que leia isso quem tem entendimento.

Antes de me aprofundar no assunto, deixe-me salientar que esse texto não é outro que não a casa de Deus e a porta do céu. Eis um templo para a adoração da Trindade divina no meu texto. Leia o quinto e o sexto versículos juntos: *O amor de **Deus** (o Pai) foi derramado em nosso coração pelo **Espírito Santo** que nos foi dado. Ora, quando ainda éramos fracos, **Cristo** morreu pelos ímpios no tempo adequado.* Eis o bendito Três em Um! É necessária a Trindade para fazer um cristão, é necessária a Trindade para animar um cristão, é necessária a Trindade para completar um cristão, é necessária a Trindade para criar no cristão a esperança da glória. Gosto dessas passagens que nos aproximam da Trindade. Vamos fazer uma pausa e adorar: "Glória ao Pai, ao Filho e ao Espírito Santo; como era no princípio, é agora, e sempre será! Amém". É muito agradável ser chamado a oferecer adoração especial ao Deus único na Trindade de Suas Pessoas divinas, e sentir o coração prontamente inclinado a Ele, como fazemos nesta hora. Pela fé, nós nos curvamos com as hostes dos remidos diante do trono glorioso, e adoramos Aquele que vive para sempre. Quão sinceramente podemos fazer isso quando pensamos na unidade dos Três Sagrados em nossa salvação! Temos o amor divino concedido pelo Pai, manifestado na morte do Filho e derramado em nosso coração pelo Espírito Santo. Ó, sentir neste momento a comunhão com o Deus trino! Vamos nos curvar diante da sagrada majestade de Jeová e, em seguida, pelo ensino do Espírito Santo, entrar no templo do nosso texto.

O texto discorre assim: *a esperança não causa decepção, visto que o amor de Deus foi derramado em nosso coração pelo Espírito Santo*. O apóstolo trabalhou o assunto até chegar à esperança da glória. Quando ele alcançou esse ponto, não pôde deixar de falar mais a respeito. Afastando-se do assunto principal, como é seu costume, ele faz um desvio e nos dá algumas frases brilhantes sobre a esperança do crente.

Nosso primeiro título será *a confiança de nossa esperança* — a esperança não causa decepção; em segundo lugar, *a razão desta nossa confiança*, que espero estejamos desfrutando hoje, pois seguimos confiantes em nossa esperança de que nunca seremos por ela decepcionados, porque o amor de Deus é derramado em nosso coração pelo Espírito Santo que nos é dado. Em terceiro lugar, teremos uma ou duas palavras a dizer sobre o *resultado dessa confiança na esperança*, pois, por essa causa, damos testemunho ao mundo e declaramos que não temos vergonha do evangelho de Cristo.

I. Primeiro, então, considere A CONFIANÇA DE NOSSA ESPERANÇA. *Não nos envergonhamos da nossa esperança.* Algumas pessoas não têm esperança, ou apenas têm uma esperança da qual se envergonham. Pergunte a muitos que negam as Escrituras qual é a sua esperança para o futuro. "Eu vou morrer como um cão", diz alguém. "Quando eu morrer, será o meu fim". Se eu tivesse uma esperança tão miserável como essa, certamente não sairia pelo mundo proclamando-a. Eu não pensaria em reunir uma grande congregação como esta e dizer a vocês: "Irmãos, regozijem-se comigo, pois todos deveremos morrer como gatos e cães". Nunca me pareceria um assunto do qual me gloriar. O agnóstico não sabe nada e, portanto, acho que ele não espera nada. Aqui, também, não vejo muito que desperte entusiasmo. Se eu não tivesse mais esperança do que isso, ficaria envergonhado. A melhor esperança do católico romano quando morrer é que pode ir direto para o final, mas enquanto isso terá de passar pelo fogo do purgatório. Não sei muito a respeito desse lugar, pois não consigo achar menção dele na Sagrada Escritura, mas os que o conhecem bem, porque o inventaram e detêm suas chaves, o descrevem como uma região sombria para onde até grandes bispos e cardeais devem ir. Eu vi, pessoalmente, convites para os fiéis orarem pelo descanso da alma de um eminente cardeal falecido. Se esse é o destino dos príncipes da igreja, para onde devem ir as pessoas comuns? Não há muita excelência nesta esperança. Não acho que deveria convidar vocês dizendo: "Alegrem-se comigo, pois quando morrermos, todos iremos para o purgatório". Você deixaria de ver o motivo especial da alegria. Não acho que devo dizer muita coisa sobre isso; e, se alguém me questionasse, eu tentaria fugir do assunto e declarar que é um profundo mistério, que seria melhor deixar para o clero. Mas não temos vergonha de nossa esperança, nós, cristãos, que acreditamos que aqueles que estão ausentes do corpo estão presentes com o Senhor. Procuramos uma cidade que tenha fundamentos, cujo Construtor e Criador é Deus. Não temos vergonha de esperar glória, imortalidade e vida eterna.

Não temos vergonha do objeto da nossa esperança. Não acreditamos em grandes prazeres carnais como constituintes do nosso céu. Não acreditamos em um paraíso maometano de prazeres sensuais, ou poderíamos muito bem ter vergonha da nossa esperança. Quaisquer que sejam as imagens que possamos usar, esperamos felicidade pura, santa, espiritual e refinada, que o falso profeta não consideraria uma isca suficiente para seus seguidores. Nossa esperança é esta: que nosso Senhor venha uma segunda vez, e todos os Seus

O PENTECOSTES PESSOAL E A GLORIOSA ESPERANÇA

santos anjos com Ele; então os justos brilharão como o sol no reino de seu Pai. Acreditamos que, se adormecermos antes desse tempo, dormiremos em Jesus e seremos abençoados com Ele. *Hoje estarás comigo no paraíso* não é apenas para o ladrão, mas para todos nós que confiamos nossa alma ao Salvador crucificado. Na Sua vinda, esperamos uma gloriosa ressurreição. Quando Ele descer do céu com um brado, com a trombeta do arcanjo e a voz de Deus, então nossa alma será restaurada em nosso corpo, e nossa completa humanidade viverá com Cristo. Nós cremos, e nisso temos certeza, que daquele dia em diante estaremos para sempre com Ele. Ele nos fará participantes de Seu trono, de Sua coroa e de Seu céu, e isso para sempre e sempre. Quanto mais falamos da felicidade prometida, mais sentimos que não podemos nos envergonhar da esperança da glória. A recompensa suprema da fé, a recompensa suprema de uma vida de retidão é tal, que nos alegramos e nos regozijamos em sua perspectiva. Nossa gloriosa esperança contém pureza e perfeição: liberdade de todo pecado e posse de toda virtude. Nossa esperança é que sejamos como nosso perfeito Senhor, e estejamos com Jesus onde Ele está, para que possamos contemplar Sua glória. Nossa esperança se realiza nesta promessa: *Porque eu vivo, vós também vivereis.* Nós não apenas existiremos, mas viveremos, o que é um assunto diferente e maior. Nossa vida será a vida de Deus em nosso espírito para todo o sempre. Não nos envergonhamos desta esperança, mas avançamos para alcançá-la.

Além disso, *não nos envergonhamos do fundamento da nossa esperança.* Nossa esperança repousa nas solenes promessas de Deus que Ele nos fez por intermédio de Seus profetas e apóstolos e confirmou na pessoa e na obra de Seu amado Filho. Assim como Cristo Jesus morreu e ressuscitou dentre os mortos, nós, que somos um com Ele, pela fé estamos certos de que ressuscitaremos dentre os mortos e com Ele viveremos. Pelo fato de a ressurreição de Cristo ser a segurança da nossa ressurreição, Sua entrada na glória é a garantia de nossa glorificação, porque fomos feitos um com Ele pelo propósito e pela graça de Deus. Quando caímos em Adão por estarmos nele, também nos levantamos e reinamos com Jesus porque estamos nEle. Deus não é o Deus de mortos, mas de vivos; ao mesmo tempo, Ele é o Deus de Abraão, de Isaque e de Jacó, e, portanto, esses homens ainda estão vivos. Ainda mais, cremos que todos os que morrem na fé não deixaram de existir, mas vivem para Ele. Nossa esperança se baseia não no raciocínio que, possivelmente, pode provar vagamente a imortalidade da alma e a recompensa futura dos justos; mas ela se baseia no Apocalipse, que afirma isso de forma manifesta e clara, sem deixar espaço para dúvidas. Se o Livro é uma mentira, devemos desistir de nossa esperança; mas, na medida em que não seguimos fábulas engenhosamente inventadas, mas recebemos o testemunho fiel de testemunhas oculares da ressurreição e ascensão de nosso Senhor, cremos no registro sagrado e não temos vergonha de nossa esperança. O que Deus prometeu é certo, e o que Deus fez o confirma plenamente e, portanto, não temos medo.

E, irmãos, *não temos vergonha de nossa apropriação pessoal dessa esperança.* Alguém pode nos dizer com desdém: "Você espera estar na glória, não é?" Sim, nós esperamos e não temos vergonha da mais leve crítica, pois nossa confiança é bem fundamentada. Nossa expectativa não se baseia em nenhuma pretensão orgulhosa de merecimento pessoal, mas na promessa de um Deus fiel. Ele disse: *todo aquele que nele crê não pereça, mas tenha a vida eterna.* Nós cremos nEle e, portanto, sabemos que temos a vida eterna. Ele declarou em Sua Palavra que *os que justificou, a eles também glorificou.* Nossa esperança não se baseia no mero sentimento, mas no fato de que Deus prometeu a vida eterna aos que creem em Seu Filho Jesus. Ouvimos nosso Senhor orar: *Pai, meu desejo é que aqueles que me deste estejam comigo onde eu estiver, para que vejam a minha glória.* Cremos que o Pai nos deu a Jesus porque fomos levados a confiar nEle, e a fé é o sinal e o símbolo certo da eleição divina; portanto, sendo de Cristo, esperamos estar com Ele onde Ele estiver. Lendo na Palavra do Senhor que *todo aquele que nele crê não pereça, mas tenha a vida eterna,* apeguemo-nos nessa promessa e saibamos que temos a vida eterna. Este nos parece ser um argumento estritamente lógico: a menos que seja um erro, e que Deus não tenha dito que o crente viverá para sempre, então não estamos iludidos em esperar que ele viva. A Palavra de Deus é a coisa mais certa que pode ser, e não temos vergonha de nos apegar a qualquer alegação que dela provenha. Ousamos acreditar que Deus manterá Sua Palavra para nós e para todos os outros crentes.

Irmãos, *não temos vergonha da certeza absoluta de que nossa esperança será realizada.* Cremos que, se de fato somos justificados pela fé e temos paz com Deus, temos a esperança da glória que, no final, não nos decepcionará, nem na caminhada até o fim. Não esperamos ser abandonados nem deixados cair da graça, pois Ele disse: *Nunca te deixarei, jamais te desampararei.* Não esperamos ser deixados à nossa própria sorte, o que seria a nossa ruína certa e indubitável; mas esperamos que *aquele que começou a boa obra* em nós *irá aperfeiçoá-la até o dia de Cristo Jesus.* Estamos certos de que Aquele que produziu essa esperança em nós justificará essa esperança cumprindo-a no devido tempo. Ele nos preservará ao longo da vida se quisermos viver por muito tempo; manterá uma esperança viva em nós quando viermos a morrer; e lembrará até do nosso pó e cinzas quando estes estiverem escondidos na tumba. *Quem nos separará do amor de Deus, que está em Cristo Jesus, nosso Senhor?* Está escrito: *Quem crer e for batizado será salvo.* E assim será. Não disse Ele: *porei o meu temor no seu coração, para que nunca se afastem de mim?* Ele guarda os pés dos Seus santos. *Eu dou às minhas ovelhas,* Ele disse, *a vida eterna, e jamais perecerão; e ninguém as arrancará da minha mão.* Jamais nos decepcionaremos em nossa confiança em Jesus. Ninguém dirá: "Confiei no Senhor Jesus Cristo para me guardar, e Ele não me guardou; descansei em Jesus para me preservar na vida espiritual, e Ele não me preservou". Jamais. Nunca nos envergonharemos de nossa esperança.

II. Uma vez que lhes apresentei a confiança que torna os crentes — os crentes especialmente provados e experientes — cheios da esperança que não envergonha, meu segundo objetivo é me debruçar SOBRE A RAZÃO DESSA CONFIANÇA. Por que os homens que possuem a boa esperança estão tão longe de ter vergonha a ponto de se alegrarem com ela?

Minha resposta é, em primeiro lugar, *porque essa esperança tem como principal fundamento o amor de Deus.* Espero um dia sentar-me

Esperança, o perfume do coração

entre os anjos e contemplar a face do meu muito Amado; mas não espero isso por causa de alguma coisa em mim, ou que possa ter sido feita por mim, mas simplesmente devido ao infinito amor de Deus. Não confio no meu amor a Deus, mas no amor de Deus para comigo. Confiamos nEle porque Ele nos ama. Temos certeza de que Ele cumprirá nossa esperança porque Ele nos ama muito para falhar conosco. É do amor de Deus que começa toda a nossa esperança, e é do amor de Deus que depende a nossa esperança. Se não fosse pelo amor do Pai, nunca teria havido o pacto da graça; se não fosse por Seu infinito amor, nenhum sacrifício expiatório teria sido fornecido; se não fosse por Seu amor ativo, o Espírito Santo não nos teria despertado e renovado; se não fosse por Seu amor imutável, tudo o que é bom em nós logo teria perecido; se não fosse por Seu amor todo-poderoso, imutável, ilimitado, nunca deveríamos esperar ver o rosto do Rei em Sua beleza na terra do além. Ele nos ama e, portanto, nos guia, nos alimenta e nos guarda para sempre. O coração de vocês não confessa isso? Se esse amor pudesse ser suspenso por um momento, se seus efeitos cessassem por um instante, onde você estaria? Recorremos ao amor de Deus como a razão final de nossa esperança nEle.

Observem, queridos irmãos, que a causa real de nossa confiança é que *o amor de Deus foi derramado em nosso coração pelo Espírito Santo.* Deixem-me tentar explicar o que isso significa. O Espírito Santo está no coração de todo crente e está ocupado em muitos atos graciosos. Entre outras coisas, Ele lança o amor de Deus no coração em que reside. A figura é retirada de um frasco de perfume precioso sendo derramado em um aposento. Aí está o cheiro adormecido dentro do frasco de alabastro; é algo já escolhido, mas ninguém ainda percebeu seu odor. O amor de Deus introduzido na alma é aquela fragrância rara; mas, até que seja derramado no exterior, não é apreciado. Agora o Espírito Santo pega o frasco e o abre, e o doce odor do amor divino brota e preenche todas as dimensões do crente. Esse amor penetra, permeia, entra e *ocupa todo o ser.* Um perfume delicioso flui por toda a sala quando uma fragrância de rosas é derramada; e, igualmente, quando o amor de Deus é meditado pelo coração devoto, e o Espírito Santo ajuda em suas meditações, o tema preenche a mente,

O PENTECOSTES PESSOAL E A GLORIOSA ESPERANÇA

a memória, a imaginação, a razão e os afetos. É um assunto cativante, e não deve ser confinado a nenhuma faculdade, assim como não se pode manter o aroma de especiarias em um espaço estreito.

Além disso, como o perfume dá prazer à narina, o amor de Deus, quando derramado no poder do Espírito Santo, *confere uma doçura singular às nossas emoções*. Todas as vestes do Senhor do amor cheiram a mirra, aloés e cássia. Onde pode haver tanta doçura como no amor de Deus? Que o Eterno e o Infinito realmente ame os homens, e ame-os de uma maneira que Ele mesmo criou, é uma verdade ao mesmo tempo surpreendente e agradável. É uma raiz da qual brota o lírio da alegria perfeita. Este é um palácio de marfim onde todo morador se alegra. Você pode meditar sobre esse amor até que seja arrebatado e levado por ele, e sua alma, sempre que você estiver consciente, se torne como os carros de Aminadabe.

Mais uma vez, onde quer que o perfume chegue, ele não apenas se espalha para o exterior e dá prazer a todos os que estão no local, mas *ali permanece*. Retire o unguento, se quiser, mas o suave odor permanece por muitas horas na sala que já foi preenchida. Algum perfume parece permanecer para sempre. Você foi à sua gaveta outro dia e sentiu um delicioso odor de lavanda; no entanto, não havia lavanda desde o verão passado; a fragrância permanece. Algumas gotas da fragrância verdadeira perfumarão um espaço amplo e permanecerão muito tempo depois de retirado o frasco do qual ela foi derramada. O amor de Deus, quando chega ao coração e é derramado pelo Espírito Santo, que é o grande mestre da arte de difundir o amor, permanece no coração indefinidamente. Todas as outras coisas podem cessar, mas o amor permanece. Por um momento, pode parecer que esquecemos o amor de Deus em meio aos negócios do mundo; mas, assim que a pressão é removida, voltamos ao nosso descanso. O suave perfume do amor divino supera a insensibilidade do odor do pecado e nunca desiste do coração que já conheceu sua excessiva delícia. Se eu mudar de figura, posso dizer que o amor de Deus é derramado nos corações pelo Espírito Santo como uma nuvem carregada com bênçãos extraordinárias, que derrama uma chuva de inumeráveis gotas de prata, fertilizando todos os lugares onde cai, fazendo as ervas caídas levantarem a cabeça e se alegrarem com o avivamento enviado pelo céu. Depois de algum tempo, daquele local onde caiu a chuva, sobe ao céu um vapor suave que forma nuvens frescas. Assim é o amor de Deus derramado sobre o nosso coração e em nossa natureza, até que nosso espírito o beba e sua nova vida produza flores de alegria e frutos de santidade, e louvores agradecidos cresçam como o incenso que fumegava no templo sobre o altar de Jeová. O amor é derramado em nós e trabalha em nosso coração para amar em troca.

Deixando as figuras de lado: o derramamento do amor de Deus no coração pelo Espírito Santo significa isto: Ele nos transmite *intensa estima* e sentimento desse amor. Ouvimos falar dele, cremos, meditamos e finalmente somos dominados por sua grandeza. *Deus amou tanto o mundo, que deu o seu Filho unigênito.* Não podemos mensurar tal amor. Somos afetados por isso; estamos cheios de surpresa e admiração. Sua grandeza, sua singularidade, sua especialidade, sua infinidade — tudo isso nos surpreende. Ele é derramado em nosso coração. Então vem uma *apropriação* disso. Nós clamamos: "Ele *me* amou e se deu por *mim*". Começamos a sentir que o amor de Deus não foi apenas o amor aos homens em geral, mas o amor a nós em particular, e estamos agora cheios de entusiasmo. Na crença deste amor especial a nós, estamos prontos a dançar de alegria. A fé percebe que é assim mesmo esse amor, e então louvamos ao Senhor com címbalos altissonantes. Em seguida, lógica e naturalmente, se dá o *retorno do amor* que o coração humano deve sentir: nós O amamos porque Ele nos amou primeiro. Duvidamos do amor dEle uma vez; não podemos duvidar agora. Se nos perguntassem três vezes: "Tu me amas?", deveríamos responder humilde, porém enfaticamente: "Senhor, Tu sabes todas as coisas, Tu sabes que eu Te amo. Eu não poderia viver sem Te amar; eu preferiria mil vezes nunca ter nascido a ficar sem o amor por Ti e, embora eu não Te ame como deveria, e meu coração anseie por um amor muito maior, eu Te amo de fato e de verdade. Tu sabes que eu Te amo; e eu seria falso com minha própria consciência se o negasse". Isto é ter o amor de Deus derramado no coração pelo Espírito Santo que nos é dado: conhecê-lo, desfrutá-lo, apropriar-se dele, regozijar-se nele e ficar sob sua influência divina. Que este ramo de mirra nunca seja removido da câmara da minha alma!

Mas quero que você *observe a doçura especial que atingiu o apóstolo,* tão surpreendentemente digna de nota. Ele continua nos dizendo o que mais o afetou: *Ora, quando ainda éramos fracos, Cristo morreu pelos ímpios no tempo adequado.* Esse é o primeiro ponto a ser abordado: Deus deu Seu Filho para morrer pelos ímpios. Que Deus tivesse amado aqueles que O amam, que Deus ame Seu povo renomado que luta pela santidade, é algo realmente agradável; mas o pensamento mais avassalador de todos é que Ele nos amou quando não havia nada de bom em nós. Ele nos amou desde antes da fundação do mundo: considerando-nos como caídos e perdidos, Seu amor resolveu enviar Seu Filho para morrer por nós. Jesus veio não porque éramos bons, mas porque éramos maus; Ele se deu não por nossa justiça, mas por nossos pecados. A causa comovente do amor em Deus não foi a excelência na criatura então existente ou prevista, mas simplesmente a beleza e o prazer do Deus do amor. O amor nasceu do próprio Deus. Foi tão grande no coração de Deus que

> "Ele na queda nos viu arruinados,
> Todavia a todos nos amou."

Ele nos amou quando nós O odiamos; Ele nos amou quando nos opusemos a Ele, quando O amaldiçoamos, quando perseguimos Seu povo e blasfemamos de Seus caminhos. Fato maravilhoso! Ó, que o Espírito Santo traga essa verdade para o nosso coração e nos faça sentir sua energia! Não posso colocar o pensamento adequadamente diante de você, muito menos derramá-lo dentro de você, mas o Espírito Santo pode fazê-lo, e como você ficará então encantado, humilhado e ainda cheio de louvor ao Deus Altíssimo!

O apóstolo não está satisfeito em apresentar esse ponto diante de nós; ele não nos faria esquecer que Cristo *morreu por nós.* Irmãos, que Cristo devesse nos amar no céu seria uma grande coisa; que Ele devesse descer à terra e nascer em Belém seria uma coisa maior. Que Ele levasse uma vida de obediência por nossa causa seria algo maravilhoso; mas o fato de Ele ter morrido, esse é o clímax do sacrifício do amor: o ápice do cume do amor. Alguns pontos turísticos do mundo nos surpreendem uma ou duas vezes e depois se tornam comuns; mas a cruz de Cristo cresce sobre nós: quanto mais a conhecemos, mais ela ultrapassa o conhecimento. Para um santo que foi salvo há dois mil anos, o sacrifício do Calvário é ainda mais uma maravilha do que quando ele a viu pela primeira vez. Que o próprio Deus tome nossa natureza, e que nessa natureza Ele morra uma morte como a de um criminoso numa armação de madeira para salvar a nós, que éramos Seus inimigos, é algo em que não se poderia acreditar se isso nos fosse dito com menos autoridade que a divina. É totalmente milagroso; e, se você deixar que esse amor tome posse de sua alma até que seja derramado em seu coração pelo Espírito Santo, você sentirá que não há nada que valha a pena conhecer, acreditar ou admirar quando comparado a isso. Nada pode rivalizar em interesse à cruz de Cristo. Estudemos os livros que pudermos, o conhecimento de um Salvador crucificado permanecerá como a mais sublime de todas as ciências.

Além disso, o apóstolo continua dizendo que *o Senhor deve sempre nos amar agora que estamos reconciliados*. Para ele, se Deus nos amou quando éramos inimigos, certamente continuará nos amando agora que somos amigos. Se Jesus morreu por nós quando éramos rebeldes, Ele não nos recusará nada agora que nos reconciliou. Se Ele nos reconciliou com Sua morte, certamente pode nos salvar, e nos salvará, por Sua vida. Se Ele morreu para reconciliar inimigos, certamente preservará os reconciliados. Você percebe o argumento completo? Há muitas razões para manter nossa esperança de glória e fazer com que não nos envergonhemos dela. Quando o grande Deus nos faz sentir a suprema grandeza do Seu amor, banimos toda dúvida e medo. Deduzimos com base no caráter do Seu amor visto no passado que Ele não pode nos rejeitar no futuro. O quê? Ele morre por nós e depois nos deixa? Derrama o sangue de Seu coração pela nossa redenção, e ainda permite que nos percamos? Ele se manifestará a nós da forma como não o faz para o mundo, trajado com veste carmesim de Sua própria expiação pela morte e, depois de tudo, nos dirá:

O PENTECOSTES PESSOAL E A GLORIOSA ESPERANÇA

"Afastem-se, malditos"? Impossível! Ele não muda. Nossa esperança tem como pedra angular o amor imutável de Jesus Cristo, o mesmo ontem, hoje e eternamente. O Espírito Santo derramou tanto o amor de Deus em Cristo Jesus em nosso coração que temos certeza de que ninguém pode nos separar dEle, e, desde que não estejamos separados dEle, nossa esperança de glória é certa como o trono do Eterno.

Mais uma vez: o apóstolo nos lembra no versículo 11 que *recebemos agora a reconciliação*. Já sentimos que estamos em harmonia com Deus. Por meio do sacrifício do Senhor Jesus, estamos em paz com Deus. Nós O amamos; nossa desavença com Ele terminou: deleitamo-nos nEle, desejamos glorificá-Lo. Agora, esse delicioso senso de reconciliação é uma garantia satisfatória de graça e glória. A esperança da glória arde na lâmpada de ouro de um coração reconciliado com Deus por Jesus Cristo. Na medida em que estamos agora em perfeito acordo com Deus, desejando apenas ser e fazer exatamente o que Ele gostaria que sejamos e façamos, temos o começo do céu dentro de nós, o alvorecer do dia perfeito. A graça é o embrião da glória. O acordo com Deus é a semente da perfeita santidade e perfeita felicidade. Se estamos sob o domínio da santidade, se não há desejo em nossa alma, a não ser o que não desejaríamos se soubéssemos que é contrário à mente de nosso santo Senhor, temos a certeza de que Ele nos aceitou e que temos Sua vida em nós, e finalmente virá a Sua glória. Aquele que trouxe Seus inimigos para serem Seus amigos calorosos não permitirá que essa graciosa obra seja desfeita ou que Seu santo propósito falhe. Em nosso presente prazer em Deus, temos nEle a seriedade de nossa alegria sem fim. Portanto, não temos vergonha da nossa esperança.

Mais uma palavra sobre este ponto: observe bem que o apóstolo não apenas menciona o amor de Deus e Seu ser derramado em nosso coração, mas ele menciona *a Pessoa divina através de quem isto foi feito*. O derramar do amor de Deus no coração foi operado pelo Espírito Santo que nos foi dado. Somente pelo Espírito Santo isto poderia ser feito. Você já se encantou com o amor de Deus através da influência do diabo? Você já foi subjugado e cheio de alegria excessiva no amor de Deus através do poder de sua própria natureza humana

ESPERANÇA, O PERFUME DO CORAÇÃO

decaída? Julguem vocês! Aqueles que odeiam sentiram o amor de Deus derramado em seu coração e podem dizer sem dúvida: "Este é o dedo de Deus; o Espírito Santo fez isso em mim". Somente o Espírito Santo pode afetá-lo. "Graças a Deus", disse um deles, "eu me estabeleci sob um ministério sincero!" Então você pode sentir, e mesmo assim nunca sentiu o amor de Deus em seu coração. Podemos derramar esse amor pregando, mas não podemos derramá-lo no coração. Uma influência mais alta que a da oratória humana deve lidar com a natureza interior. Talvez você estivesse sozinho em seu quarto, ou andando na beira da estrada, quando o doce sabor do amor invadiu sua alma. Ó, o amor de Deus! O surpreendente, imensurável, incompreensível amor do Pai! Ó, sentir isto até que nossa alma esteja inflamada com ele e nossa natureza sem amor esteja em chamas com amor ao grande Amante da alma dos homens! Quem pode fazer isto a não ser o Espírito Santo? E como podemos ter o Espírito Santo, a não ser pelo dom gratuito de Deus, cujos *dons e o chamado de Deus são irrevogáveis*? Deus não dá e tira; mas Seus dons são nossos para sempre. Se o Espírito Santo foi dado a vocês, não é Ele a garantia do amor de Deus? O Novo Testamento não O descreve como o penhor da herança? Não é uma garantia de segurança para todo o resto? O Espírito Santo coloca Seu selo em um documento que, afinal, é tão defeituoso que não tem validade? Nunca. Se o Espírito Santo habita em você, Ele é a garantia da alegria eterna. Onde a graça é dada por habitação divina, a glória deve segui-la. O Espírito Santo, ao entrar na alma, vem para ocupar sua morada; e ali Ele permanecerá até sermos arrebatados para os reinos mais elevados, para contemplar a face de nosso Senhor para sempre.

III. Por fim, sugerimos O RESULTADO DESSA ESPERANÇA CONFIANTE. Deixe o contexto nos instruir.

Primeiro, essa esperança confiante gera *alegria interior*. O homem que sabe que sua esperança de glória nunca falhará por causa do grande amor de Deus, do qual provou, ouvirá música à meia-noite; as montanhas e as colinas irromperão diante dele, cantando onde quer que ele vá. Especialmente em tempos de tribulação, ele será

O PENTECOSTES PESSOAL E A GLORIOSA ESPERANÇA

encontrado gloriando-se *na esperança da glória de Deus*. Seu conforto mais profundo será frequentemente desfrutado em sua mais profunda aflição, porque então o amor de Deus será especialmente revelado em seu coração pelo Espírito Santo, cujo nome é "Consolador". Então ele perceberá que a vara está mergulhada em misericórdia, que suas perdas são enviadas no amor paternal, e que todas as suas dores e sofrimentos são medidos com desígnio gracioso. Na nossa aflição, Deus não está fazendo nada que não deveríamos desejar para nós mesmos se fôssemos tão sábios e amáveis como Deus é. Ó, amigos! Vocês não precisam de ouro para serem felizes; não precisam sequer de saúde para ficarem alegres; apenas conheçam e sintam o amor divino, e as fontes de delícias não estarão fechadas para vocês, que são convidados para o banquete da felicidade.

Isso traz consigo a graça da *santa ousadia* na confissão de nossa esperança. O povo cristão nem sempre mostra aos mundanos a alegria de sua esperança. Não vestimos nossas melhores roupas, não falamos o suficiente da alegria de estar no serviço do Senhor, nem falamos o bastante dos salários que nosso Senhor pagará no final do dia. Ficamos tão calados como se tivéssemos vergonha da nossa esperança. Até lamentamos, embora tenhamos motivos para sermos os seres mais felizes na terra de Deus. Receio que não tenhamos experiência suficiente do amor divino derramado em nosso coração. Se o perfume estivesse lá dentro, seria percebido por aqueles que estão ao nosso redor. Você passa por uma fábrica de perfumes e percebe imediatamente que a fragrância se espalha no exterior. Façamos com que os mundanos conheçam a fragrância de nossa alegre esperança, especialmente aos que parecem mais propensos a rir de nós; pois aprendemos por experiência que é provável que alguns deles sejam impressionados. Muitas vezes, um novo converso escreveu a um amigo mundano para contar-lhe a sua grande mudança e sua nova alegria, e esse amigo mundano deixou a carta de lado com um escárnio ou uma piada; mas depois de um tempo ele pensa novamente e diz a si mesmo: "Deve haver algo nisto. É estranha para mim esta alegria da qual o meu amigo fala, e certamente preciso de toda a alegria que conseguir, pois sou muito tolo". Deixe-me dizer que todos os mundanos não são tão tolos quanto alguns acham; estão cientes de uma inquietação em si e anseiam por algo melhor do que este mundo vaidoso pode lhes dar. E frequentemente acontece que, assim que aprendem onde está o Bem, eles o aceitam. Mesmo que não tenham fome, não conheço nada melhor do que você para fazer alguém ansiar por comida. O espectador sente água na boca; um apetite chega de repente. Na parábola do filho pródigo, os servos receberam ordem de trazer a melhor túnica e vesti-la nele, e colocar um anel na mão e sapatos nos pés; mas o pai não lhes disse para pegarem o filho e o fazerem comer. O que ele disse foi: *comamos e alegremo-nos*. Ele sabia que, ao ver os outros que festejavam, seu filho faminto comeria. Quando você, que pertence à família divina, come e bebe em feliz comunhão e se diverte com o Senhor ao banquetear-se com o amor divino, o pobre e faminto desejará se juntar a você, e será incentivado a fazê-lo.

Venha, então, você, que tem uma esperança de glória; deixe todos verem que você não tem vergonha disso. Aja como pássaro chamariz para os outros; deixe que as notas doces da sua vida feliz os encantem para Jesus! Que o Senhor faça com que você espalhe para fora o que Ele lhe derramou ricamente, e que aquilo que perfuma seu coração também perfume sua casa, seus negócios, sua conversa e toda a sua vida! Que possamos gozar de verdadeira piedade para que nunca a envergonhemos nem nos sintamos envergonhados!